"十三五"应用型本科经济管理学院特色教材规划系列

管理学基础与实践

主　编　黄　珺　钱　媛
副主编　周　蕾　万　燕　周　盈

中国财富出版社

图书在版编目（CIP）数据

管理学基础与实践/黄珺，钱媛主编．—北京：中国财富出版社，2015.8（2016.10重印）
（“十三五”应用型本科经济管理学院特色教材规划系列）
ISBN 978-7-5047-5727-2

Ⅰ.①管…　Ⅱ.①黄…②钱…　Ⅲ.①管理学—高等学校—教材　Ⅳ.①C93

中国版本图书馆CIP数据核字（2015）第113053号

策划编辑 王淑珍　**责任编辑** 孙会香　惠　婳
责任印制 何崇杭　**责任校对** 饶莉莉　**责任发行** 斯　琴

出版发行 中国财富出版社
社　　址 北京市丰台区南四环西路188号5区20楼　**邮政编码** 100070
电　　话 010-52227568（发行部）　010-52227588转307（总编室）
010-68589540（读者服务部）　010-52227588转305（质检部）
网　　址 http://www.cfpress.com.cn
经　　销 新华书店
印　　刷 中国农业出版社印刷厂
书　　号 ISBN 978-7-5047-5727-2/C·0191
开　　本 787mm×1092mm　1/16　**版　　次** 2015年8月第1版
印　　张 18.75　**印　　次** 2016年10月第2次印刷
字　　数 444千字　**定　　价** 39.80元

前　言

中国有句古话“和实生物，同则不继”（《国语·郑语》），意为只有参差不齐、各不相同的东西，才能相互取长补短、产生新的事物，而完全相同的东西聚在一起，则只能永远停留于原有的状态，不可能继续发展。作为经济管理类专业的基础课，管理学的教材很多，但能突出职业教育特点的并不多见。而当下，我国经济快速发展，急需高层次的职业化人才完成产业结构的调整、优化和升级，高等教育必然要转向培养应用型人才，瞄准岗位所需技术技能，创新教学模式。

本书定位于培养企业基层管理人员，从企业各职能部门的管理任务和职业能力分析入手，设计岗位的典型工作任务，结合管理系统理论，将实际工作任务融入不同的学习情境。全书共设计九个学习情境，学习情境一和学习情境二主要介绍了管理的范畴、管理思想、管理的性质和手段；后七个学习情境主要是围绕着管理者所具备的四大管理职能具体介绍了计划工作、组织工作、领导工作和控制工作的基本内容。

本着致力于培养“理论知识到位、专业技术技能实在”的应用型人才，突出实践能力，强化实践教学的思路，本书具有以下特色。

(1) 以任务驱动的形式，在每个学习情境下构建典型的工作任务，为学生学习提供动力和方向。为了任务的完成，引导学生了解、领会相关知识点，促使学生积极思考、主动学习，实现“教中做、做中学、学中练”的教学效果，全面提升学生分析解决问题的实战经验和能力。

(2) 创建了“任务情境＋任务分析＋知识精讲＋实训巩固＋考核评价＋知识巩固”的编排模式，模拟企业运营的管理过程，在实际工作情境中学习管理知识，提高管理技能。同时增加实训环节，将任务完成后掌握的知识在实践中进行检验，针对实践成果，进行生生之间及师生之间的点评，彼此互动、相互促进，激发学习兴趣，提高学习的主动参与性；最后再对知识点系统巩固。环环紧扣，步步递进，实现理论到位，技能实在。

(3) 采用大量的精练、通俗的小案例、小故事，由浅入深、由此及彼折射出抽象的管理理论，增强教材的可读性和趣味性。

本书适用于普通高等院校（高职高专、应用型本科）、成人高校等经济管理、企业管理及其他相关管理类专业的教学，也可作为社会从业人士的实践参考读物。

本书由南昌工学院教师黄珺、钱媛担任主编，并负责全书统筹和审稿；由周蕾、万燕、周盈担任副主编。全书共九个学习情境，学习情境一由黄珺编写，学习情境二、学习情境九由周蕾编写，学习情境三、学习情境四由周盈编写，学习情境五、学习情境六由钱媛编写，学习情境七、学习情境八由万燕编写。在编写过程中，我们借鉴和吸收了中外管理专家和学者的大量学术研究成果，在此向这些前辈表示感谢和敬意。由于编写时间和水平有限，书中难免有不足之处，恳请广大读者不吝赐教，以便进一步修订和完善。

编　者

2015 年 5 月

目　录

学习情境一　认知管理

知识目标

1. 能识别管理的四大职能在实际管理活动的具体表现。

2. 能区分组织中的操作者及各层次管理者。

3. 能识别管理者十种角色。掌握管理者的分类、基本素质与基本技能。

4. 能辨识管理者应有的素质，能分析管理者的基本技能。

5. 会依据管理的特点正确评价与选择各种管理制度、管理方法，能领会管理学的有效学习方法。

能力目标

1. 辨析四大职能在实际管理活动中的具体任务。

2. 区分管理者与操作者及各管理层。

3. 运用管理特征的理论正确评价各种管理制度、管理方法，以及掌握有效的管理学习方法。

管理有时会让人觉得很近，身边随时都有管理的身影，从小到大，父母管着、学校约束着；在食堂排队买饭，有人插队时，马上大脑会冒出一个念头：怎么没人管一管？道路堵车时，会希望有交警指挥疏导交通……管理有时又会让人感觉距离很远，似乎只有职业经理人、公司高管、国家领导人从事的才是管理，犹如一个曾经流传甚广的故事所描述：

有一天，三个穷苦的老汉碰在一起了，他们困于生计，不禁畅想起做皇帝的生活来。第一个老汉以拾荒为生，他无限感慨地说："如果我做了皇帝，我就下令这条街全部的垃圾都归我，谁去拾就派公差来抓他。"第二个老汉是一个砍柴工，他对第一个老汉投去了鄙夷的眼神说："你就知道拾荒，皇帝还用拾荒吗？如果我当了皇帝，我就做一把金斧头，天天用金斧头来砍柴。"第三个老汉是一个乞丐，他听完前两个老汉的美梦后，不禁哈哈大笑："你们两个太没见识了，都做皇帝了，还用得着干活吗？如果我当了皇帝，我就天天围着火炉吃烤红薯！"

三个老汉只知道身为皇帝便会过上一种优裕的生活，但对于优裕的程度，却浑然不知。他们难以设想出深宫大院里的奢华生活，所有的美梦也仅仅局限于自己浅显的想象。

对于管理学的外围看客而言，他们对于管理学的设想和猜测，也犹如老汉对于皇宫生活的想象，虽然知道这是一门伟大的学问，但对于其中的理论逻辑却从未知晓。因此，管理学有如佛龛上的供神，虽然被很多人叩拜，但它真正的理论精髓却从未到达人心。

接下来本学习情境就带你走进管理，认知管理者，看看这似近似远似平常又深奥的管理，在本质上有什么共同点？管理存在的价值在哪？管理到底管什么，谁来管，如何管？一位合格管理者应该具备哪些基本技能与素质？

任务一　走进管理

任务情境

小男孩的裤子

小男孩在生日那天得到了一份礼物：一条裤子。他很喜欢这份礼物，可是穿上后发现裤子太长了。

他找到了奶奶，央求她给改一下。但奶奶在做家务，走不开。

小男孩又去找妈妈，可妈妈正在和人打牌。

小男孩只好去找姐姐，但姐姐说约会时间到了，马上就出门。

等到晚上，也没有人帮他改裤子长短，小男孩失望地睡了。

奶奶忙完家务后想起这事，就把小男孩的裤子剪短了。妈妈打完牌后，也把裤子剪短了一截。姐姐回来后，又把裤子剪短了一截。

第二天醒来，小男孩对着已经短得无法再穿的裤子，伤心地哭了。

任务分析

很多企业的员工就像小男孩一样可怜无助。而奶奶、妈妈与姐姐就如同这些企业的管理者，要么都不管，要么都来管。员工可能同时接受几个上级的命令，有时命令还会存在冲突，令员工无所适从，导致事情混乱、效率低下；同时，又会因分工不明而互相推诿、指责甚至无人负责。

举个例子，一个企业的销售业绩不好，当总裁找到销售部经理的时候，他可能很认真地告诉总裁，原因是人力资源部最近招聘的员工素质不好。而当总裁很气愤地找到人力资源部经理时，人力资源部经理又会更加认真地告诉总裁，招聘来的员工很优秀，可惜销售部经理的管理能力太差。喝口茶后，他又小声地对总裁说，其实更主要的原因是最近客服的服务态度极差，使得很多老客户不再和公司合作了。怎么解决这种情况？

其实，你该静下心来想一想，你的裤子有多长？要多长？（目标）可能有几个人会剪？（组织）你是第几个剪这条裤子的人？（分工）剪之前有没有进行沟通？而这些，就是我们所说的管理，一项充满智慧和挑战的工作。

知识精讲

一、管理的含义

管理伴随着人类社会活动的产生而产生，又伴随着人类社会活动的发展而发展。

原始人在狩猎时，往往由一群人来捕杀一头猎物。因为他们认识到单个人没有这种能力，只有许多人同时从事这一活动，才能既保护自己，又捕杀猎物。在这种情况下，就需要大家配合行动，一些人举火把，一些人抛掷石块，还有一些人拿木棒……组织这种相互配合的活动其实就是管理，尽管当时还没有创造出“管理”这个词。

不难发现，自从有了人类就有了管理，管理是人类特有的一种社会现象，无处不在，无时不有，其客观存在不以人的意志为转移，人类是群体性的社会动物，单个的人是无法生存下来的，人们必定要结成团队去实现共同的目标，这个团队目标需要依靠全体成员长期的共同努力，需要把团体中的每个成员的合力组织成一个方向一致的合力。所以，大至国家的兴衰、企业的成败，小至家庭的贫富、个人的幸福与快乐，无不与管理息息相关。

那么，什么是管理呢？

对于管理的定义，中外学者们对管理活动进行了持续不断的研究和探索，对管理做出了不同的解释，形成了人类知识宝库中一个重要的组成部分。较为典型的观点有：

泰勒（Taylor）：管理就是要确切地知道要别人干什么，并注意他们用最好、最经济的方法去干。

法约尔（Fayol）：管理是所有的人类组织（不论是家庭、企业、学校、教会、政府等）都有的一种活动，这种活动由5项要素组成：计划、组织、指挥、协调和控制。

西蒙（Simon）：认为管理就是决策，决策贯穿管理的全过程。

孔茨（Koontz）：管理就是设计和保持一种良好的环境，使人在群体里高效率地完成既定目标。

小詹姆斯·唐纳利（James H. Donnelly）：管理指由一个或更多的人来协调他人活动，以便收到个人单独活动所不能收到的效果而进行的各种活动。

彼得·德鲁克（Peter F. Drucker）：管理是一种实践，生在成果。

以上观点都是从不同侧面反映了管理的内涵，它们之间并不矛盾，而且彼此完善，汲取众学者之所长，本书将管理定义为：管理是指一定组织中的管理者在特定的组织内外环境的约束下，运用计划、组织、人员配备、领导和控制等职能，对组织的资源进行有效的整合和利用，协调他人的活动，使他人同自己一起实现组织的既定目标的活动过程。

上述定义中包括以下几层含义：

（1）管理的主体是管理者——“由谁管”？

（2）管理的客体是各种资源——“管什么”？

(3) 管理的目的是有效实现组织目标——“为什么管”?

(4) 管理的职能是：计划、组织、领导和控制——“如何管”?

(5) 管理的载体是处在内外环境下的组织——“何时何处管”?

管理故事

捡柴与烤火

严寒的冬天，有一群人在烤火。“天这么冷，我绝不能离开火。”所有人都这么想。于是无人去添柴，不久火熄灭了，这群人被冻死。

又有一群人在烤火。“如果大家都只烤火而不添柴，这火迟早要熄灭的。”所有人都这么想，于是大家都去捡柴火，可是不久火也熄灭了。因为大家只顾捡柴火，没有烤火，最后都被陆续冻死在路上了。

还有一群人在烤火。他们既没有全部去捡柴，也没有全部来烤火，而是制定了轮流烤火和捡柴的制度：一半人捡柴，一半人烤火；然后交换。于是人人都捡柴，也人人有机会烤火。这样，大火和生命都得以延续。

启示：一样的火堆，结果却大相径庭，当我们合理地进行优势组合，采取一定的制度，就如同第三堆火，实现最优目标（让火与生命延续到第二年春天）；当部分以无序、欠佳的结构形成整体时，整体功能将小于各部分之和：像第一、第二火堆和群体，他们要么只顾取暖，无人捡柴，要么只知捡柴，不知烤火，不管哪种情况，对延续火与生命都不是最佳方案，最终都导致了可悲的下场！成败与否就取决于管理的差异。

即问即答

寻找身边的一个管理现象，并以此管理现象为例分析管理的含义构成。

二、管理的本质

人类一直都在致力于解决人欲望的无限性与资源有限性的难题，于是有了生产、贸易、道德甚至战争的出现，以创造、交换、掠夺更多的资源或是抑制一定的欲望的方式，协调两者之间的矛盾。管理也是如此，可以通过科学的方法提高资源利用效果（1+1>2），力求以有限的资源满足尽可能多的欲望。

小知识

清人胡澹庵编辑的《解人颐》一书中收录了一首《不知足》诗：

终日奔波只为饥，方才一饱便思衣。
衣食两般皆俱足，又想娇容美貌妻。
取得美妻生下子，恨无田地少根基。
买到田园多广阔，出入无船少马骑。

槽头扣了骡和马，叹无官职被人欺。
县丞主簿还嫌小，又要朝中挂紫衣。
作了皇帝求仙术，更想登天跨鹤飞。
若要世人心里足，除是南柯一梦西。

所以说管理的本质就是资源配置。有效的资源配置也正是管理好坏的衡量标准，有效指的是效率与效益的统一。如图 1-1 所示。

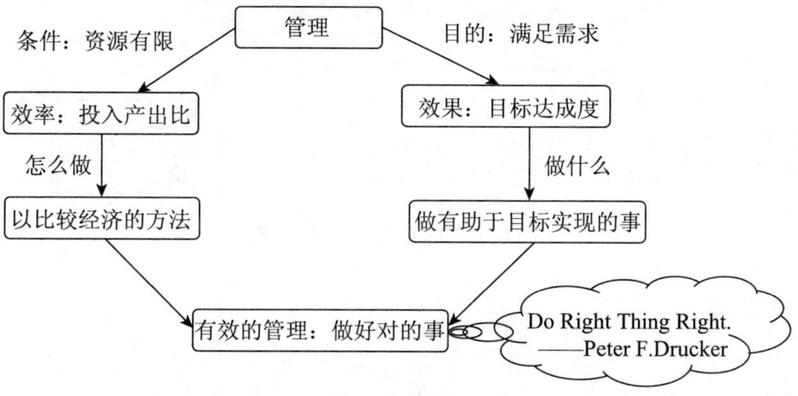

图 1-1　管理的有效性

效率是单位时间内完成的工作量，强调的是数量、产量。以尽可能少的投入获得尽可能多的产出，主要取决于我们采取的工作方式和方法。效率通常指的是正确地做事，即不浪费资源。比如：麦当劳采用平底锅炸薯条，减少用油量 36%，还加快了炸薯条的速度。这就是“正确做事”。

效益是完成工作所取得的效果和利益，强调的是实现预定目标的程度。比如：麦当劳推出的早餐服务，以吸引更多的顾客为目标，目前早餐食品已经占麦当劳总收入的 30%。这就是“做正确的事”。

效率与效益是相互联系的，效益是解决做什么的问题，要求明确目标，做有助于目标实现的事；效率是解决怎么做的问题，要求选择合适的方法与途径，以求比较经济地达到既定目标。一个相当于“眼”，要看准方向；一个相当于“腿”，要走得又快又省。

效率与效益相比，效益比效率更重要。因为无论效率再高，只要所做的事情不对，其结果都是无益的劳动，所付出的一切努力不过是一种浪费；而把一件可做可不做的事情做得再好，也无多大价值。所以，有效的管理要求我们首先做对的事情，其次才是把事情做好。

有效的管理既要讲效益，又要讲效率。只注重效率而不注重效益，是碌碌无为；只注重效益而不注重效率，则会得不偿失。两者的关系如图 1-2 所示。

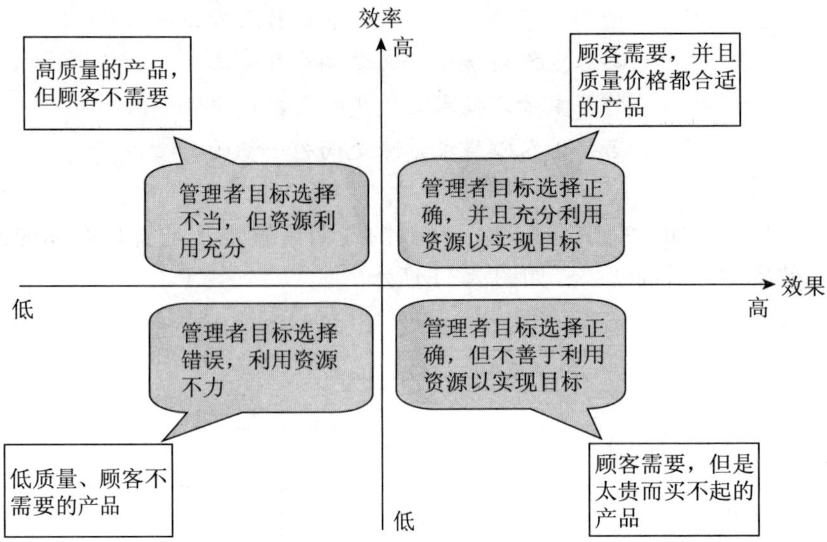

图 1－2　效率与效果的关系

管理故事

选择方向

有两只蚂蚁想翻越一段墙，寻找墙那头的食物。一只蚂蚁来到墙脚就毫不犹豫地向上爬去，可是每当它爬到大半时，就会由于劳累，疲倦而跌落下来。可是它不气馁，一次次跌下来，又迅速地调整一下自己，重新开始向上爬去。

另一只蚂蚁观察了一下，决定绕过墙去。这只蚂蚁很快地绕过墙来到食物前，开始享受起来；而另一只蚂蚁还在不停地跌落下去又重新开始。

启示：很多时候，成功除了勇敢、坚持不懈外，更需要方向。也许有了一个好的方向，成功来得比想象的更快。做任何事情除了要埋头苦干，更要抬头看路。

即问即答

组织的规章制度能违反吗？在特殊情况下，我们能随便闯红灯吗？

三、管理的职能

管理职能是指管理者为了实现有效管理所必须开展的基本活动，它是具体回答管理者“干什么”和“怎么干”的问题。不同管理者在进行管理活动时，往往采取程序具有类似、内容具有共性的管理行为，如计划、组织、领导和控制，这就是管理学家通常所认同的基本的管理职能。其关系如图 1－3 所示。

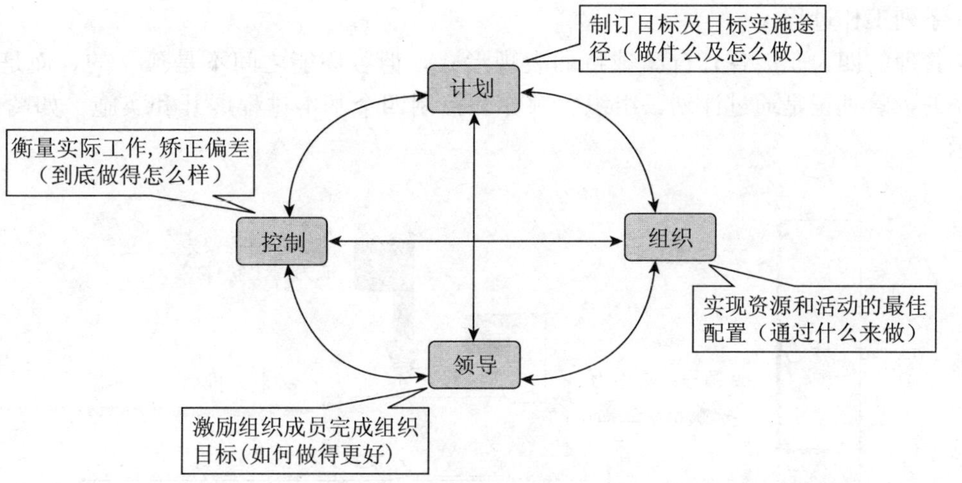

图 1-3　管理职能关系 1

1. 计划

计划是管理的首要职能，是“制订目标并确定为达成这些目标所必需的行动”，是管理者为实现组织目标对工作所进行的筹划活动。也就是为未来的组织活动确定目标，并为实现这一目标预先决定为什么做、做什么以及如何去做的这么一个工作过程。

计划职能一般包括：预测、确定目标，确定目标实施途径和决策。

2. 组织

组织职能是“确定所要完成的任务、由谁来完成任务以及如何管理和协调这些任务的过程”，是为了实现计划所确定的目标而在组织中进行部门划分、权力分配和工作协调的过程。也就是明确为了实现目标和计划需要完成哪些任务，为了完成这些任务需要设置哪些部门、哪些岗位，每个部门和岗位的职责、职权分别是什么，不同的部门、岗位之间有什么关系。

组织职能一般包括：设计与建立组织结构，合理分配职权与职责，选拔与配置人员，推进组织的协调与变革等。

3. 领导

领导职能是“激励和引导组织成员以使他们为实现组织目标做贡献”，也就是管理者利用职权和威信施展影响，激励下属，调动他们的积极性和能力，指导他们的活动，推动他们的工作，协调他们的行为，解决他们之间的冲突，选择最有效的沟通渠道以及营造良好的组织气氛等。

领导职能一般包括：选择正确的领导方式，运用权威实施指挥，激励下级调动其积极性，进行有效沟通协调下属行为。

4. 控制

控制是指为了保证事情按既定的计划进行，保证既定目标的实现，对实际工作进行监控、比较和纠正，使实际与目标保持一致。控制是管理者为保证实际工作与目标一致而进行的活动。

控制职能一般包括：制定控制标准，衡量工作成效，采取有效的纠正偏差的措施等一系列工作过程。

管理的四大职能各有自己独特的表现形式，但各职能之间不是孤立的，而是相互联系的，管理正是通过计划、组织、领导和控制四个基本过程展开和实施。如图 1 - 4 所示。

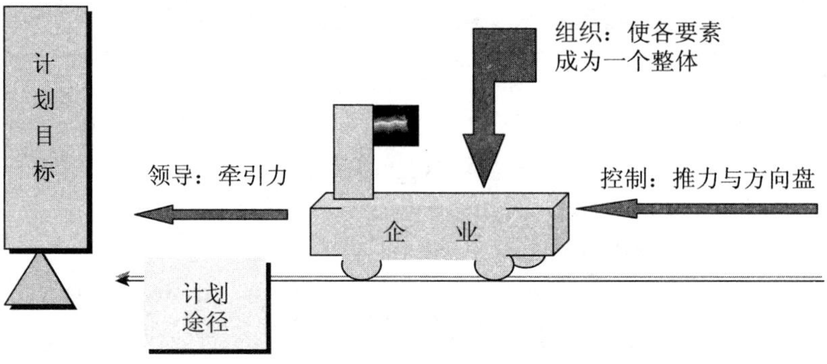

图 1 - 4　管理职能关系 2

四、管理的性质

（一）管理的两重性

管理具有两重性，一方面，管理是人类共同劳动的产物，因而它具有同生产力和社会化大生产联系的自然属性；另一方面，管理又同生产关系、社会制度相联系，因此也具有社会属性。

1. 自然属性

自然属性是指管理过程要处理好人与自然的关系，要合理组织生产力，故自然属性又称为生产力属性。人类的任何社会活动都需要通过一定的群体组织才能进行，而有社会组织与群体活动，就需要有管理。“一个单独的提琴手是自己指挥自己，一个乐队就需要一个乐队指挥。”① 可见管理是人类社会活动的客观需要。在任何社会制度下都没有本质区别，不随社会形态的变化而变化，也不以人的意志而转移。任何时期、任何国家都是相同的，这是管理的共性，或称管理的一般性。

管理的自然属性为我们学习借鉴发达国家先进的管理经验和方法提供了理论依据。西方的管理理论是人类长期生产实践的产物，是智慧的结晶，是不分国界和社会制度的。因此，我们要在继承和发展我国过去科学的管理经验和管理思想的同时，注意学习、引进国外先进的管理理论、技术和方法，使其适应我国的情况，成为我国管理科学体系的有机组成部分。

① 《马克思恩格斯全集》第 23 卷，人民出版社 1972 年版第 367 页。

2. 社会属性

管理是为了达到预期目标所进行的具有特殊职能的活动。谁的预期目标？什么样的预期目标？实质上就是“为谁管理”的问题。在人类漫长的历史中，管理从来就是为统治阶级、为生产资料占有者服务的，必然体现出生产资料占有者指挥劳动、监督劳动的意志，因此，它具有同生产关系、社会制度相联系的社会属性。

管理的社会属性则告诉我们，任何一种管理方法、管理技术和手段的出现，总是带有时代的烙印，其有效性往往与生产力水平及社会历史背景相适应。实践证明，一个适用于古今中外的普遍的管理模式是不存在的。所以，绝不能全盘照搬西方的一切，而要有鉴别有选择地为我所用，走自己的道路。在学习和运用某些管理理论、原理、技术和手段的时候，必须结合本国、本部门、本单位的实际情况，因地制宜，方能达到预期。

管理故事

塞翁失马，焉知非福

靠近边塞的地方，住着一位老翁。老翁精通术数，善于算卜过去未来。有一次，老翁家的一匹马，无缘无故挣脱羁绊，跑入胡人居住的地方去了。邻居都来安慰他，他胸中有数，平静地说：“这件事难道不是福吗？”

几个月后，那匹丢失的马突然又跑回家来了，还领着一匹胡人的骏马一起回来。邻居们得知，都前来向他家表示祝贺。老翁无动于衷，坦然道：“这样的事，难道不是祸吗？”

老翁家畜养了许多良马，他的儿子生性好武，喜欢骑术。有一天，他儿子骑着烈马到野外练习骑射，烈马脱缰，把他儿子重重地甩了个仰面朝天，摔断了大腿，成了终身残疾。邻居们听说后，纷纷前来慰问。老翁不动声色，淡然道：“这件事难道不是福吗？”

又过了一年，胡人侵犯边境，大举入塞。四乡八邻的精壮男子都被征召入伍，拿起武器去参战，死伤不可胜计。靠近边塞的居民，十室九空，在战争中丧生。唯独老翁的儿子因跛脚残疾，没有去打仗。因而父子得以保全性命。

启示：事物的福和祸、好与坏并不是绝对的，在一定条件下可以互相转化，要以辩证的态度去看待。

（二）管理的科学性与艺术性

1. 管理的科学性

管理是一门科学。管理是人类重要的社会活动，存在着客观规律性。人们经过无数次的实践，从无数次的成败中收集、归纳、总结出一系列反映管理过程中客观规律的管理理论和一般方法。

管理的科学性，是指管理学的理论、原理是对各种客观规律的概括和总结。在管理过程中，管理应依据管理的客观规律，以科学为原则，按照严密的程序，使用先进的技术与方法，搞好管理，提高管理效率。讲求科学，尊重客观规律，时常事半功倍；违背客观规律，就必然会遭受客观规律的惩罚。揠苗助长、杀鸡取卵、涸泽而渔等做法都是不尊重科学的反面例子。

管理故事

鲇鱼效应

挪威人喜欢吃沙丁鱼，尤其是活鱼。市场上活鱼的价格要比死鱼高许多。所以渔民总是想方设法地让沙丁鱼活着回到渔港。可是虽然经过种种努力，绝大部分沙丁鱼还是在中途因窒息而死亡。但却有一条渔船总能让大部分沙丁鱼活着回到渔港。船长严格保守着秘密。直到船长去世，谜底才揭开。

原来是船长在装满沙丁鱼的鱼槽里放进了一条以鱼为主要食物的鲇鱼。鲇鱼进入鱼槽后，由于环境陌生，便四处游动。沙丁鱼见了鲇鱼十分紧张，左冲右突，四处躲避，加速游动。这样沙丁鱼缺氧的问题就迎刃而解了，沙丁鱼也就不会死了。这样一来，一条条沙丁鱼活蹦乱跳地回到了渔港。

启示："鲇鱼效应"在企业管理中广泛应用，其主要方法与目的就是以科学管理为基础，通过适当引进竞争机制，使内部产生危机感，激活内部机制与活力，从而更好地调动员工的积极性，促进员工潜能的发挥。

猎人扑火

在南美洲的一个大草原上。一天，一群游客正在一望无际的大草原上快乐地追逐嬉戏，忽然，他们身后窜出一团大火，火借风势，直向游客们扑来。就在这死难临头的惊险时刻，一位老猎人出现在游客们的面前："各位，别跑了，大家还是听我的话，动手扯掉这一片干草，清出一块地面来。"游客们见是一位老猎手，觉得他经验丰富，就马上按照他的吩咐，七手八脚地猛干起来，很快清出了一大块地面。

火是从北面烧过来的，老猎人让大家站在空地的南端，自己跑到空地的北端，并把草堆搬到北边去。望着渐渐靠近的大火，游客中有人恐慌地问："老猎人，火再烧过来怎么办?""别急，我自有办法。"一会儿，大火快烧近时，老猎人才拿了一束很干的草点燃起来，堆在游客北面的草立刻熊熊地烧着了，竟然逆着风迎着大火方向烧去，这两股火立刻打起架来，火势居然慢慢小了，而留给游客的空间越来越大。两股大火斗了一阵子，终于"精疲力竭"，慢慢地熄灭了下来。

启示：老猎手以火灭火，尊重客观规律，在草原大火中，把握了火的特点，并果断地提出了以火灭火的方案，最终利用两火"相斗"成功地扑灭了大火。因此，正确发挥主观能动性去认识和改造客观对象，就必须从对象本身的实际出发，从对象自身的规律出发，知己知彼，百战百胜。人看到大火就跑，这是一种本能，能够迅速战胜本能不跑需要经验和教训，关键是在管理过程中使用科学的方法。

2. 管理的艺术性

管理又是一门艺术，也是一种创造。艺术般的管理，是管理者王冠上最为璀璨的宝石。

管理因对象不同、环境不同，需要采取不同的管理方法和管理手段。管理不像有些科学那样可以单纯通过数学计算去求得最佳。管理中存在许多未知的、活的、模糊的因素，即靠人的经验、感觉、魄力、权威等都无法度量甚至无法言传，被人们称为“艺术”的部分。

管理的艺术性，强调管理活动除了要掌握一定的理论和方法外，还要掌握和灵活运用这些知识和技能的技巧和诀窍。管理者在实际工作中，面对千变万化的管理对象，必须因人、因事、因时、因地，灵活多变地、创造性地运用管理技术与方法，追求管理的最佳效果。

在管理中，科学性与艺术性不是相互排斥而是相互补充的。如果说管理的科学理论是“知”，管理的艺术就是“行”，“知”是“行”的基础，对管理的科学性“知”得越多，在管理实践中“行”得就会越有艺术性。

管理故事

田忌赛马

齐国的大将田忌与齐威王赛马，并都把自己的马分为上等马、中等马和下等马，比赛时，田忌用自己的上等马对齐王上等马，中等马对齐王的中等马，下等马对齐王的下等马，由于齐王每个级别的马匹都略胜于田忌将军所养的马，所以田忌每赛必输。

孙膑则建议田忌用自己的下等马对齐王的上等马，用自己的上等马对齐王的中等马，用自己的中等马对齐王的下等马，并最后赢得了赛马的胜利。

启示：同样的马匹，而比赛的结果却截然不同。田忌把每场赛马都单独地予以看待，目标是争取在每场比赛中战胜齐王，形成了上等马对上等马、中等马对中等马、下等马对下等马的格局，最终被齐王打败；而孙膑则从系统的角度来思考问题，把三场赛马看作是一个相互联系的整体，目标定位于获得最终的胜利——三场两胜。换个角度，换种方法，这也正是孙膑艺术性的体现。

发奖金的艺术

自从多年前成立，就蒸蒸日上的公司，今年的盈余竟大幅滑落。这绝不能怪员工，因为大家为公司拼命的情况，丝毫不比往年差，甚至可以说，由于人人意识到经济的不景气，干得比以前更卖力。

这也就越发加重了董事长心头的负担，因为马上要过年，照往例，年终奖金最少加发两个月，多的时候，甚至再加倍。今年可惨了，算来算去，顶多只能给一个月的奖金。“让多年来以被惯坏了的员工知道，士气真不知要怎样滑落！”

董事长忧心地对总经理说：“许多员工都以为最少加两个月，恐怕飞机票、新家具都订好了，只等拿奖金就去度假或付账单呢！”

总经理也愁眉苦脸了：“好像给孩子糖吃，每次都抓一大把，现在突然改成两颗，小孩一定会吵。”

“对了！”董事长突然触动灵机：“你倒使我想起小时候到店里买糖，总喜欢找同一个店员，因为别的店员都先抓一大把，拿去秤，再一颗一颗往回扣。那个比较可爱的店员，则每次都抓不足重量，然后一颗一颗往上加。说实在话最后得到的糖没什么差异。但我就是喜欢后者。”

没过两天，公司突然传来小道消息——“由于营业不佳，年底要裁员，尾牙的鸡头，只怕一桌一只都不够。”顿时，人心惶惶了。每个人都在猜，会不会是自己。最基层的员工想：“一定由下面杀起。”上面的主管则想：“我的薪水最高，只怕从我开刀！”

但是，跟着总经理就做了宣布：“公司虽然艰苦，但大家同一条船，再怎么危险，也不愿牺牲共患难的同事，只是年终奖金，绝不可能发了。”听说不裁员，人人都放下心头的一块大石头，那不致卷铺盖的窃喜，早压过了没有年终奖金的失落。

眼看除夕将至，人人都做了过个穷年的打算，彼此约好拜年不送礼，以共度时艰。突然，董事长召集各单位主管紧急会议。看主管们匆匆上楼，员工们面面相觑，心里都有点七上八下：“难道又变了卦？”是变了卦！

没几分钟，主管们纷纷冲进自己的单位，兴奋地高喊着：“有了！有了！还是有年终奖金，整整一个月工资，马上发下来，让大家过个好年！”

整个公司大楼，爆发出一片欢呼，连坐在顶楼的董事长，都感觉到了地板的震动……

启示：故事中的董事长就是巧妙地利用管理“期望理论”，先大幅度降低员工期望，然后再给予小幅度的奖励，就能很好地激励员工，同时他自己也得到了超过自己“期望”的回报——员工的欢呼和满意！管理活动面对的情境复杂多变，往往超越理论所限定的前提假设，这就要求管理者在实施管理行为的时候，创造性地把管理的科学知识有效地应用在管理实践中。

即问即答

1. 学习好管理学这本书是否就算学好了管理学？
2. 怎么才能真正地学好管理学？

实训巩固

调查访问

1. 实训目的

通过调查访问某一个企业，培养学生关注企业、了解企业和学习管理学的兴趣，加深对管理活动的感性认识与理解，提高其参加社会实践活动的主动性、积极性和创造性。

2. 实训内容

学生自愿组成小组，每组5～8人，利用课余时间，到一家中小企业进行调查与访问，每组需根据课程所学知识经过讨论制订调查访问提纲，主要包括调研的主要问题与具体安排。调研内容：

（1）要求学生选择企业的某一基本业务职能进行调研，如计划管理、生产管理、技术管理、营销管理、物资设备管理、财务管理、行政管理、人事管理、后勤管理等。

（2）熟悉所调研的业务职能在企业中的作用，业务开展的流程及与其他业务职能之间的关系。

3. 实训要求

（1）每位学生写出访问报告或小结。

（2）调查后安排一次讨论课，以小组为单位，每组派出一名代表发言讨论。

（3）教师根据学生的调查报告与发言讨论的表现给予评价打分，纳入学生平时成绩考核之中。

考核评价

考核评价内容如表1－1所示。

表1－1　　走进管理能力考核评价

内容		评价	
学习目标	评价内容	小组评价（5、4、3、2、1）	教师评价（5、4、3、2、1）
应知应会知识	管理的含义		
	管理的性质		
	管理的四大职能		
专业能力	复述衡量管理好坏的标准		
	感悟管理的艺术性		
通用能力	培养有效管理能力		
	培养管理意愿		
态度	实现有效管理		
努力方向：		建议：	

任务二　认知管理者

任务情境

哈里克是某新疆特产网店备货部经理。该备货部每天要处理大量的网购业务，在一般情况下，整理订单、按单备货、发送货物等都是由部门中的业务人员承担的。但在前一段时间里，接连发生了多起A要的核桃发给了B，B要的葡萄干却发给了C之类的事，引起了顾客极大的不满。今天又有一大批货要发送，哈里克不想让这种事情再次发生。

作为哈里克，他是应该亲自去核对这批货的发货情况呢，还是仍由业务员处理？

任务分析

一件事情在组织中应该由谁来处理，取决于组织的职责分工、角色定位，哈里克是备货部的经理，是管理者。管理者在组织中是指挥他人开展工作的人，因此，具体核对发货的事应由业务员来做。

那哈里克作为备货部经理（中层管理者）的主要职责应当是：①制订本部的岗位责任制；②业务流程与操作规则；③对部门内员工的履行职责进行检查、监督和考核；④对常出现差错的员工进行业务指导培训和调换；⑤对常出现差错的业务环节采取重点监控和改进操作方法。因此，备货部经理不应亲自核对这批货，而关键应把岗位、人员职责界定清楚并把业务考核与奖惩落实到位。

当组织中出现任何问题时，问题的直接造成者是在具体的操作者身上，但其根源却往往是管理者管理不善，没有很好地履行其管理职能，带领下属，确保组织目标的实现。管理的主体是管理者，所以，组织目标能否达成，较之于操作者，管理者发挥着更为关键性的作用。

那么组织中什么样的人是管理者？管理者是干什么的？什么样的人能成为管理者？

知识精讲

一、管理者的定义及分类

（一）管理者的定义

任何组织内的工作都可以分为两类：另一类是完成具体任务的工作；另一类是指挥别人完成任务的工作。对应承担这两类工作的组织成员分别就是：操作者和管理者。

操作者是指在组织中直接从事某项工作或任务，不具有监督其他人工作的职责的人，即具体的工作人员。如学校的专职教师、企业的一般职员、医院的一线医生、超市的普通营业员等。

管理者是指在组织中指挥他人完成具体任务的人。如学校的校长、院长，企业的经理、主管，医院的院长、主任，机关的科长、处长、局长等。他们虽然有时也做一些具体的操作性事务，但其主要职责是指挥下属开展工作。

区别于操作者和管理者，关键取决于他是否有直接下属，有则是管理者，没有则是操作者。相比较，操作者只对自己的工作负责，而管理者还要为他的下属的工作成果负责。

即问即答

学校的专职教师不是得管学生吗，为什么专职教师不是管理者？

管理故事

帅才与将才

汉高祖刘邦和大将韩信谈论武将的本领，刘邦问韩信，像他自己那样的人能带兵多少，韩信直截了当地回答说，刘邦不过能领兵十万。刘邦又接着问韩信能带兵多少呢？韩信回答说他带兵越多越好。刘邦听后哈哈大笑，不禁问道："既然你带兵越多越好，怎么会被我捉住呢？"韩信镇定自若地解释说："您虽然不能将兵，但善于用将。这就是我之所以被您捉住的原因。"

启示：故事中的韩信带兵，称之为将才；刘邦带将，称之为帅才；将才带兵多多益善，帅才可不善带兵，但得会用将。两人都是军中管理者，而两人的职责不同，要求不同，所发挥的作用也有所不同。所以，组织中的管理者也有着不同的类别。

（二）管理者的分类

由于组织的规模性，工作的繁杂性和管理人员能力的有限性决定了组织内要进行分工，从而产生了各种各样的管理者，由于他们的层次、责任和权限不同，于是产生了不同的划分方式。

1. 按管理层次分

按管理者在组织中所处的位置即管理层次，可分为高层管理者、中层管理者和基层管理者。常见的职位和职能部门头衔如表 1 - 2 所示。

表 1-2　　管理者按管理层次划分的类型

组织层次	职位	职能头衔
高层管理者（下属是中层管理者）	执行官	总裁、副总裁、首席执行官 CEO、董事会主席、总经理、总监等
中层管理者（下属是基层管理者）	经理	项目经理、地区经理、系主任、部门经理、科室主任等
基层管理者（下属是操作者）	主管	工长、车间主任、行政主管、主会计师；教研室主任、学生科科长；领班等

（1）高层管理者。高层管理者大都处于组织的最高层次，属于决策层。对组织负全责，主要负责沟通组织与外部的联系和决定组织的大政方针。注重良好环境的创造和重大决策的正确性。

（2）中层管理者。中层管理者一般处于组织的中间层次，承上启下，属于执行层。主要职责是正确执行高层的指示精神，创造性地结合本部门的工作实际，有效指挥各基层管理者开展工作，注重的是日常管理事务。

（3）基层管理者。基层管理者是组织中层次最低的管理者，属于作业层。主要职责是直接指挥和监督现场作业人员，保证完成上级下达的各项计划和指令。主要关心的是具体任务的完成。

对于所有的管理者，都要履行管理的基本职能，但由于所处的层次不同，管理职能履行的重点和程度也是有所区别的，如图 1-5 所示。计划、组织和控制职能的履行都是自高层向基层递减，而领导职能的履行则是自高层向基层递增。

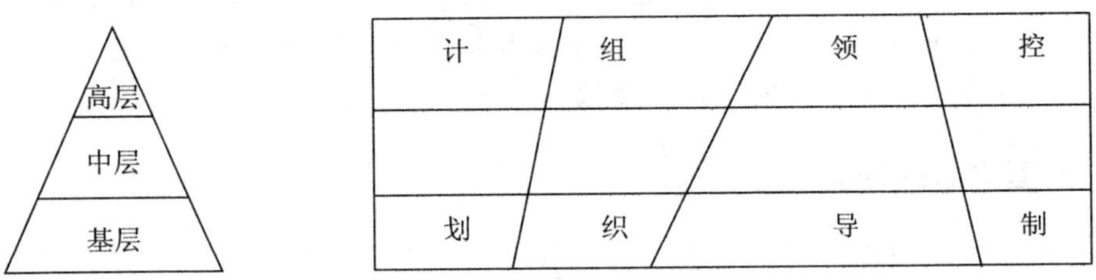

图 1-5　管理层次与管理职能的关系

即问即答

事必躬亲的高层管理者好不好？中层管理者的主要职责就是上传下达吗？作为一个基层管理者，当上级指示与你的主张不一致时，你该怎么办？

2. 按从事的工作领域

管理者按其所从事的工作领域不同，可分为综合管理者和专业管理者。

（1）综合管理者。综合管理者是负责整个组织或部门全部管理工作的管理者。他们是一个组织或部门的主管，对整个组织或部门目标实现负有全部责任，有权指挥或支配该组织或部门的全部资源与全部职能活动。例如厂长、车间主任、工段长等。

（2）专业管理者。专业管理者也称职能管理者，只负责组织中某一个职能或专业领域的某方面目标的实现，只在其专业领域实行职权。如工厂的总工程师、财务处长、人事部经理等。

小知识

不同领域的管理人才

CEO：Chief Executive Officer　首席执行官
COO：Chief Operating Officer　首席运营官
CFO：Chief Finance Officer　首席财务官
CTO：Chief Technology Officer　首席技术官
CIO：Chief Information Officer　首席信息官
CHRO：Chief Humane Resource Officer　人力资源总监
CBO：Chief Business Officer　首席商务官
CCO：Chief Communication Officer　首席沟通官

二、管理者的角色

管理者在执行职能的过程中，时常会扮演一些什么角色呢？对此，许多管理学家进行了大量的探讨和研究，最具有代表性的是加拿大著名管理学家亨利·明茨伯格，他把管理者扮演的角色定位为三大类共十种。如表 1－3 所示：

表 1－3　明茨伯格的管理者角色理论

角色		描述	特征活动
人际关系角色	挂名首脑	组织的首脑人物，必须履行许多法律性的社会性的例行义务	重要访客的接待、签署法律文件、工程开工奠基等
	领导者	运用组织所赋予的权力，以某种方式对员工进行激励，并引导员工努力工作来实现组织目标	管理人员的招聘与培训、重大问题的决策、员工意见的征询、对员工的沟通与激励等
	联络者	建立和保持与外界其他组织之间的联系，以取得外部各方面对本组织的理解与支持；在组织内部各部门间进行协调，维持多边关系	协调同客户、生意伙伴、供应商、政府相关部门、国外子公司等的关系，发感谢信，从事相关活动和工作等

续 表

角色		描述	特征活动
信息传递角色	监听者	收集组织内、外的各种有用信息，并及时跟踪信息动向，以便透彻地了解组织内外环境	阅读期刊和报告，保持私人接触等
	传播者	将组织或外界信息通过会议等形式及时向下属传递，以便下属清楚地理解上级部署顺利开展工作	举行信息交流会，用网络或电话的方式传达信息等
信息传递角色	发言人	向外界发布有关组织的计划、政策、行动、结果等信息，塑造组织正面形象、引导舆论服务于组织	召开董事会，向媒体发布信息等
决策制定角色	企业家	密切关注组织内外环境的变化和事态的发展，以便发现机会，扬长避短，实现组织尽量大的收益	制定战略，检查会议决议执行情况、开发新项目等
	混乱驾驭者	当组织面临重大的意外动乱时，负责采取补救行动	平息客户的怒气，同不合作的供应商进行谈判，对员工之间的争端进行调解等
	资源分配者	负责组织人、财、物、信息、时间等各项资源的分配，通过协调与沟通，力争做到人尽其才，物尽其用	制定战略，检查可能陷入混乱和危机的时期，在组织的不同职能和部门间分配资源，为各层次管理者设定预算及薪资计划等
	谈判者	为了使组织发展壮大，管理者负责与他人协商，力求使组织的利益最大化	与员工、供应商、客户、工会、债权人、银行等相关利益群体之间的谈判

处于不同管理层次的管理者，从事不同层次不同岗位的管理工作，他们在组织运行中对三个方面的十种角色的扮演频率和程度等方面都是不同的，具体如图 1－6 所示。由图 1－6 可知，高层管理者最重要的角色是决策；中层管理者在三个方面的角色分配方面基本是一致的，这是由其既承上启下又独当一面的特点所决定；基层管理者主要是调动下属成员进行团队合作，人际关系的处理对其来说尤为重要，所以角色分配时应以人际角色为主。

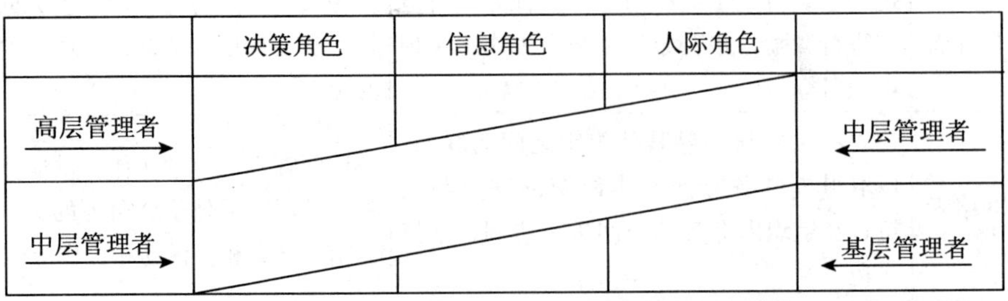

图 1－6　不同层次管理者扮演角色的重要程度

管理案例

他们各扮演什么管理角色

玛丽是一家造纸厂的厂长，这家工厂面临着一项指控；厂里排泄出来的废水污染了邻近的河流，因此，玛丽必须得到当地的治水管理局去为本厂申辩。奥利弗是该厂的技术工程部经理，他负责自己那个部门的工作与销售部门相协调。拉尔夫负责厂里的生产管理，他刚接到通知：每天向本厂提供包装纸板箱的那家供应厂商遭了火灾，至少在一个月之内无法供货，而本厂的包装车间想知道，现在他们该干什么。拉尔夫说，他会解决这个问题的。最后一个是罗丝，她负责文字处理办公室的工作，室里的员工之间为争一张办公桌刚发生了一场纠纷，因为它离打印机最远，环境最安静。

讨论：运用管理者角色理论，分析在这家企业里，玛丽、奥利弗、拉尔夫和罗丝各自扮演了什么角色？

三、管理者的素质与技能

（一）管理者的素质

管理者要成功地扮演好其角色，正确地行使权力，有效地履行职责，必须具备相应的能力素质。管理者的素质主要表现为品德、知识、能力与身心素质。管理者的素质是形成管理水平与能力的基础，是做好管理工作、取得管理功效的主观条件。

1. 品德

古语："德若水之源，才若水之波；德若木之根，才若木之枝。""德胜才者谓之君子，才胜德者谓之小人。"德，即品德，道德，是推动个人行为的主观力量，指导着一个人对现实的态度和行为方式，决定着一个人的工作愿望和干劲。要想成为一名合格的管理者，就具备强烈的管理意愿、责任感和良好的精神素质。

（1）强烈的管理意愿。强烈的管理意愿是管理者实现高效管理的原动力。如果一个人没有强烈的管理意愿，遇到问题时，尽管他知道问题出在哪里，但不想或是不敢管，缺乏责任心，那么即使他已经走上工作岗位，也不可能成为一名合格的管理者。只有那些树立了一定理想、有强烈的责任心和事业心、愿意多做事，勇于竞争、勇于承担责任、敢冒风险、渴望在管理岗位上大展身手的人，才有可能成为一名合格的管理者，才可能管理好组织的诸多事务。

（2）责任感。责任感是一种自觉主动地做好分内、分外一切有益事情的精神状态。人只有有了责任感，才能具有驱动自己勇往直前的不竭动力，作为得带领下属的管理者，首先自己要有足够的动力，责任感则是动力源泉之一；同时，其责任感也会传递给员工，员工的责任感也油然而生。

（3）良好的精神素质。由于管理工作的复杂性和特殊性，作为一名合格的管理者，除了拥有强烈的管理意愿和责任感以外，还要有创新精神、实干精神、合作精神和奉献精神等良好的精神素质。

① 创新精神。创新是管理的灵魂。日益变化的社会市场，日趋激烈的市场竞争，没有创新，就不会有发展。勇于创新，超越传统，超越惯例，敢于打破原有条框、探索新的规律和方法，管理工作才有生机和活力。

② 实干精神。实干精神是企业的灵魂。俗话说，“空谈误国，实干兴邦”。组织在发展过程中，不可避免地会遭受挫折和失败，这就要求管理者要具有百折不挠、顽强拼搏的实干精神。

③ 合作精神。“一个篱笆三个桩，一个好汉三个帮。”一个管理者能力再强，总会顾此失彼，管理者应该充分发挥团队的力量，不要干预或包办下属分内的事情，要学会授权，如果事必躬亲，一方面丢掉了自己应该做的更重要的事情，另一方面也会挫伤下属的积极性，让他们变得没有主见、不负责任，无法提高其工作能力。管理者最大的本领就是要调动下属的工作主动性和积极性，通过他们的劳动体现自身的管理理念。

④ 奉献精神。管理者要有敬业、乐业、勤业的奉献精神，要把心思放在工作上，把精力用在工作中，做到公私分明，不以权谋私，要与人为善，厚人薄己，愿意把荣誉和成长机会让给他人，做到职业第一，名利第二。

管理故事

果汁软糖实验

果汁软糖实验是世界上最简单，也是最成功的行为实验之一，由美国心理学家沃尔特·米舍尔教授设计。他于 20 世纪 60 年代在加利福尼亚州斯坦福大学校园里的一间幼儿园开始这项实验。

米舍尔找来数十名孩子，在每人面前放一块软糖，告诉他们糖可以吃，但如果等他返回时再吃可以多得到一块，然后他便离开教室 10～15 分钟。通过观察发现，有 1/3的孩子马上就开始吃糖果，还有 1/3 则一直等米舍尔回来兑现额外奖励后才开始吃，另外 1/3 的孩子开始坚持但后来忍耐不住放弃等待。直到 14 年后，这些孩子中学毕业，开始进入高等院校学习或工作，米舍尔才开始进行下一步的研究。他发现当年马上开始吃糖的孩子在青少年时期表现得缺乏自信，与同龄人相处不好；等到最后才吃糖果的孩子则交际能力强、有主见且学业出众。“等待者”比“不等者”考试成绩平均高出 210 分。

实验发现，一个人在孩童时期应对诱惑的表现影响他日后人生道路的顺逆。后吃糖果的孩子往往更有主见且成绩出众。

为了说明这种现象，米舍乐提出了“延迟满足”这一概念。能够坚持等待就是能够延迟满足。具有延迟满足能力或以使孩子在成人后容易获得成功。

2. 知识

管理学是一门综合性科学，涉及的学科知识很广。管理者，既要懂得管理知识，又要懂得专业技术知识、社会经济学等知识，俗话说：“是艺不可外行做。”管理者所掌握的每个学科的知识不一定要非常精，但一定得懂。其知识构成应该包括：

（1）政治、法律知识。组织的发展受环境的影响与制约，一个国家的路线、方针、政策，国家的法规、条例，正是组织面临的宏观环境的构成，只有了解当下环境，组织才能顺势发展。

（2）经济学和管理学知识。只有了解了当今管理理论发展状况，掌握基本的管理理论与方法，才能按经济规律办事。

（3）心理学、社会学知识。管理者主要的管理对象是人，只有了解人的内心所想，现实所需，协调好人与人之间的关系，才能调动员工的积极性。

（4）专业技术知识。是指组织所从事的某行业的专业知识，如汽车制造行业的汽车制造技术，医药行业的医学知识等。管理某一行业，必然得具备这行业的专业基础知识。

管理者的知识构成是以管理学知识为核心，其他知识作为必要补充的一种结构，如图 1－7 所示。

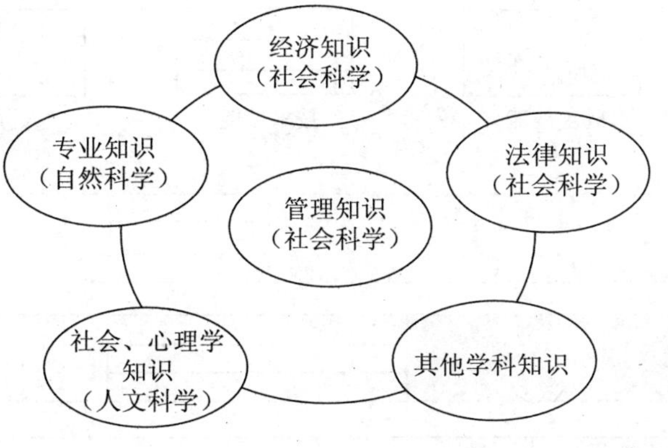

图 1－7　管理者知识结构

3. 能力

能力与知识密切相关，但知识的多少并不直接决定着能力的高低。能力是指掌握知识和技能的难易、快慢、深浅、巩固程度以及应用知识解决实际问题等本领。知识使人“懂”，能力则让人会“用”。两者相互依赖又彼此促进。

管理者所具备的能力，是指管理者把各种管理理论与业务知识应用于实践、进行具体管理、解决实际问题的本领。这种能力体现在：①分析能力，即在信息不完全和不正确的情况下识别、分析、解决问题的能力；②处理人际关系的能力，即影响、监督、领导及各种各样的人的能力；③感情能力，即情商，能在感情压力和人际关系危机下，保持良好的状态，能够承担重大责任而不至于被压垮。人在社会上要获得成功，起主要作用的不是智商，而是情商，前者占 20％，后者占 80％。

4. 身心素质

成功的管理者应该具备健康的体魄，具有自信、诚实、虚怀若谷的品德和高调做事、低调做人、勇于创新的精神。

俗话说，“身体是革命的本钱”，“商场即战场”。无论是深入基层，强化生产经营管理，还是运筹帷幄，对变幻莫测的市场形势作出战略决策，没有好的身体，都将留下力不从心的遗憾。因此，管理者应该年富力强，方能堪当此任。

心理素质是领导者素质的一个重要组成部分，涉及人的个性、兴趣、动机、意志、情感等多方面内容。从某种意义上说，它制约和影响着管理者的其他素质。在繁杂的管理工作中，需要管理者保持一份良好的心态和一个健全的人格，要胸怀宽大，有容人之量；办事果断，不优柔寡断；不屈不挠，有意志力、有勇气和信心。

（二）管理者技能

管理是否有效，在很大程度上取决于管理人员是否真正具备一名管理者所必须具备的管理技能。美国的管理专家卡特兹在1955年发表的论文《有效管理者的技能》一文中，针对管理者的工作特点，提出了技术技能、人际技能和概念技能的概念，他认为，有效的管理者应具备这三种技能。如图1－8所示。

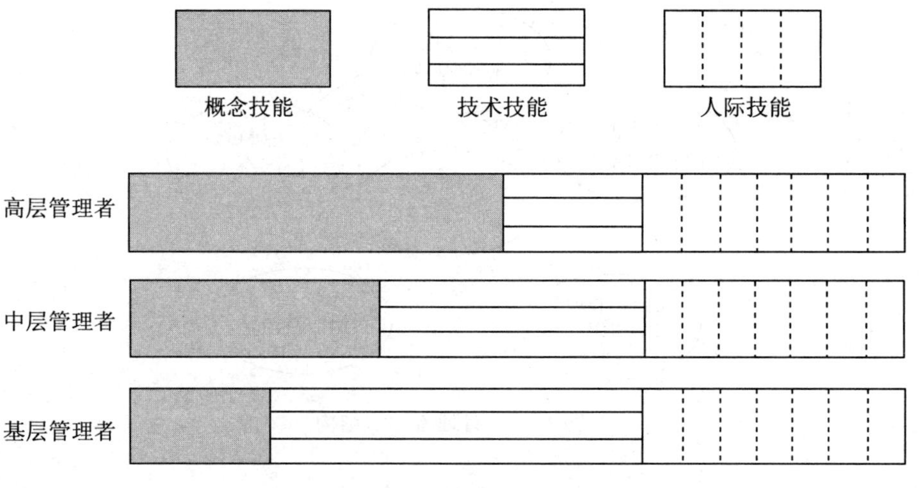

图1－8　不同层次管理者的技能要求

1. 技术技能

技术技能是指管理者使用某一专业领域内的专业知识完成组织任务的能力。如车间主任要熟悉各种机械的性能、使用方法、操作程序，以及各种材料的用途、加工工序等，即要精通生产业务；财务科长要熟悉相应的财务制度、记账方法、预算和决算的编制方法等，即要掌握会计基本业务操作。

对于管理者来说，虽然没有必要使自己成为精通某一领域的技能的专家，因为他可以依靠有关专业技术人员来解释专门的技术问题，但也必须了解相当的专业知识，掌握最基本的专业技能。否则将很难与他所主管的组织内的专业技术人员进行有效沟通，从而也就无法对他所管辖的业务范围内的各项管理工作进行具体的指导。毋庸置疑，医院的院长不应该对医疗过程一窍不通的人，学校的校长也不应该是对教学科研工作一无所知的人。当然，不同层次的管理者，对于专业技能要求的程度是不同的。

相对而言，基层管理者需要的专业技能的程度较深，而高层管理者则需要全面但不需深入了解。

2. 人际技能

人际技能是指处理人际关系的技能，也就是与人打交道的能力。从某种意义上说，管理者的活动是围绕着人进行的，管理者要与下属沟通并影响下属的行为，得与上级领导和同级同事打道，学会说服上级领导，领会领导意图，学会同其他部门紧密合作，还要与相关的外界人员和组织发生相关的联系与交往。

人际技能，对于高、中、基层管理者有效开展管理工作都是非常重要的，因为各层次的管理者都必须在与其上下左右之间进行有效沟通的基础上，相互合作，共同完成组织目标。

3. 概念技能

概念技能是指对事物的洞察、分析、判断、抽象和概括的能力，包括理解事物的相互关系从而找出关键影响因素的能力、确定和协调各方面关系的能力，以及权衡不同方案优劣和内在风险的能力等。

组织在动态活动中，任何管理者都会面临一些混乱而复杂的环境，需要认清各种因素之间的相互联系，以便抓住问题的实质，根据形势和问题果断地做出正确的决策。因此，管理者所处的层次越高，其面临的问题就越复杂，越无先例可循，越具有多变性，就越需要概念技能。

管理故事

一理通百事

一位后生听说寺庙里的老和尚智慧十分了得，心里很是不服，想当面领教领教，便匆匆赶往这座寺庙。在路上，他看到了一件他认为非常有趣的事，于是有了主意，想以此考一考老和尚。

见面之后，后生冷不丁地问了一句："为何团团转?"

"皆因绳未断。"老和尚随口答道。

后生听了，顿时目瞪口呆，"你怎么会知道?"后生问道，"我在路上看到一头牛被绳子穿了鼻子拴在树旁，牛想离开这棵树，到草地上去吃草，但是它转过来转过击都不得脱身。我以为您没看见，肯定说不上来，哪知道您出口就答对了。"

老和尚微笑着说："你问的是事，我答的是理，你问的是牛被绳拴住而不得解脱，我答的是心被俗束而不得超脱，一理通百事啊。"

启示：理可通事，我们不仅要学会从事说理，而且要能够以理论事。前者是具体（技术技能），后者是抽象（概念技能）。管理涉及事也涉及理。离开了真实存在的事例，不可能发现任何有实际用途的道理。然而，事理是有别的。事是理的必要条件而非充要条件。光知道事，只说明了经验；上升到理，才有了知识。

即问即答

对专业教研室主任、系主任和校长三种角色的管理技能结构有何不同要求？

实训巩固

与企业家对话——管理者的职责与素质

1. 实训目的

（1）与企业家双向交流。

（2）认识实践中管理者的职责与素质。

2. 实训要求

（1）认真阅读有关管理方面的内容。

（2）把学生分成几个小组，5～10 人一组。

（3）组织学生到企业实地了解管理的过程和方法。

（4）老师可以给出一些资料，供学生使用。

3. 实训内容

（1）通过对话交流使学生与企业家真诚交流，对管理的概念和重要性有大概的了解，对企业家应具有的素质和人格魅力有初步认识，了解管理在社会实践中的大量应用。

（2）学生可参考以下几个方面提问。

①你是如何管理你的企业的？

②你在管理中遇到的主要困难有哪些？

③企业中主要有哪些管理工作，分别属于哪种管理层次？

④这些管理工作的职责和权利有哪些？

⑤做好这些管理工作需要具备什么素质？如何培养？

（3）以采访的形式或直接对话（有条件的可在课堂上进行），录制采访录音和录像并保存起来。

4. 实训考核

（1）针对不同的企业家，大家组织讨论并写下自己的感想。

（2）根据每个同学在对话中的表现和课后局面材料进行评估。

考核评价

考核评价内容如表 1－4 所示。

表 1-4　　认知管理者能力考核评价

内容		评价	
学习目标	评价内容	小组评价（5、4、3、2、1）	教师评价（5、4、3、2、1）
应知应会知识	管理者与操作者的区分		
	管理者的分类		
	管理者的十种角色		
专业能力	阐述管理者应具备的素质		
	领会管理的技能		
通用能力	培养有效管理能力		
	培养管理意愿		
态度	实现有效管理		
努力方向：		建议：	

知识巩固

一、判断题

1. 管理自从有了人类集体活动以来就开始了。（　　）

2. 管理学反映了管理过程的客观规律性，具有显著的科学性。但是，管理过程中的诸多不确定因素使管理本身无法完全量化，所以只是一种不精确的科学。（　　）

3. 管理主要的目的是使资源成本最小化，因此管理最主要的是追求效率。（　　）

4. 效率与效果之间的差别可表述为：效果是使组织资源的利用成本达到最小化，而效率则是使组织活动实现预定的目标。（　　）

5. 不同行业中及不同的组织内部专业特点差别显著，很难说管理活动有什么共性。（　　）

6. 高层管理人员花在计划决策上的时间相对更多一些。（　　）

7. 组织中向外界发布信息的管理角色称为组织发言人。（　　）

8. 部门经理属于高层管理人员。（　　）

9. 中级管理人员往往处理现场管理、指导操作等技术性工作。（　　）

10. 管理既不是万能的也不是无能的。（　　）

二、选择题

1. 将管理要素按目标的要求结合成一个整体，体现了管理的（　　）职能。

A. 计划　　B. 组织　　C. 领导　　D. 控制

2. 粗略划分，管理有（　　）职能。

A. 计划　　B. 组织　　C. 领导　　D. 控制

3. 下列（　　）性质不属于管理的特性。

A. 综合性　　　B. 应用性　　　C. 精确性　　　D. 艺术性

4. 要确保“事有人做，人有事做；事得其人，人得其事”，需做好管理中的(　　)工作。

A. 计划　　　B. 组织　　　C. 领导　　　D. 控制

5. 一艘船要顺利驾驶到目的地，船长的角色职能包括：设计方向的领航员，实际控制方向和舵手，轮船的设计者或选用者，以及全体船员形成支持、参与和沟通关系的促进者。这些是组织中的（　　）职能。

A. 计划、控制、组织和领导　　　B. 计划、组织、领导和控制

C. 领导、计划、组织和控制　　　D. 领导、组织、计划和控制

6. 某大企业人才济济、设备精良，长期以来以管理正规有序而自诩。但近来该企业业绩不佳，尤其是干群士气低落，管理人员和技术人员的流失率逐年升高。从管理职能分析，该企业最有可能是（　　）工作存在问题。

A. 计划职能　　　B. 组织职能　　　C. 领导职能　　　D. 控制职能

7. 美国管理大师彼德·德鲁克说过，如果你理解管理理论，但不具备管理技术和管理工具的运用能力，你还不是一个有效的管理者；反过来，如果仅具备管理技术和能力，而不掌握管理理论，那么你充其量只是一个技术员。这句话说明（　　）。

A. 有效的管理者应该既掌握理论，又具备管理技巧与管理工具的运用能力

B. 是否掌握管理理论对管理工作的有效性来说，无足轻重

C. 如果理解管理理论，就能成为一名有效的管理者

D. 有效的管理这应该注重管理技术与工具的运用能力，而不必注意管理理论

8. 基层管理人员必须具备（　　）技能。

A. 技术技能　　　B. 人事技能　　　C. 概念技能　　　D. 协调技能

9. 根据明茨伯格的“十角色理论”，管理者在人际关系方面主要扮演（　　）角色。

A. 监听者　　　B. 联络者　　　C. 传播者　　　D. 发言人

10. 某研究所的一位管理人员告诉自己的好朋友，说他在单位的主要职责是给软件开发人员分派具体的工作任务，并指挥和监督各项具体工作任务的完成。由此可推断，这位管理人员是（　　）。

A. 高层管理人员　B. 中层管理人员　C. 基层管理人员　D. 无法推断

三、简答题

1. 什么是管理？管理具有普遍性吗？

2. 什么是管理的效率和效果？两者之间的关系如何？

3. 简述管理的科学性和艺术性。

4. 明茨伯格对管理者的十种角色是如何定义的？

5. 管理者应具有何种技能？不同层次的管理者应具备的技能上有何侧重？

四、案例分析

【案例 1】

责任事故的根源

蒋以飞是某建筑公司安装部经理，刘惜晓是安装部下属的管道安装队队长。8 月，蒋经理吩咐刘队长带领一班人马去某工地安装一套管道系统。在工程验收时发现这套管道存在渗漏现象。公司总经理认为蒋经理应该对此负责，哪怕管道安装时蒋经理正出差在外。蒋经理认为刘队长必须对此负责，哪怕刘队长已不拿扳手干活。

根据案例所提供的情况，请选择回答下列问题：

1. 蒋经理和刘队长分别是这家建筑公司的哪一层次的管理人员？（　　）

A. 高层和中层　　B. 高层和基层　　C. 中层和基层　　D. 都是中层

2. 公司总经理认为蒋经理应该对此负责是因为他具有的（　　）不足。

A. 技术技能和人际技能　　B. 概念技能和人际技能

C. 概念技能　　D. 技术技能

3. 从管理职能角度来分析这个问题是公司的（　　）。

A. 计划目标不明确　　B. 组织人员没有落实

C. 领导不得力　　D. 控制失误

E. 没能创新

4. 上述事例在管理学上反映了（　　）。

A. 管理缺乏艺术性　　B. 管理没有严格按秩序执行

C. 管理缺乏创新精神　　D. 管理没有民主意识

【案例 2】

升任公司总裁后的思考

郭宁最近被一家生产机电产品的公司聘为总裁。他在大学时学的是工业管理，大学毕业后就到该公司工作，最初担任液压装配单位的助理监督。当时他对液压装配所知甚少，在管理工作上也没有实际经验。可是他认真好学，一方面仔细参阅该单位的工作手册，并努力学习有关的技术书刊；另一方面监督长也对他主动指点，使他渐渐摆脱了困境，胜任了工作。

经过半年多的努力，他已有能力独担液压装配的监督长工作。可是公司当时没有提升他为监督长，而是直接升他为装配部经理，负责包括液压装配在内的四个装配单位的领导工作。

当助理监督时，他主要关心的是每天的作业管理，技术性很强，而他担任装配部经理是，他发现自己不能只关心当天的装配工作状况，还得做出此后数周乃至数月的规划，还要完成许多报告并参加许多会议，因而没有多少时间去从事自己喜欢的技术工作。担任装配部经理不久，他发现原有的装配工作手册已过时，因为公司已经安装了许多新的设备，吸收了一些新的技术，于是他花了整整一年时间去修订工作手册，使之切合实际。在修订手册的过程中，他发现要使装配工作与整个公司的生产作业协调起来是有很多讲究的。为此，他还主动到几个工厂去访问，学到了许多新的工作方法，并且把这些新方法吸收到修订的工作手册中。由于该公司的生产工艺频繁发生变化，工作手册就得经常修订，郭宁对此都完成得很出色。工作了几年后，他不但自己学会了这些工作，而且还学会了如何把这些工作交给助手去做，这样他可以腾出更多时间用于规划工作和帮助他的下属，以及花更多时间去参加会议、批阅报告和完成自己向上级的工作汇报。

郭宁担任装配部经理 6 年之后，正好该公司负责规划工作的副总裁辞职应聘于其他公司，郭宁便主动申请担任此一职务。在同另外 5 名竞争者较量之后，郭宁被正式提升为规划工作副总裁。他自信拥有担任这一新职位的能力。由于此高级职务工作的复杂性，他在刚接任时碰到了不少麻烦。例如他感到很难预测 1 年之后的产品需求情况。可是一个新工厂的开工，乃至一个新产品的投入生产，一半都需要在数年前做准备。而且在新的岗位上他还要不断地处理市场营销、财务、人事、生产等各部门之间的协调问题，这些他过去都不熟悉。他在新岗位上越来越感到：越是职位上升，越难以仅仅按标准的工作程序去进行工作。

但是他还是渐渐适应了，并做出了成绩，之后又被提升为负责生产工作的副总裁，而这一职位通常是由该公司资历最深的、辈分最高的副总裁担任的。到了现在，郭宁又被提升为总裁。他知道，当上公司最高主管时，他应该自信自己有处理可能出现的任何情况的才能，但他也明白自己尚未达到这样的水平。因此，一想到明天就要上任，他不免为此而担忧！

思考题：

1. 你认为郭宁当上公司总裁后，他的管理责任与过去相比有了哪些变化？应当如何去适应这些变化？

2. 你认为郭宁要成功地胜任公司总裁的工作，哪些管理技能是最重要的？你觉得他具有这些技能吗？

3. 如果你是郭宁，你认为当上公司总裁后自己应该补上哪些欠缺才能使公司取得更好的绩效？

管理游戏

布袋游戏

游戏目的：理解管理的四大职能。

道具：（每组）一只生鸡蛋，四个纸杯，一双筷子，长吸管和短吸管各两根，两只气球，几根皮筋，几张彩纸和几支彩笔，一把剪刀和一瓶胶水。

时间：60 分钟。

游戏程序：

1. 分组。
2. 教师宣布游戏开始和结束的时间。
3. 同学们根据提供的材料设计制造“飞船”，以及一面标志你们“飞船”着陆地点的旗帜。
4. 完成后，去空地发射“飞船”。
5. 每组发射“飞船”，并将旗帜插在“飞船”着陆的地点。
6. “飞船”航行最远并鸡蛋不破者获胜。
7. 首先，组织讨论，该活动是如何体现管理的四大职能的？其次，小组代表发言；再次，老师总结；最后，颁奖。

游戏规则：

1. 给定的材料造一艘“飞船”，然后用力把它投出去。越远越好，而且鸡蛋不能破，记着只能用给定的材料制造“飞船”，而且只能用手扔。
2. 如果“飞船”在航行过程或落地时鸡蛋破了，则被淘汰，不能参加评分。
3. “飞船”中的鸡蛋必须可以被清楚地看到，以便确定其中的鸡蛋是否破了。
4. 不能与团队之外的任何人交流你们的飞船制造计划。
5. 必须设计一面旗子以标明飞船的落地地点，有创意的设计将得到奖赏。

学习情境二　认知管理理论

知识目标

1. 能阐述中国早期管理理论的主要思想及内容。
2. 简述科学管理理论的主要内容及代表人物。
3. 行为科学管理理论的异同。
4. 掌握现代管理理论各学派的主要观点及其代表人物。

能力目标

1. 能搜索中外管理大师们的管理理论，分析其中理论思想的异同。
2. 能收集管理理论的案例故事，并分析其中应用了哪些管理理论。
3. 能运用现代理念和理论分析与处理实际管理问题的能力。
4. 促进自身管理理念的更新。
5. 能领悟当代管理理论的新发展。

形成一套比较完整的理论，则是一段漫长的历史发展过程。回顾管理学的形成与发展，了解管理先驱者们对管理实践和理论所作的贡献，以及管理活动的演变和历史，对每个学习管理学的人来说都是十分必要。

接下来本学习情境将带你认知中外早期管理思想、古典管理理论、行为科学理论并描述现代管理理论。这些理论的背后隐藏着管理先驱们怎样的管理思想？又是如何将理论与实践相结合的呢？现代管理理论又是受何种思想主导呢？

任务一　认知中外早期管理思想

任务情境

“一举三得”：丁渭修皇宫

宋朝真宗年间，皇宫失火，大片宫殿变成一片废墟。真宗皇帝令曾经做过宰相的丁谓负责建造新皇宫。丁谓到现场一查看，发觉有三大问题最难办：一是建房用土量大，若到郊外取土，路途太远；二是运输难，大批建筑材料从外地只能由水路运到汴水，若再运到皇宫建筑工地，只能靠车马了；三是大片废墟垃圾，要运到远处倒掉。这样不知要花费多少人力、物力和时间。

丁谓再三思量，最后终于想出了一举三得的办法。他先让人从施工现场到汴水之间挖几条大深沟，挖出来的土堆在两旁，作烧砖瓦用，这样解决了用土的问题。接着，他把汴水引入沟中，使它成为运输的河流，解决了运输的问题。等到工程结束，它将水排掉，把所有垃圾倒在沟内，重新填为平地，解决了废墟垃圾问题。

任务分析

丁谓主持的皇宫修建工程体现了中国古人高超智慧的管理能力。如果企业的员工每个都能有这样的系统管理思想，工作效率将大幅度提升，同时为企业节约成本。那么现实生活中的你是否有工作与学习相冲突，应接不暇的时候呢？是否应用了管理学思想来规划自己的生活呢？如果你每天忙得焦头烂额，那请思考你该如何应用系统管理思想来处理目前的生活状况。

知识精讲

一、中国早期管理思想

中国是四大文明古国之一，在其各个历史发展时期，都蕴含着丰富的管理思想。有些管理思想是先于西方几千年提出来的，有些管理思想至今还在运用。

(一) 治国思想

在公元200多年前，秦朝就实现了与现代中国国土相近的国家统一，在之后两千多年的漫长历史长河中，中国经历了数百次的改朝换代，历代统治者都对辽阔的国土和众多的人口进行了有效的控制与管理，许多思想已成为管理国家的准则。如“行仁德之政”“令顺民心”“从民所欲，去民所恶习”等。

管理故事

商鞅变法

春秋战国期，有一个大臣叫商鞅，他想推行变法，改变百姓不良习俗。当时几乎所有朝中大臣均告诉商鞅：“这不可能。百姓的风俗习惯已流行千年，根深蒂固，岂可改变？”商鞅却胸有成竹地告诉众臣，他有一个办法可以试验，习俗是可以改变的。于是，他在西城门贴出告示，并在告示下放一根长竹竿，告示说：“若有人能将门下的这根竹竿拿到城东门，交给守门官，便会得到赏银三百两。”

众百姓围着告示榜，东一句、西一句地议论。有人说：“天下哪有这么便宜的事，这一定是骗人的。”又有人说：“也许将竹竿拿到东城门去的人，不但没有赏金，而且还要招一顿毒打。”说话的人多，围观的人更多，就是没人敢拿那根竹竿。这时，一个憨厚的年轻人一言不发，拿起竹竿就往东城门走。众人一看，就有人问年轻人：难道不怕到东城门，因为不劳而获而受到处罚吗？年轻人边走边坦率地说：“姑且一试又何妨？最坏只是得到一点处罚，但万一是真如告示所说的那样，不就获得三百两的奖赏？”果然，年轻人走到东城门，获得三百两赏银。

启示：生活中我们很多人过度地保守，瞻前顾后，患得患失，喜欢用有限的知识去猜测不可知的未来，因此丧失了很多机会。我们应像故事里的年轻人那样，勇敢地站出来，面对机会，先做好最坏的思想准备，给自己一次机会，去尝试一下新生事物，因为“尝试是人世间最强的行动力”。

即问即答

列举中国古代君王“行仁德之政”的故事。

（二）兵家管理思想

兵家的活动领域主要在于军事，以孙子为代表的中国兵家思想十分丰富。军事管理也是人类社会管理的一个组成部分。它们的基本原则对于任何类型的社会组织和任何类型的社会管理活动都普遍适用。兵家思想以“谋略”为中心，讲“谋攻妙算”，讲“因变制胜”，讲“令文齐武”，对于管理的战略、策略、方略均有一定的启发作用。

管理故事

《左传》记载：孙武去见吴王阖闾，与他谈论带兵打仗之事，说得头头是道。吴王心想，纸上谈兵管什么用，让我来考考他。便出了个难题，让孙武替他操练姬妃宫女。孙武挑选了一百个宫女，让吴王的两个宠姬担任队长。

孙武将列队操练的要领讲得清清楚楚，但正式喊口令时，这些女人笑作一堆，乱作一团，谁也不听他的。孙武再次讲解了要领，并要两个队长以身作则。但他一喊口令，宫女们还是满不在乎，两个当队长的宠姬更是笑弯了腰。孙武严厉地说道：“这里是演武场，不是王宫；你们现在是军人，不是宫女。我的口令就是军令，不是玩笑。你们不按口令操练，两个队长带头不听指挥，这就是公然违反军法，理当斩首！”说完，便叫武士将两个宠姬杀了。

场上顿时肃静，宫女们吓得谁也不敢出声，当孙武再喊口令时，她们步调整齐，动作划一，真正成了训练有素的军人。孙武派人请吴王来检阅，吴王正为失去两个宠姬而惋惜，没有心思来看宫女操练，只是派人告诉孙武：“先生的带兵之道我已领教，由你指挥的军队一定纪律严明，能打胜仗。”

孙武没有说什么废话，而是从立信出发，换得了军纪森严、令出必行的效果。

启示：做人难，做个优秀的管理人才更难。特别是担任管理职务的中层干部，往往会遇到孙武这样的问题，制定一些政策出来在推行的时候却因为触及了一些人的旧有利益而无法施展。这些人或许是比自己职位更高，或许有很多自己开罪不起的背景，他们形成的阻碍会让你进退两难。正所谓“慈不掌兵”，管理者就应该坚持正确的原则，虽然推行的结果可能是得罪一些高层人士导致自己的职位不保，但如果你的政策推行不下去那你的前途同样玩完。这就是我们通常所说的机会成本，它所运用的就是经济学最常用的一种理论：博弈论。其实只要你是真正客观公正地执行政策，而不是过多纠缠于自己的私利，你成功的机会还是很大的。作战之计已定便执行，决定发兵便马上行动；将帅不需怀疑计划，士兵也不需乱想心疑。

即问即答

举例说明孙子兵法在实践的应用。

（三）儒家思想

儒家思想是在春秋时期的“百家争鸣”中形成的，之后发展成为我国封建统治者管理国家和社会的基本指导思想，其代表人物有孔子、孟子和荀子。

孔子是先秦儒家学派的创始人，是我国历史上著名的思想家与教育家，其言论与行事被其门人整理为《论语》，古有半部《论语》治天下之说。孔子的核心思想是礼治。

孟子是儒家学派的得力传人，其思想体系主要源于孔子，并以《孟子》一书留世。孟子的核心思想是布施仁政观，从道不从君，并创立了“性善说”。

荀子是战国后期的儒家大师，他尊奉孔子，但批评孟子，并创立了与孟子相对立的“性恶说”，著有《荀子》。

中国的儒家思想不仅在中国有着深远的影响，并且至少早在一千年前就已越洋出界，传播到日本和东南亚各国，成为世界东方文化的渊源之一。

管理故事

孔子的一位朋友要出任地方行政长官了，就跑来问孔子：“孔子啊孔子，你是一位智者，你说我这个地方行政长官该怎么当啊？”孔子说：“老朋友啊，搞管理很容易，也很不容易，我呢只能告诉你九个字：‘先有司，赦小过，举贤才’”。

启示：什么叫“先有司”呢？先有司，用今天的话来说，就是首先自己要做好表率。我认为，自己做好表率起码有两个意思：第一是自己要出色地、专业地完成自己的本职工作；第二是要在工作状态和职业精神上给下属带一个好的头。这也是做管理工作的基本要求。

什么叫“赦小过”呢？孔子说的意思是：金无足赤，人无完人，选用人才要看大局，如果一个人总体上能够胜任你所给他安排的工作职位，那么在工作的非关键细节和其他方面，就应该宽容一些。没有哪个人没有缺点，没有哪个管理者身上没有可以挑剔的地方。所以，管理人要做到张弛有度，该严的地方要严格，该宽松的地方要宽松。

什么是“举贤才”？大家都很明白，就是要重用贤人。按照现代管理学的说法，贤人至少应该有两个标准：第一是有能力；第二是有品德。无德无才、有德无才、有才无德或者德胜于才、才胜于德，都不是最理想的人才类型。真正的人才应该凝固做到所谓“德才兼备”，一方面能够具有胜任一个职位的知识、技能和经验；另一方面能够具有相当的职业操守、能忠于自己的公司和团队、能给下属和同事发挥表率作用。

“先有司，赦小过，举贤才。”孔子给管理者的三条忠告虽已经过去两千多年，但历久而弥新，足为今日管理者诫！

即问即答

寻找有关孟子和荀子的小故事，同大家一起分享。

（四）道家管理思想

道家学派由春秋时期的老子所创，其思想涉及管理原则、管理方法、管理策略及管理者修养等方面，其中“无为而治”是其思想体系的核心，无为是指顺应自然规律。

老子所宣扬的无为而治的思想，蕴含了辩证的管理思想。从管理的角度看，就是要求企业管理人员在研究分析企业经营管理问题时，要善于由表及里，找到产生问题的根源及解决问题的规律。

管理故事

萧规曹随

刚即位的汉惠帝看到曹参丞相一天到晚都请人喝酒聊天，好像根本就不用心为他治理国家似的。

有一天，惠帝问曹参：“高祖刚死不久，朕又年轻，还没有治理朝政的经验，正要丞相多加辅佐，共同来把国事处理好。可是现在您身为丞相，却整天与人喝酒闲聊，一不向朕请示报告政务，二不过问朝廷大事，要是这样长此下去，您怎么能治理好国家和安抚百姓呢？”

曹参听了惠帝的话后，立即摘帽，跪在地下不断叩头谢罪。汉惠帝叫他起来后，又说：“你有什么想法，请照直说吧！”曹参想了一下就大胆地回答惠帝说：“请陛下好好地想想，您跟先帝相比，谁更贤明英武呢？”惠帝立即说：“我怎么敢和先帝相提并论呢？”曹参又问：“陛下看我的德才跟萧何相国相比，谁强呢？”汉惠帝笑着说：“我看你好像是不如萧相国。”

曹参接过惠帝的话说：“陛下说得非常正确。既然您的贤能不如先帝，我的德才又比不上萧相国，那么先帝与萧相国在统一天下以后，陆续制定了许多明确而又完备的法令，在执行中又都是卓有成效的，难道我们还能制定出超过他们的法令规章来吗？”接着他又诚恳地对惠帝说：“现在陛下是继承守业，而不是在创业，因此，我们这些做大臣的，就更应该遵照先帝遗愿，谨慎从事，恪守职责。对已经制定并执行过的法令规章，就更不应该乱加改动，而只能是遵照执行。我现在这样照章办事不是很好吗?”汉惠帝听了曹参的解释后说：“我明白了，你不必再说了!”

启示：所谓“无为之治”，就是：“处无为之事，行不言之教。万物作焉而不为始，生而不有，为而不恃，功成而弗居。”即处理事物顺其自然，施行教化不托空谈。任万物按其自身的规律发育生长而不造作事端，让万物繁衍生息而不据为己有，恩泽万物而不矜持，大功告成而不自居。这样便能做到“我无为而民自化，我好静而民自正，我无事而民自富，我无欲而民自朴”。“无为之治”的特点是管得宽松，管得自然，管若未管，不管而管。可以说，“无为之治”是最高层次的政治学和管理学，古今中外没有任何其他的管理模式能够与之媲美。

(五) 法家管理思想

以韩非子为代表的法家管理思想。是以“法”为管理中心，讲“法、术、势”相结合，在管理的制度、技巧、权威方面提出了独特的见解。其核心思想是“法治”。

韩非子主张“为治者，不务德而务法”，意思是说要治理好国家，必须重视制度而不是人情。强调尊奉法治的重要性，提出运用“法（指政策、法令）、术（指人事任免、考核、奖罚）、势（指权力）”理论来治理国家的思想。

管理故事

秦王国在统一战争期间的总人口不过500多万，但是却长期负担着一支超过60万人常规军的存在（史书上称秦“带甲百万”），在当时的生产条件下，秦军后勤供应的压力之巨大是不难想象的，然而秦国还是完成了这一任务。

墓葬中记载法律的竹简上说：

播种的时候，水稻种子每亩用二又三分之二斗；谷子和麦子用一斗；小豆三分之二斗；大豆半斗。如果土地肥沃，每亩撒的种子可以适当减少一些。

各县对牛的数量要严加登记。如果由于饲养不当，一年死三头牛以上，养牛的人有罪，主管牛的官吏要惩罚，县丞和县令也有罪。

如果一个人负责喂养十头成年母牛，其中的六头不生小牛的话，饲养牛的人就有罪。相关人员也要受到不同程度的惩处。

农户归还官府的铁农具，因为使用时间太长而破旧不堪的，可以不用赔偿，但原物得收下。

启示：秦国是采用国家权威来对耕作进行到如此细致的管理。秦法已经深入到秦国人民生产生活的各个角落。正是通过这样细致的管理和严格的责任制，秦军带来的看似不可完成的后勤负担才得以完成。

即问即答

我国大部分中小企业没有完善的管理规章制度，更不要提细致化的管理，时常发生责任不清，互相推诿的事情，如果企业的管理者都具备了先进的管理思想，企业的管理会如何呢？能带动中国经济的发展吗？

二、西方早期管理思想

古罗马帝国的兴盛及长期的统治地位，得益于其有效的组织和中央集权与地方分权管理相结合的分权制度。古巴比伦王国利用颁布的汉谟拉比法典，建立了强硬的中央集权统治国家，同时在该法典中还涉及了工资、会计、收据等经济管理思想。古埃及建立了具有象征意义的金字塔式的管理方式，有严格的等级层次和分工协作管理。而诸如埃及的金字塔、罗马的水道、巴比伦的古城等伟大的建筑更是惊人的管理实践，这些巨大的工程背后一定存在着非常复杂的计划、组织、领导与控制活动，若没有一些进步的管理思想，这些工程中遇到的难题是无法解决的。

18 世纪下半叶的工业革命导致了机器取代人力，加速了资本的快速积累和企业规模的日益扩大。企业组织的发展导致了对效率与效能的关注，技术与工具的需求等，这也促使了对管理的研究。这时期的典型代表人物有亚当·斯密、查尔斯·巴贝奇、罗伯特·欧文。

1. 亚当·斯密

亚当·斯密（Adam Smith，1723—1790 年）是英国政治经济学家，他在 1776 年发表的代表作《国民财富的性质和原因的研究》（以下简称《国富论》）中，不仅对经济和政治理论有系统的研究，也有不少关于管理思想的论述，其中最具深远影响的是他的劳动分工理论和“经济人”观点。他以制针业为例提出劳动分工能大大地提高劳动生产率，其主要原因在于：一是劳动分工增加了工人的技术熟练程度；二是节省了从一种工作状态转换为另一种工作状态所需要的时间；三是发明了既方便工作又节省劳动时间的机器。他的另一个重要的观点是：人们在经济活动中追求的是个人自身的经济利益，社会利益是以个人相互之间的利益限制为基础而产生的，这就是所谓的“经济人”观点。

即问即答

不少企业仍然将员工视为“经济人”，你如何看待？

2. 查尔斯·巴贝奇

查尔斯·巴贝奇（Charles Babbage，1792—1871 年）不仅是英国著名的数学家，而且对工厂的生产和管理也十分关心。在 1837 年出版的《论机器和制造业的节约》一书中，对劳动分工的好处和主管人员对设备、物质、人力使用上的具体管理技术进行了较为全面的论述。此外，他还提出了通过建立一种利润分享制度，来正确处理工厂主人与工人间的利益分配问题，使工人除固定工资外，还可以得到企业利润奖金与合理化建议奖金，从而建立起劳资双方的和谐关系。

3. 罗伯特·欧文

罗伯特·欧文（Robert Owen，1771—1858 年），英国管理思想的先驱，是在企业管理中最早重视人的地位和作用的企业家和改革家。他的主要思想是：

（1）重视工厂管理中人的因素，企业应该致力于对人力资源的投资和开发。通过改革实验，他认为重视人的因素和尊重人的地位可以使工厂获得更多的利润。

（2）灵活稳健的人事管理政策。如不虐待工人、提高工资、关心工人、不解雇工人、工厂主要与工人和睦相处等。

（3）鼓励竞争精神代替残酷的惩罚。由于欧文最早注意到人的因素对提高劳动生产率的重要性，并率先在人事管理方面进行了探索，被称为“人事管理之父”。

即问即答

中国早期管理思想和西方早期管理思想有何异同？

总的来说，这一时期有关管理的论述，还未能建立起管理理论。但他们已经区分了管理职能与企业的职能，意识到管理将会发展成一门具有独立完整体系的科学，预见到管理的地位将不断提高，为管理学的形成奠定了坚实的基础。

实训巩固

管理理论的分析

1. 实训目的

（1）增强对管理理论的认识。

（2）培养学生利用管理理论分析实际问题的能力。

2. 实训内容

（1）通过各种渠道收集关于管理实践的案例。

（2）在收集管理实践案例的同时，分析案例要领。

（3）课堂上随即找相应的组进行比赛，由挑战组进行案例的讲解，被挑战组进行案例的分析。

（4）然后由案例收集的小组进行点评，并进行打分。

3. 实训要求

（1）通过各种渠道收集各种案例，并寻找一些经典案例。

（2）分组进行并最终形成一份正式稿件。

4. 实训考核

由案例收集的组为对方打分，分为 A、B、C、D 四个等级。

考核评价

考核评价内容如表 2－1 所示。

表 2-1　　认知中外早期管理理论能力考核评价

内容		评价	
学习目标	评价内容	小组评价 （5、4、3、2、1）	教师评价 （5、4、3、2、1）
应知应会知识	中国早期管理思想		
	西方早期管理思想代表人物		
专业能力	能够分析中国早期管理思想异同		
	能够分析西方早期管理思想特点		
通用能力	培养兵家、法家、道家、儒家思想的思维方式		
	培养西方管理大师的思维方式		
努力方向：站在管理大师的角度思考问题		建议：	

任务二　认知古典管理理论

任务情境

联合邮包服务公司（UPS）雇用了十五万名员工，平均每天将900万包裹送到美国各地及其他180个国家和地区。为了实现他们的宗旨“在邮运业中办理最快捷的运送”，UPS的管理部门系统地培训他们的员工，使他们以尽可能高的效率从事工作。UPS的工业工程师们对每一位司机的行驶路线都进行了时间研究，并对美中运输、暂停和取货活动都设立了标准。这些工程师记录了红灯、通行、按门铃、穿过院子、上楼梯、中间休息喝咖啡的时间，甚至上厕所的时间，将这些数据输入计算机中，从而给出每一位司机每天中工作的详细时间标准。

为了完成每天取送130件包裹的目标，司机们必须严格遵循工程师设计的程序。当他们接近发送站时，必须将车辆制动的一系列动作做地严丝合缝，为送货完毕的启动离开做好准备。然后，司机从驾驶室来到地面上，右臂夹着文件夹，左手拿着包裹，右手拿着车钥匙。他们看一眼包裹上的地址把它记在脑子里，然后以每秒钟3英尺的速度快步走到顾客的门前，先敲一下门以免浪费时间找门铃。送货完毕后，他们在回到卡车上的路途中完成登录工作。

任务分析

这种刻板的时间表是不是看起来有点烦琐呢？也许是，它真能带来高效率吗？毫无疑问！生产率专家公认UPS是世界上效率最高的公司之一。举例来说吧，联邦快运公司（Federal Express）平均每人每天不过取送 80 件包裹，而 UPS 却是 130 件。在提高效率方面的不懈努力，对 UPS 的净利润产生了积极的影响，人们普遍认为它是一家获利丰厚的公司。那么这种刻板的时间表是如何制定出来的呢？接下来我们来认知科学管理理论。

知识精讲

一、泰勒的科学管理理论

20 世纪初，随着企业的快速扩张和资本的快速累积，劳工的供应速度却比不上前两者的速度，造成了劳动力的严重短缺，因此，如何能提高劳工生产率和劳动效率，成为当时环境下企业关注的焦点。在此时代背景下，出现了专注于改善生产作业效率的科学管理理论，该理论强调加强对工作方法进行科学研究，用科学方法管理生产过程以提高劳工生产率。科学管理代表人物当首推科学管理之父——泰勒。

（一）科学管理的四大试验

1. 工时研究试验

工人偷懒的原因：

（1）工人有一种错误的思想，认为多干活会带来失业的高风险。

（2）资本家也不知道工人一天能干多少活，形成了工人想干多少就干多少的局面。所以泰勒提出：要把各个工作的操作标准化，即对工作进行认真研究，找出最合理的工作方法，通过训练后，工人应该按这种方法工作。

2. 搬运生铁试验

泰勒的搬运生铁试验是挑选一名身强体壮的工人，让其按他的方法搬运和休息，结果该工人一天完成了 47.5 英吨的任务。同时，该工人每天的工资也从原来的 1.15 美元涨到 1.85 美元。然后，泰勒将此标准推广到其他工人。

3. 铁锹试验

泰勒挑选了若干名一流的工人，付给其额外津贴，要求他们按照他的指导进行操作。他的试验表明，要取得最好的成果，每一锹平均负载量应为 21 磅左右。由于材料的比重不同，为了使工人在铲不同的材料时每一锹的负载大致相同，要给工人配置大小不同的铁锹。铁锹试验结果是，堆料场的劳动力从 400 多人减少到 140 人，平均每人每天的操作量从 16 英吨提高到 59 英吨，每英吨的操作成本从 7.2 美分降到 3.3 美分。

4. 金属切削试验

在进行时间研究时泰勒发现，确定机加工工人的工作时间时，金属切削的速度对时间的影响特别大，于是他就开始进行金属切削试验。这项试验延续了 26 年，进行了 3 万多次，80 多万磅的钢铁被切成铁屑，在该试验基础上，泰勒发明了高速钢，并获得专利。

（二）科学管理理论的主要内容

泰勒及其合作者、追随者所奠基的“科学管理”理论有三个基本出发点：一是谋求最高工作效率；二是用科学管理代替旧的、传统的管理以提高工作效率；三是要求管理人员和工人双方实行重大的精神变革。

泰勒科学管理的内容，概括起来主要有以下七个方面。

1. 实行差别计件工资制

实行差别计件工资制，即做同样的工作，每一件产品的工资额是不一样的。关键取决于工人一天内完成的总工作量。如果超额完成了当天的定额，则按高标准计算工资，如果未达到当天的定额，则按低标准计算工资。

2. 科学挑选工人

为了提高劳动生产率，必须为工作挑选一流的工人，这是泰勒在《科学管理原理》中提出的一个重要思想，也是他为企业的人事管理提出的一条重要原则。所谓挑选第一流工人，就是指在企业人事管理中，要把合适的人安排到合适的岗位上。即管理者的工作在做到人尽其才的基础上，挖掘此人在这个工作方面的最大潜力。

3. 标准化

标准化是指工人在工作时要采用标准的操作方法，而且工人所使用的工具、机器、材料等都应该标准化，以利于提高劳动生产效率。

4. 能力与工作相适应

泰勒认为：为了提高劳动生产率，必须为工作挑选一流的工人。一流的工人包括两个方面，一方面是该工人的能力最适合做这种工作；另一方面是该工人必须愿意做这种工作。因为人的天赋与才能不同，所适合于他的工作也就不同。身强力壮的人干体力活可能是一流的，而心灵手巧的人干精细活也可能是一流的。所以，要根据人的能力和天赋把他们分配到相应的工作岗位。而且还要对他们进行培训，教会他们科学的工作方法，激发他们的劳动热情。

5. 计划职能与执行职能分开

将计划职能与执行职能分开，实行职能工长制，即将管理与劳动分开。泰勒认为，当时的管理者实际上同时在做两件事：一是计划职能，即先做出计划，规定标准的操作方法和操作规程，制定定额，下达计划，并监督计划的执行；二是执行职能，即执行已有的计划，但要在同一时间同时做好这两件事几乎是不可能的。所以，应该由一部分人专门负责计划的制订，而由另一部分人专门去执行计划。那么从事计划职能的人称为管理者，执行计划的人称为劳动者。

6. 工作定额

泰勒认为：科学管理的中心问题是提高劳动生产率。为了发掘工人们劳动生产率的潜力，他采用时间研究（即研究工人在工作期间各种活动的时间构成）和动作研究（即研究工人干活时动作的合理性）的方法，制订出所谓标准的作业方法，并按照标准的作业方法和合理的组织与安排，确定工人一天必须完成的标准的工作量。他把传统的知识和技艺，归纳成规则、规律、公式，建立起一种科学的方法，以代替过去单凭工人经验进行作业的方法。

即问即答

现在哪些企业还需要对员工的时间和动作进行研究？请举出你熟悉的例子。

7. 例外管理原则

例外管理的目的是解决总经理职责权限问题。在设置了计划职能与执行职能之后，总经理应避免处理工作中的细小问题，而只有例外的问题才交由他处理，这样，他才会有更多的时间去考虑更重要的问题。

管理故事

某人在日本留学期间在一家清扫公司打工，上班第一天，老板问他会不会擦玻璃？他心想：真是小看人，从小学到中学，每次周六大扫除都要擦玻璃。于是回答：会。老板说那就把这扇窗户的玻璃擦给我看。他用了半个小时的时间把窗户的玻璃擦干净了。老板说，你再看我给你擦玻璃。她只用了十分钟就把另一扇窗户的玻璃擦干净了。原来他们擦玻璃的方法不同。这位学者把抹布洗干净捏成一团去擦玻璃，抹布脏了就到桶里洗，中间洗了七八次抹布，最后桶里的水都脏了，抹布也干净不到哪儿去，好不容易才把玻璃擦干净。而老板只洗了两次抹布：第一次洗干净后将抹布叠成手掌大的一块，这面脏了再用另一面，然后再把抹布重新叠一下，再用干净的一面去擦。直到整扇玻璃都擦干净了，最后再洗一次抹布。

老板说，以后就这样擦。后来发现，这里的很多工作都有一套固定的模式，不可以随便更改的。而按照这些模式去干，确实可以节省时间。

即问即答

管理有一系列的模式及方法，你还听说过哪些管理模式？

（三）对科学管理理论的评价

1. 泰勒科学管理的贡献

泰勒科学管理的最大贡献在于泰勒所提倡的在管理中运用科学方法和他本人的科学实践精神。泰勒科学管理的精髓是用精确的调查研究和科学知识来代替个人的判断、意见和经验。他认为，管理部门和劳动者双方都必须承认，一切关于在组织中所进行的工作，用精确的调查研究和科学知识来代替个人的判断或意见（不论是工人还是上司）是必不可少的。由此可见，泰勒所强调的是一种与传统的经验相区别的科学方法。

泰勒和他的同事创造和发展了一系列有助于提高生产效率的技术和方法。如时间与动作研究技术和差别计件工资制等。这些技术和方法不仅是过去，而且也是现在合理组织生产的基础。

2. 泰勒科学管理的弊端

泰勒对工人的看法是错误的。他将人看成“经济人”，认为工人的主要动机是经济的，工人最关心的是提高自己的金钱收入，还认为工人只有单独劳动才能好好干，集体的鼓励通常是无效的。

泰勒的科学管理只重视技术的因素，不重视人群的社会因素。他所主张的专业分工，管理与执行分离，作业科学化和严格的监督等，加剧了体力劳动与脑力劳动的分离，加剧了劳资之间及管理人员和工人之间的矛盾。

泰勒制只解决了个别具体工作的作业效率问题，而没有解决企业作为一个整体该如何经营和管理的问题。

管理故事

在英国伦敦曾发生过这一件事，一位警察给一位妇女开了一张罚单，理由是违规转弯。那位妇女当时极力争辩，她说那里根本没有禁止转弯的标识。这时警察冷笑着指了指拐角处一个很不起眼的标志牌。行驶在路上的司机很难注意到这块牌子。这位妇女当时愤怒至极，她决定到法庭去申诉。等到听证的日子，她早早就等在法庭的外面，迫不及待地等待着倾诉自己的冤屈。但当听证开始以后，她刚刚讲述了事情的开头就被法官粗暴地打断了，他们不愿听她继续讲下去，并马上作出了裁决，判她有理。

这位妇女会有什么感觉？报复了？胜利了？满意了？

全不是！她产生了强烈的挫败感并对此感到极其不满。她抱怨说：“我来这里是为了讨个公道，但法官根本不让我解释事情的来龙去脉。”换句话讲，尽管这位妇女喜欢听证的结果，但她不喜欢得到这个结果的过程。

启示：根据“理性经纪人”的假设，人们最大限度地追求自身利益，他们只关注结果，不在乎过程。这种假设对早期的管理理论和实践具有重要的影响，管理者推崇“胡萝卜加大棒”的管理策略。但实际上情况并非如此，人们不仅关心结果，而且也关心产生这个结果的过程，上诉故事中那位伦敦妇女的感受就说明了这一点。

二、法约尔的一般管理理论

泰勒的研究是从“车床前的工人”开始，重点内容是企业内部具体工作的效率，而法约尔的研究是从“办公桌前的总经理”出发，以企业整体作为对象。

（一）主要内容

1. 企业的基本活动

法约尔认为，一个企业无论大小，其全部活动可以概括为图 2－1 所示的六个方面。

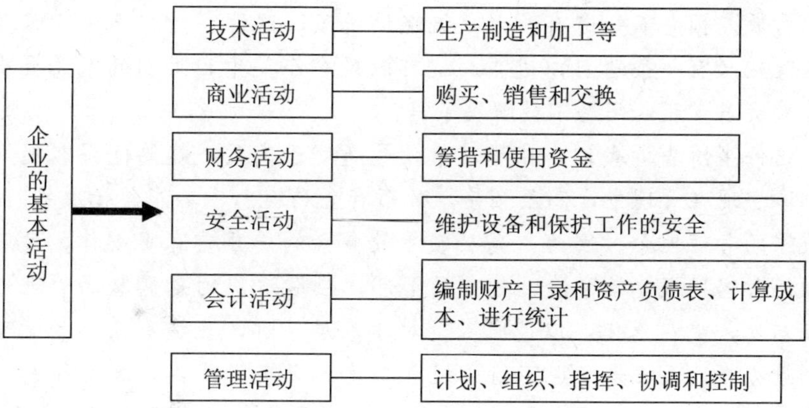

图 2－1 企业的基本活动

2. 法约尔的十四条管理原则

法约尔在他的《工业管理与一般管理》一书中首先提出了非常有名的一般管理的十四条原则，这十四条原则中有许多原则至今仍是管理者奉行不逾的。十四条原则内容分别是：分工原则、权力与责任原则、纪律原则、统一指挥原则 、统一领导原则、个人利益服从集体利益原则 、报酬原则、集中化原则、等级链原则、秩序原则、平等原则、人员稳定原则、首创精神原则 、集体精神原则。

即问即答

法约尔提出的十四条管理原则在今天是否依然有效？

3. 提倡管理教育

法约尔认为管理能力可以通过教育来获得，“缺少管理教育”是由于“没有管理理论”，一般管理者都按照他自己的方法、原则和个人的经验行事，但是谁也不曾设法使那些被人们接受的规则和经验变成普遍的管理理论。

法约尔认为，管理者应该具备一定的能力和品质。要有健康的身体，充沛的精力；有良好的学习能力、适应能力和判断能力；有坚定的信念并且主动承担责任，熟悉企业中的多种业务，能够总结以前的经验和教训，使以后的工作更加明智。而且，处于不同级别的人员，所具备的能力也不同，工作对各种能力的需要也不同。对工人来说，技术最重要，但对管理人员来说，他们不需要做实际的操作性的工作，需要较高的管理知识。

管理故事

新疆北部有金矿，关内好多流民去那淘金。清朝驻乌鲁木齐大臣说，不行呀，关内的流民来淘金，对国家的财政有很大的损失。怎么办呢？一个谋士建议了：只有一条路可以通到矿区，派兵把这儿的路堵住，不准往里面运粮食，里面没有粮食，流民就会乖乖地出来了。结果，按照这个主意办了，不往里面运粮食。矿区没粮食，就乱了，流民就翻山越岭跑出来了，新疆北部就闹土匪了，清朝派兵去打，耗费了好多财力才把他们打散。损失不知道有多大。纪晓岚讲了，这件事情就是违背客观规律的结果。其实，既然只有一条路可以进去，就可以设一个关卡，里面的人总要出来的，采了多少黄金就交多少税，问题不就解决了吗?

启示：这件事情告诉我们，在管理中，越是处于高层，越要懂得客观规律，遵循客观规律办事。现在管理中，高层领导，必须有全局观念，不能匆忙决策。高层领导，应该掌握道家的管理理念。因为，高层领导最要紧的是尊重客观规律，按照客观规律办事，不做违背客观规律的事情。对中层干部，应该适用的是儒家的管理理念：重在教育，重在启发，重在感化，以德服人。对于基层干部，应该有法家的管理理念：一切按规章制度办事，天王老子也不行；规章制度怎么定的，我就怎么执行。这样就行了。绝不能颠倒过来，一颠倒过来，全乱套了。如果最高领导层是“法家”，那就肯定是一言堂，家天下，是专制独裁。

(二) 一般管理理论的评价

1. 法约尔一般管理理论的贡献

法约尔的管理思想同泰勒的管理思想都是古典管理思想的代表，但法约尔管理思想的系统性和理论性更强，他对管理的五大要素的分析为管理科学提供了一套科学的理论构架。后人根据这样的构架，建立了管理学并把它引入了课堂。

法约尔是以大企业最高管理者的身份自上而下地研究管理的，虽然他以企业为研究对象，但由于他强调管理的一般性，使得他的理论适用于许多领域。

他提出的管理原则，经过多年的研究和实践证明，总的来说仍然是正确的。这些原则过去曾经给实际管理人员巨大的帮助，现在仍然为许多人所推崇。

2. 法约尔一般管理理论的缺陷

法约尔一般管理理论的主要不足之处是：管理原则过于僵硬，以至于有时实际管理工作者无法遵守；忽视对“人性”的研究，仍将人视为“经济人”“机器人”；过分强调企业内部的管理，忽视外界环境对管理的影响。

管理故事

某大学管理学教授在讲授古典管理理论时，竭力推崇科学管理的创始人泰罗的历史功勋，鼓吹泰罗所主张的“有必要用严密的科学知识代替老的单凭经验或个人知识行事”的观点，并且宣传法约尔的十四条管理原则。

后来，在介绍经验主义学派的理论时，这位教授又强调企业管理学要从实际经验出发，而不应该从一般原则出发来进行管理和研究。他还说，E. 戴尔（Ernest Dale）在其著作中故意不用“原则”一词，断然反对有任何关于组织和管理的“普遍原则”。

在介绍权变理论学派的观点时，这位教授又鼓吹在企业管理中要根据企业所处的内外条件随机应变，没有什么一成不变、普遍适用的“最好的”管理理论和方法。

不少学生却认为这位教授的讲课前后矛盾，胸无定见，要求教授予以解答。教授却笑而不答，反倒要求学生自己去思考，得出自己的结论。

即问即答

你是否认为教授的上述观点是前后矛盾的？为什么？在企业管理中，有无可能将管理原理原则与实践正确结合起来？

三、韦伯的行政组织理论

（一）权力论

行政组织理论的实质在于以科学确定的“法定的”制度规范为组织协作行为的基本约束机制，主要依靠外在于个人的、科学合理的理性权力实行管理。韦伯指出，组织管理过程中依赖的基本权力将由个人转向“法理”，以理性的、正式规定的制度规范为权力中心实施管理。所以，权力是组织规范发挥作用的保证。

韦伯认为，存在着三种纯粹形态的权力（即被社会接受的权力）。

1. 法定权力

法定权力即理性—法律权力。这种权力的依据是对标准规则的“合法性”的信念，或对那些按照标准规则被提升为指挥者的权力的信念。这种权力是社会组织的基础，没有这种权力来指导组织，组织的目标就不能实现。因为，这种权力具有连续性，从而为管理的连续性提供了基础。这种合法合理的权力要求人们的服从是绝对的，不管是普通老百姓还是官员。所以，对这种权力的服从就等于对确认的职务或地位的权力的服从。

2. 传统权力

传统，其依据是对古老传统的不可侵犯性和按照传统执行权力的人的正统性的信念。这种权力以对传统习惯的信仰与尊重为基础，它是由历史沿袭下来的惯例、习俗而规定的权力。对这种权力的服从是绝对地服从于统治者，因为统治者具有沿袭下来的神圣不可侵犯的权力地位。例如对于神权、族权、皇权的崇拜等。

3. 超凡权力

超凡权力又称为个人魅力型的权力。它以对个人的迷信和崇拜为基础。因为领导者具有神圣特殊的英雄主义或卓越非凡的特质，使人们认为对他的服从是正当的。如对宗教先知、军事和政治领袖的崇拜等。

在这三种纯粹形态的权力中，传统权力的效率较差。因为其领导人不是按能力来挑选的，其管理单纯是为了保存过去的传统而行事。超凡权力则过于带感情色彩，并且是非理性的，依据的不是规章制度，而是神秘的或神圣的启示。所以，这两种权力都不宜作为官僚行政组织模式的基础，只有理性—法律权力才能作为基础。可见，合法合理的权力观是韦伯组织理论的基本观点。

管理故事

西汉宣帝时有一个丞相，叫丙吉。丙吉当丞相以后，有一天去长安城外视察。出城不久，遇到路上有人打架斗殴。一个人把另一个人打死了。人们看见丞相路过此地，赶紧跪在地下拦轿喊冤。丙吉坐在轿里问怎么回事？有人说打架斗殴把人打死了。你猜丙吉说什么话？他说，不要管他，绕道而行。绕过去了，走了不远，看见一头牛蹲在地上直喘气。丙吉就喊停停停。他下了轿，围着这个牛左看右看，转了好几圈。牛怎么喘气呀？回来后别人就说，这个丞相看见打死人他不管，看见一头牛却这么关心，难道牛比人还重要吗？你猜丙吉怎么说？他说，因为我是丞相呀，路上打架斗殴，把人打死，这是地方官管的事。丞相关心的是天下大事。现在天气还不够热，这头牛就喘气，我怀疑今年有大瘟疫流行，如果有瘟疫流行，这就是丞相分内的事情，必须问清楚这个牛是怎么回事，好做预防呀。

启示：此故事告诉我们虽然丞相大权在握，但也有其职责。在现实生活中，很多管理者却滥用职权、越权指挥，给企业管理带来极大的困难。

即问即答

管理者大权在握时，是不是应该建立制衡机制呢？

（二）理想的行政组织体系

韦伯的所谓的“理想的行政组织体系”是指这种组织体系并不是最合乎需要的，而是组织的“纯粹的”形态。在这里也就是官僚制组织。其主要特征有：

（1）实现劳动分工，明确规定每个成员的权利和责任，并正式实施，使之合法化；

（2）各种公职或职位权力等级严密组织起来，形成指挥体系；

（3）根据正式考试成绩或在培训中取得的技术资格来挑选组织的所有成员；

（4）实行任命制，只有个别职位才实行选举制；

（5）公职人员都必须是专职的，并有固定收入保证，有明文规定的升迁制度；

（6）职务上的活动应被认为是私人事物以外的事情，公私有明确界限；

（7）公职人员必须严格遵守纪律，受规则和制度制约，而且是毫无例外地适用于各种情况。

（8）组织中成员的关系以理性原则为指导，不受个人感情的影响。

韦伯的官僚组织理论，是适应传统封建社会向现代工业社会转变的需要而提出的，它具有里程碑式的意义，影响十分深远。

即问即答

韦伯勾画的官僚组织模式与我们今天所讲的官僚机构是否一样？

管理故事

罗马尔医生手下有两个实习生，男实习生特纳，女实习生埃米。他们的工作态度相差甚大，特纳总是神采奕奕，白大褂一尘不染，并经常说："请去找护士，这不是医生的职责。"

女实习生埃米总是马不停蹄地从一个病房赶到另一个病房，白大褂上经常沾着药水，小病号的果汁和菜汤，她为小病号量体重，给小病人喂饭，帮家长订食谱，推病人去拍X光片。特纳严格遵守医院法定工作时间，一分钟也不肯超时，除了夜班，他不会在上午8时前出现，下午5点之后便踪影全无，埃米每天中午就赶进病房，有时按时回家，有时一直待到深夜。医学院每年评选5名最佳实习生，请问谁能当选？

即问即答

根据官僚制的特征，是特纳还是埃米会当选呢？

实训巩固

查询有关世界著名管理大师的文献资料

1. 实训目的

（1）掌握文献资料的查阅方法与步骤。

（2）了解近现代以来一些经典管理思想的代表性人物的事迹与贡献。

（3）培养学生勇于实践、积极思考的优良品质。

2. 实训内容

（1）学习查阅文献资料的出处、步骤与方法。

（2）学习管理大师们的管理思想与实践精神。

（3）分析管理大师们成功的背景与原因。

3. 实训要求

（1）建立查询学习小组，确定查询对象。

（2）制订资料查询的具体计划与方案，小组成员分工查阅。

（3）整合查询内容，对资料进行比较、分析。

（4）小组成员发表评论、讨论感受。

4. 实训评价

（1）标准：内容丰富，结论准确。

（2）评价：老师进行点评总结。

考核评价

考核评价内容如表 2-2 所示。

表 2-2　　认知古典管理理论能力考核评价

内容		评价	
学习目标	评价内容	小组评价 （5、4、3、2、1）	教师评价 （5、4、3、2、1）
应知应会知识	科学管理内容		
	一般管理内容		
	行政组织管理内容		
专业能力	正确认识科学管理理论的实践意义		
	简单运用一般管理理论的十四条原则		
通用能力	培养科学管理的思想悟性		
	正确认识权力论		
努力方向：发挥每个管理思想的益处		建议：	

任务三　认知行为科学理论

任务情境

2010 年 5 月 26 日晚 11 点，富士康深圳龙华厂区大润发商场前发生第 12 起员工跳楼事件，现场尚存血迹。死者是 C2 宿舍的一名男性员工。这就是富士康公司著名的“12 跳”。全球最大“代工厂”富士康员工连续坠楼事件一时间成为中外媒体共同关注的舆论焦点。因为受不了公司的管理制度以及工薪待遇，从 2010 年 1 月 23 日 19 岁的马向前坠楼身亡引发了富士康第一起跳楼事件后，到 2012 年 1 月 1 日，深圳富士康共有 18 名员工坠楼，16 人死亡，2 人身受重伤入院治疗，此外还有 1 人割脉自杀未遂。

任务分析

富士康采用分明的等级制度、绝对的服从制度、严格的纪律制度和严厉的惩罚制度相结合的军事化管理。这虽然能够最大限度地拥有高效的执行力，从而提高生产效率，但也同时产生更大的消极作用：管理层与员工之间、员工与员工之间缺乏有效的沟通；强调员工整体的共性，压抑个人的个性，缺乏人文关怀；企业缺乏民主气氛，员工想法难以引起高层注意；高压管束将加剧员工的心理负担，并且极易引起反弹情绪，从而导致悲剧的发生。

富士康的生产管理基本上追求的是泰勒的科学管理模式，其有如下几个特点：①制定标准化动作；②控制完整工序的时间，严格到秒；③实行低底薪工资制度，计件得酬。泰勒模式虽然能满足企业提高生产效率的目的，但却忽视了其他因素在提高生产率中的作用。那么到底有哪些因素会影响生产率呢？下面我们将进入行为科学理论的学习。

知识精讲

行为管理理论始于 20 世纪 20 年代，早期被人称为人际关系学说，以后发展为行为科学，即组织行为理论。行为管理理论主要包括人际关系理论和行为科学理论。

一、人际关系理论

行为科学的早期理论是从人际关系理论开始的，人际关系理论的代表性人物是埃尔顿·梅奥（Elton Mayo，1880—1949 年）。他参加了在芝加哥附近的西方电气公司的霍桑电话机厂进行的一系列试验——即引起管理学界重视的非常著名的霍桑试验。

1. 霍桑试验

霍桑试验于 1924 年开始，历时 8 年，于 1932 年结束。当时是根据科学管理理论中关于工人会对不同的工作条件做出相应的反应的假设进行的，目的是找到工作条件对生产效率的影响，以寻求提高劳动生产率的途径。主要的试验有：

（1）工作场所照明试验（1924—1927 年）。

（2）继电器装配室实验（1927—1928 年）。

（3）大规模的访谈（1928—1931 年）。

（4）接线板接线工作室试验（1931—1932 年）。

2. 人际关系理论的主要观点

根据霍桑试验的结果，梅奥提出了人际关系理论，他在 1933 年发表的《工业文明中人的问题》一书中进行了归纳总结，提出了以下主要观点：

（1）工人并不是“经济人”，而是“社会人”。即工人有追求人与人之间的友情、安全感、归属感、受人尊重的需求。因此，提高劳动生产率的关键因素在于满足工人的心理需求，提高士气，从而激发其积极性。

（2）企业中存在非正式组织。任何正式组织内部都有非正式组织的存在。非正式组织是相对正式组织而言，非正式组织是指人们在共同生活、工作、学习的过程中，基于共同的情感所形成的团队。

非正式组织存在的基础是员工的情感需要，非正式组织的存在只可意会不可言传，相互之间联系的纽带是情感，是成员的相互关系。非正式组织对成员的行为有约束作用，对正式组织的目标实现可能是有益的，也可能是不利的。因此，正式组织管理者应寻求有效的途径积极引导非正式组织成员的行为规范，使其行为对正式组织有积极的作用。

（3）生产效率主要取决于员工的工作态度和人们的相互关系。科学管理认为生产效率主要取决于工作方法、工作条件和工资制度。而梅奥认为提高生产效率的主要途径是提高员工的满意度，即员工对社会因素，特别是人际关系的满足程度。

即问即答

梅奥的观点与科学管理思想有何区别？

3. 对梅奥人际关系理论的评价

（1）梅奥人际关系理论的贡献。人际关系理论第一次把管理研究的重点从工作和物的因素上转到了人的因素上来，不仅在理论上对古典管理理论做了修正和补充，还为管理科学的研究开辟了一个新的领域，同时为现代行为科学的发展奠定了基础，从而成为行为科学研究的先驱。

（2）梅奥人际关系理论的局限性。梅奥过分强调了非正式组织的作用，过多地强调感情的作用，似乎员工的行动主要受感情和关系的支配，并未进一步去研究和探讨人的行为规律以及如何去影响人的行为以达到组织的预定目标。

管理案例

在某一合资企业，正当大家埋头于各自手头工作而紧张劳作的时候，一中方管理人员不知不觉地来到了工作间，细心观察每一个人的工作情况。他发现一名员工的工作不是那么令人满意，他注意地看了一会，突然大声质问："你这是怎么工作的？总是慢吞吞，不注意抓紧时间，肯定是不想做这份工作了，我注意你好多次了，前天是这样，昨天是这样，今天还是这样，可见你一直是这样。今天我正式警告你，以后如果再这样工作，只好请君另谋高位！"管理人员越说气越大，声音也越来越高，最后竟有些歇斯底里。在场的人员吓得不敢劝阻，但脸上却露出愤怒的表情。管理人员批评以后面向大家："大家好好干，不要像她这样。"说完，扭头就走。他走后员工们非但没有提高工作效率，反倒放慢了工作速度，有些人干脆歇了起来。

即问即答

试用人际关系理论解释上述案例现象。

二、行为科学理论

行为科学学派运用心理学、社会学、管理学、人机工程学等学科知识对个体、群体行为进行科学的分析，强调从人的作用、需求、动机、相互关系及社会环境等方面研究其对管理活动及结果的影响，研究决定人的行为的因素，以及如何去激励人，如何正确处理人与人之间的关系，如何有效地引导成员为实现组织目标而努力。其主要理论如下。

1. 需要层次理论

心理学家认为，人的行为是由动机产生的，而动机又来源于人的各种需要。美国心理学家马斯洛（Abraham Maslow，1908—1970 年）通过大量的研究，提出了人的需要层次结构，他把人的需要分为五类：生理的需要、安全的需要、社交需要、尊重的需要、自我实现的需要。

2. 双因素理论

美国心理学家弗雷里克·赫兹伯格于 1959 年在其出版的《工作与激励》一书中提出双因素激励理论。他把影响人的行为的因素分为两类：一是保健因素，如工作环境与工作条件、同事的关系、上下的关系、工作的安全状况等；二是激励因素，如工作的挑战性、工作的成就感、工作性质、职位的提升等。

3. X 与 Y 理论

这是基于对人性的不同看法划分的几种理论。其中美国麻省理工学院教授道格拉斯·麦格雷戈在 1960 年发表的《企业中的人的因素》中提出了关于对人性的看法的两个理论——X 理论和 Y 理论。

管理故事

H 公司是一家电器生产企业，多年来在市场上有不俗的表现，消费者也颇为认可。

2010 年，公司张总经理因年龄已大，身体也不够好，提出了辞职退休的要求。董事会再三挽留不住，只得另外聘任年轻有为的李志强先生为公司新的总经理。临别时，张总告诉他的后任李志强先生："我公司过去之所以取得良好的业绩，在市场的竞争中保持了相当大的优势和市场份额，全依赖公司员工上下一条心，有很强的凝聚力；只要万众一心，就没有战胜不了的困难。希望李总千万不要忘了这一点。"对于张总的一番话李志强颇为赞同，深感自己责任的重大，因为自己过去虽然也做过一些高级管理工作，但大都与业务有关，如何激励员工保持凝聚力的确未曾很好实践，也缺乏经验。

李志强走马上任后对公司各方面作了调查研究，召开了一些各职能部门管理人员、公司一般员工的座谈会，了解情况。一个月后一个增强企业内部和谐氛围，增强员工协作与努力的方案在李志强的脑海中形成了，于是他召开了总经理办公会议，诸副总们、部门经理们一起讨论他的方案。

"各位同事，经过一个月的了解，我感到 H 公司的确是在各方面都有骄人业绩的公司，管理方面尤其突出，这些成绩的取得的确应归功于全体员工上下一条心，把公司看作是自己的家，把公司的事业看作是自己的事业来努力。这方面我们应该继续下去，即过去各种好的做法可以不变，大家可以大胆地照原来的惯例进行工作。"

"我也注意到成绩的背后，在经验的背后，还有一些问题尚未解决，例如员工间、部门间因工作产生的纠纷近来时有出现，纠纷出现是正常的，问题是解决的方法。我们原来采用的方法是由上级或上级部门裁决，裁决后尽管纠纷各方面都服从了，但我知道其中一定有一方心中不痛快或不服帖，如果长此以往，必定会使我们公司凝聚力强、上下一条心的集体精神遭到破坏。把青蛙扔进开水锅里它倒死不了，因为它能马上跳出来；而把青蛙放进温水里慢慢加热使它在不知不觉中送了命。为此，我们提出一个解决员工间、部门间工作纠纷的新方案。具体地说，就是纠纷双方自己坐下来协商解决，即自我管理。”

望着下属们不解的目光，李志强清了一下喉咙，继续说：“公司专门设立一个大房间，注意，这房间我特请心理学家和行为科学家来布置。凡发生工作纠纷的各方请自动一起到那个房间坐一坐，我相信，最终一定是各方心情愉快，纠纷圆满解决。”

李志强的话刚结束，下面就像开了锅，大家议论纷纷，好像天方夜谭一般，充满了迷惑。“这样吧，我先带大家参观一下这个房间，然后我们再接着开会。”李志强笑嘻嘻地说着，便起身招呼大家跟他走。大家来到了那间神秘的大房间，有一位工作人员打开了门，让大家进去。

原来这间大房间被分隔成四小间，一间套一间。进入这大房间先得进第一小间，第一小间迎面立着的一个屏风上装有一大块玻璃镜，绕过镜子几步就进入第二小间；第二小间的门口挂着一个大沙袋，非得推着它人才能进去；第三小间的墙上挂满公司历年所获各种奖状，公司优秀员工的事迹与照片，公司各年业绩的图示等；第四小间就是几个沙发和小桌椅，旁边还有可自取的咖啡、茶、饮料等，似乎就是一个小会议室，另还有一扇门可供外出。

李志强带着他们回到会议室，这下可好了，大家议论了开来。

即问即答

李志强总经理的新方案是基于什么理论，为什么这么做？行为学家把房间布置成那个样子，其目的功效究竟是什么？

实训巩固

访谈人际关系

1. 实训目的

通过访问某一个企业的员工人际关系，培养学生构建人际关系网的意识，加深对行为科学理论的认识与理解，提高学生实践能力。

2. 实训内容

学生自愿组成小组，每组5～8人，对一家中小企业进行访谈，每组需根据课程所学知识经过讨论制定访谈提纲。

访谈内容：要求学生选择某企业进行人际关系访谈，包括：基层员工、中层员工、高层员工对企业文化的评价，非正式组织对企业氛围的看法、哪些部门最受员工欢迎等。

3. 实训要求

（1）每位学生写出访谈小结。

（2）调查后安排一次讨论课，以小组为单位，每组派出一名代表发言讨论。

（3）教师根据学生的访谈小结及发言的表现给予评价打分，纳入学生平时成绩考核之中。

考核评价

考核评价内容如表 2－3 所示。

表 2－3　　认知行为科学理论能力考核评价

内容		评价	
学习目标	评价内容	小组评价（5、4、3、2、1）	教师评价（5、4、3、2、1）
应知应会知识	霍桑实验		
	X 理论		
	Y 理论		
	Z 理论		
专业能力	正确认识非正式组织在管理中的作用		
	简单运用需求层次理论		
通用能力	培养管理思想的悟性		
	培养特定环境解决问题的能力		
努力方向：发挥每个管理思想的益处		建议：	

任务四　描述现代管理理论

任务情境

王中是一个冷冻食品厂厂长，该厂专门生产一种奶油特别多的冰激凌。在过去四年中，每年的销售量呈现稳步递增。但是，今年的情况发生了较大的变化，到 8 月，累计销售量比去年同期下降 17%，生产量比所计划的少 15%，缺勤率比去年高 20%，迟到早退现象也有所增加。王中认为这种现象的发生，很可能与管理有关，但也不能确定发生这些问题的原因，也不知道应该怎样去改变这种情境。他决定去请教管理专家。

任务分析

随着环境的不断变化，管理思想也应与时俱进，不同时期的管理其主导思想也不一样。王厂长根据销售量的下降、员工迟到早退等现象能想到是管理出现了问题，并请教相关管理专家，说明他的管理意识是很强的。那么，具有不同管理思想的管理专家，如科学管理思想、行为管理思想、定量管理思想、权变管理思想等专家会采取不同的方法来改变现状，那么你会偏向于哪类思想呢？下面来进入现代管理理论学习。

知识精讲

现代管理理论产生与发展于 20 世纪 40 年代末到 70 年代。这是管理思想最活跃、管理理论发展最快的时期，也是管理理论步入成熟的时期。在这一时期创立了大量科学而实用的管理理论，在目前用以指导各类社会组织管理实践的管理理论。

一、现代管理理论的丛林

（一）管理过程学派

管理过程学派又称管理程序学派，它是在法约尔管理思想的基础上发展起来的。其代表人物是美国的哈罗德·孔茨（Harold Koontz）和西里尔·奥唐奈（Cyril O. Donnell）。其代表作是他们两人合著的《管理学》。他们主要研究管理者的管理过程及其功能，并以管理职能作为其理论的概念结构。

管理过程学派的主要贡献如下。

1. 管理是一种过程

他们认为管理是一种普遍而实际的过程，尽管各类组织的性质不同，不同类型与层次管理者的实际工作有很大的区别，但他们所履行的管理职能是相同的，即计划、组织、领导、控制等。

2. 分析管理的职能

他们深入分析每一项管理职能，已总结出管理的原理、原则和方法，以便更好地指导管理实践。

3. 按管理职能构架管理思想

他们设计出一个按管理者实际工作过程的管理职能来建立管理理论的思想构架，把一些新的管理原则与技术融入计划、组织、领导、控制等职能框架之中，从而建立起更加实用的理论体系。

即问即答

现代社会很多职业经理人看重结果，是不是过程真的就不重要了呢？

（二）管理科学学派

管理科学学派又称数理学派，它是泰勒科学管理理论的继承和发展。其代表人物为美国的伯法（E. S. Buffa）。伯法的代表作有《现代生产管理》。

管理科学学派的贡献如下。

1. 力求减少决策的个人艺术成分

他们依靠建立一套决策程序和数学模型来增加决策的科学性。他们将众多方案中的各种变数或因素加以数量化，利用数学工具建立数量模型来研究各变数和因素之间的相互关系，寻求一个用数量表示的最优化答案。决策的过程就是建立和运用数学模型的过程。

2. 各种可行的方案均以经济效果作为评价的依据

经济效果是管理者评价方案是否可行的重要标准，通常用成本、总收入和投资利润率等指标来评价。

3. 广泛地使用电子计算机

现代企业管理中影响某一事物的因素错综复杂，建立模型后，计算任务极为繁重，依靠传统的计算方法获得结果往往需要若干年时间，致使计算结果无法用于企业管理。电子计算机的出现大大提高了运算的速度，使数学模型应用于企业和组织成为可能。

管理科学理论重点研究的是操作方法和作业方面的管理问题。现代管理科学学派也有向组织更高层次发展的趋势，但目前完全采用管理科学的定量方法来解决复杂环境下的组织问题还面临着许多实际困难，有待于进一步的研究，也有待于其他科学的发展。

有时人们把数理学派、决策学派和系统学派统称为管理科学学派，其特点是借助于数学模型和计算机技术研究管理问题，而且是偏于定量的研究。

即问即答

请举例说明数理学派在管理中的应用。

（三）社会系统学派

社会系统学派最早的代表人物是美国的巴纳德（Barnard），其代表作是《经理人的职能》。他将社会学的概念引入管理，在组织的性质和理论方面做出了杰出贡献。

社会系统学派的主要贡献如下。

1. 组织是一个协作系统

他认为组织是由两个或两个以上的人有意识协调活动和效力的系统，每个组成部分都以一定的形式与其他部分相联系。

2. 组织的要素

组织无论大小、层次高低，都存在着共同的目标、协作意愿和信息沟通三个基本要素。

3. 组织的效力与效率

组织的效力与效率是组织发展的两个重要原则。

4. 管理者的权威

管理者的权威来自下级的认可，即管理人员的权限取决于指挥下级的命令是否为下级所接受。

5. 经理人职能

经理人员作为信息沟通系统中相互联系的中心，通过信息沟通来协调组织成员的协作活动，以保证组织目标的实现。

（四）决策理论学派

决策理论学派是从社会系统学派发展而来的。它的代表人物是美国的卡内基—梅隆大学的教授赫伯特·西蒙（Herbert Simon），其代表作是《管理决策新学科》。西蒙由于在决策理论方面的贡献，曾荣获 1978 年的诺贝尔经济学奖。

该学派认为管理的关键在于决策，因此，管理必须采用一套制定决策的科学方法，要研究科学的决策方法以及合理的决策程序。有人认为西蒙的大部分思想是现代企业经济学和管理科学的基础。

决策理论学派的主要贡献如下。

1. 决策是一个复杂的过程

人们常常认为，决策是在一瞬间便能完成的一种活动，是在关键时刻做出的决定。而决策理论学派认为，这种看法太狭窄了。它只注意了决策的最后片刻，而忽略了最后时刻之前的复杂的了解、调查、分析的过程，以及在此之后的评价过程。作为决策的过程至少可分成四个阶段：一是提出制定决策的理由；二是尽可能找出所有可能的行动方案；三是在诸多行动方案中进行抉择，选出最满意的方案；四是对该方案进行评价。这四个阶段中都含有丰富的内容，并且各个阶段有可能相互交错，因此决策是一个反复的过程。

2. 程序化决策与非程序化决策

西蒙认为，根据决策的性质可以把它们分为程序化决策和非程序化决策，程序化决策是指反复出现和进行的决策。这种决策的问题由于已出现多次，人们自然就会制定出一套程序来专门解决这种问题。非程序化决策是指那种从未出现过的，或者其确切的性质和结构还不很清楚或相当复杂的决策。程序化决策与非程序化决策的划分并不是严格的，因为随着人们认识的深化，许多非程序化决策将转变为程序化决策。此外，解决这两类决策的方法一般也不相同。

3. 满意的行为准则

西蒙认为，由于组织处于不断变动的外界环境影响之下，收集到决策所需要的全部资料是困难的，而要列举出所有可能的行动方案就更加困难，况且人的知识和能力也是有限的，所以在制定决策时，很难求得最佳方案。在实践当中，即使能求出最佳方案，出于经济方面的考虑，人们也往往不去追求它，而是根据令人满意的准则进行决策。具体地说，就是制定出一套令人满意的标准，只要达到或超过了这个标准，就是可行方案。

4. 组织设计的任务就是建立一种制定决策的人—机系统

由于计算机的广泛应用，它对管理工作和组织结构产生了重大影响。这使得程序化决策的自动化程度越来越高，许多非程序化决策已逐步进入程序化决策的领域。从而导致企业中决策的重大改革。由于组织本身就是一个由决策者所组成的系统，现代组织又引入了自动化技术，就变成了一个由人与计算机所共同组成的结合体。组织设计的任务就是要建立这种制定决策的人—机系统。

管理故事

一天动物园经管员发现袋鼠从笼子里跑出来了，于是开会讨论，一致以为是笼子的高度过低。所以他们决意将笼子的高度由原来的 10 米加高到 20 米。结果第二天他们发现袋鼠还是跑到外面来，所以他们又决意再将高度加高到 30 米。

没想到隔天居然又看到袋鼠全跑到外面，于是经管员们大为紧张，决意一不做二不休，将笼子的高度加高到 100 米。

一天长颈鹿和几只袋鼠们在闲聊，“你们看，这些人会不会再继续加高你们的笼子?”长颈鹿问。“很难说。”袋鼠说：“如果他们再继续忘记关门的话。”

启示：是关门还是加高笼子，这好比战略决策问题。管理决策失误，过程做得再细致，结果也一定走向失败。

（五）经验主义学派

经验管理学派，又称案例学派，其代表人物有德鲁克和戴尔。德鲁克的代表作是《有效的管理者》，戴尔的代表作有《伟大的组织者》和《管理：理论和实践 》。他们认为，有关企业管理的科学应该从企业管理的实际出发，以大企业的管理经验为主要研究对象，以便在一定的情况下把这些经验加以概括和理论化，但在更多的情况下，只是把这些经验传授给企业实际管理工作者，提出些实际的建议。也就是说，该学派主张通过分析经验（案例）来研究管理问题。其主要贡献如下。

1. 管理的基本任务

管理有三项基本任务：一是取得经济效果（利润）；二是使工作具有生产性，并使工作人员有成就；三是承担企业对社会的责任。因此，管理者必须了解和掌握一些基本技能，如作出有效决策、在组织内部和外部进行信息联系、学会目标管理等。

2. 提倡实行目标管理

目标管理是管理人员和员工在工作中实行自我控制并达到工作目标的管理机能和管理制度。

3. 对高层管理问题给予高度重视

对高层管理的任务、结构、战略等作了深入的研究。

经验管理学派也有其局限性。因为未来肯定不同于过去，过去的具体经验，未必能用于解决未来的问题。对过去经验的研究，如果不是从根本上搞清楚事物的起因，那么就可能只是停留在经验、技巧、艺术的层次上，而难以上升为科学的理论，从而其可靠性和普遍适用性就值得怀疑了。

即问即答

同学们有没有凭经验思考处理过一些事情呢？请举例。

(六) 系统管理学派

系统管理学派盛行于20世纪60年代前后，由于当时系统科学和理论比较盛行，提倡系统管理的人士十分广泛，因此对管理影响很大。这一理论是弗里蒙特·卡斯特(F. E. Kast)、罗森茨威克（J. E. Rosenzing）和约翰（R. A. Johnson）等美国管理学家在一般系统理论的基础上建立起来的。

系统管理学派对管理的定义是：用系统论的观点对组织或企业进行系统分析、系统管理的过程。系统管理学派认为，任何组织都是一个开放的系统，它与外部环境在不断地相互作用。它具有系统输入、输出和反馈的功能。因此，一般系统论是系统管理学派的理论基础。

(七) 权变管理学派

权变管理学派诞生于20世纪70年代，代表人物主要有卢森斯、菲德勒和豪斯。代表作是卢森斯的《管理导论——一种权变学说》。该学派认为，在企业管理中要根据企业所处的内外条件随机应变，没有什么一成不变、普遍适用的“最好的”管理理论与方法。该学派的理论基础是“超Y理论”。因此，不同的人对管理方式的要求是不同的，组织的目标、工作的性质、员工的素质等对组织结构和管理方式都具有很大的影响。

在《管理导论——一种权变学说》一书中，卢森斯将过去的管理理论划分为四种学说：过程学说、计量学说、行为学说和系统学说。他认为这几种学说都没有把管理与环境妥善地联系起来；同时，这些学说的代表人物都强调他们的学说具有普遍的适用性。在管理中必须重视环境对管理的作用。实际上，在环境与管理之间存在着一种函数关系，可以解释为“如果——就要”的关系。即“如果”发生或存在某种环境情况，“就要”采用某种管理思想、管理方式来更好地达到组织目标。

权变主要体现在计划、组织和领导方式等方面，包括：计划要有弹性，组织结构要有弹性，领导方式应权宜应变。

但是，权变管理理论过于强调管理的特殊性，忽视管理的普遍原则与规律，这是该理论的最大缺陷。

管理故事

把梳子卖给和尚

有一个营销经理想考考他的手下，就给他们出了一道题，把梳子卖给和尚。

第一个人：出了门就骂，什么狗经理，和尚都没有头发，还卖什么梳子！找个酒馆喝起了闷酒，睡了一觉，回去告诉经理，和尚没有头发，梳子无法卖！经理微微一笑，和尚没有头发还需要你告诉我？

第二个人：来到了一个寺庙，找到了和尚，对和尚说，我想卖给你一把梳子，和尚说，我没用。那人就把经理的作业说了一遍，说如果卖不出去，就会失业，你要发发慈悲啊！和尚就买了一把。

第三个人：也来到一个寺庙卖梳子，和尚说，真的不需要的。那人在庙里转了转，对和尚说，拜佛是不是要心诚，和尚说，是的。心诚是不是需要心存敬意，和尚说，要敬。那人说，你看，很多香客很远来到这里，他们十分虔诚，但是却风尘仆仆，蓬头垢面，如何对佛敬？如果庙里买些梳子，给这些香客把头发梳整齐了，把脸洗干净了，不是对佛的尊敬？和尚话说有理，就买了十把。

第四个人：也来到一个寺庙卖梳子，和尚说，真的不需要的。那人对和尚说，如果庙里备些梳子作为礼物送给香客，又实惠、又有意义，香火会更旺的，和尚想了想，有道理，就买了100把。

第五个人：也来到一个寺庙卖梳子，和尚说，真的不需要的。那人对和尚说，你是得到高僧，书法甚是有造诣，如果把您的字刻在梳子上，刻些“平安梳”“积善梳”送给香客，是不是既弘扬了佛法，又弘扬了书法，老和尚微微一笑，善哉！就买了1000把梳子。

第六个人：也来到一个寺庙卖梳子，和尚说，真的不需要的。那个人和和尚说了一番话，却卖出了一万把梳子。那人说了些什么呢？他告诉和尚，梳子是善男信女的必备之物，经常被女香客带在身上，如果大师能为梳子开光，成为他们的护身符，既能积善行善、又能保佑平安，很多香客还能为自己的亲朋好友请上一把，保佑平安，弘扬佛法，扬我寺院之名，岂不是天大善事？大师岂有不做之理？阿弥陀佛，善哉！善哉！大师双手合十，施主有这番美意，老衲岂能不从？就这样，寺院买了一万把，取名“积善梳”“平安梳”，由大师亲自为香客开光。当然，开光所捐的善款也不菲啊！

启示：如果不转变观念，要把梳子卖给和尚，简直是天方夜谭。第一个人受传统观念的束缚太厉害，用常理去考虑销售，不懂得变通。第二个人是在卖同情心，这是最低级的销售方法，叫“叩头营销”，是不能长久的。第三、第四人为客户着想，可以说是“顾客满意战略”，自然会有好的效果。第五人不仅能够让顾客满意，还能迎合顾客心理，自然就不会差。第六人就已经达到了物我两重天的境界，不是在卖梳子，而是在卖护身符，把顾客的价值最大化。如果每个人都换一种思维方式看问题，在思想和观念上有所突破和创新，不要墨守成规，我们又何尝不能把企业的各项工作搞好呢。

即问即答

结合实际，谈一谈哪一学派的理论在今天的管理实践中更有实用价值。

二、当代管理理论的新发展

随着冷战时代的结束，计算机尤其是个人计算机的广泛普及，互联网的广泛运用，使人类进入了信息化的新经济时代。信息化、网络化、知识化和全球化是新经济时代，尤其是20世纪90年代以来的显著特征。20世纪90年代以来，产生了一些体现时代特征的管理理论，主要有企业文化理论、学习型组织、精益思想、业务流程再造和核心能力理论等。

（一）企业文化理论

20世纪80年代初，日本经济持续多年的高速增长引起了全世界的瞩目，而支撑经济增长的关键是企业的竞争力。日本企业的国际竞争力迅速提高，抢走了美国企业在本土的市场份额，为了迎接日本的挑战，美国企业界开始研究日本企业的管理方式。企业文化理论就是这种研究的一项重大成果。

企业文化理论基点是“以人为本”。它强调管理以人为中心，充分尊重员工的价值，重视人的需求的多样性，运用共同的价值观、信念、和谐的人际关系、积极进取的企业精神等文化观念，来营造整体的企业人生，使管理从技术上升为艺术。

即问即答

在当今社会中，同学们听过哪些企业的优秀文化事迹？

（二）业务流程再造

传统的组织结构建立在职能和等级职能的基础上。虽然这种模式过去曾经很好地服务于企业，但是面对知识经济时代竞争环境的要求，它的反应已经显得缓慢和笨拙。业务流程再造对许多传统组织结构原则提出了挑战，将流程推到管理日程表的前列。通过重新设计流程，可以在绩效的改善上取得飞跃，激发和增进企业的竞争力。迈克尔·哈默（Michael Hammer）和詹姆斯·钱皮（James Champy）在1993年出版的《再造公司》一书中，主张采取上述方法对变化和为提高产品和经营的质量而付出的努力进行管理。

他们把再造定义为：“对经营流程彻底进行再思考和再设计，以便在业绩衡量标准（如成本、质量、服务和速度等）上取得重大突破。”采取再造方法的公司的应迅速学会必须做什么，然后确定它如何做。“‘再造’不把任何事想当然，它对‘是什么’有所忽视，而对‘应该是什么’相当重视。”再造中最关键的部分是在公司的核心竞争力和经验的基础上确定它应该做什么，即确定它能做得最好的是什么。之后确定需要做的事最好是由本组织来做还是由其他组织来做。采取再造方法的结果是公司规模的缩小和外包业务的增多。

业务流程再造理论适用于以下三类企业：问题丛生的企业；目前业绩虽然很好，但却潜伏着危机的企业；正处于事业发展高峰的企业。

业务流程再造的实施和其他管理理论的实践一样，是一个系统工程。它的成功不仅需要有科学和有效的工作流程设计，同时还需要整个系统的协调运作加以保证。这种保证系统，同样是企业取得“业务流程再造”成功不可缺少的因素。

即问即答

在学校的教学过程中，是否也存在着业务流程再造的可能性？

（三）学习型组织

20世纪80年代以来，随着信息革命、知识经济时代进程的加快，企业面临着前所未有的竞争环境的变化，正如管理大师彼得·德鲁克所言："当今世界，唯一不变的就是变化。"传统的组织模式和管理理念已越来越不适应环境。在这样的大背景下，以美国麻省理工学院教授彼得·圣吉（Peter M. Senge）为代表的西方学者，吸收东西方管理文化的精髓，提出了以"五项修炼"为基础的学习型组织理论。

1. 学习型组织的概念

所谓学习型组织，是指通过培养弥漫于整个组织的学习气氛、充分发挥员工的创造性思维能力而建立起来的一种有机的、高度柔性的、扁平的、符合人性的、能持续发展的组织。这种组织具有持续学习的能力，具有高于个人绩效综合的综合绩效。

2. 学习型组织的特征

（1）组织成员拥有一个共同的愿景；

（2）组织由多个创造性个体组成；

（3）善于不断学习；

（4）"地方为主"的扁平式结构；

（5）自主管理；

（6）组织的边界将被重新界定；

（7）员工家庭与事业的平衡；

（8）领导者的新角色。

3. 五项修炼

彼得·圣吉提出了要建立学习型组织，必须具备五项修炼的技能。所谓修炼，是指通过学习而提高人自身的素质。而对于组织而言，修炼则是通过学习和训练，提高组织内部结构、机能对社会、市场变化的适应能力。

（1）追求自我超越。"超越"一词含有超过、胜过的意思，"自我超越"是指突破极限的自我实现，或技巧的精熟。

（2）锻炼系统思考能力。系统思考是着眼于整体的一项修炼。它是一个架构，让我们看见相互关联而非单一的事件，看见渐渐变化的形态而非瞬间即逝的一幕。系统思考的艺术在于看穿复杂背后引发变化的结构。因此系统思考绝非忽视复杂性，而是要把许多杂乱的片段结合成为前后一贯的"故事"，明白指出问题的症结以及找出较持续有效的对策。

系统思考有两个关键点：一是系统的观点；二是动态的观点。系统中间的各个局部并不是孤立存在的，系统中的局部变化，往往会引起另一个局部的变化。系统的观点并不是要求人们完全深入了解整个事物的全部，而是要求人们研究事物的主要机能是怎样互动的，即系统的力量。

(3) 改善心智模式。心智模式是一种思维方法，一种深植于人们内心深处的思维逻辑。它影响着人们对社会和事物的认识以及对此所采取的行动。改善心智模式的修炼主要应做到的是对自己心智模式的反思和对他人心智模式的探询。反思的作用是通过放慢思考的过程，检查自己心智模式的形成过程，以及如何影响我们的行动。探询的作用就是"面对面"地了解他人心智模式的形成过程，每个人都把自己的思维逻辑明白地说出来，接受公开的检验，从而发现问题，影响对方或被对方所影响。

(4) 建立共同愿景目标。愿景是一个期望的未来景象和意象，是一种召唤及驱使人向前的使命，能不断扩展他们创造生命上真正内心所向往的能力。作为一个组织，一个以个人为单元的组织，建立一个组织成员的共同愿景，以这个共同的愿景感召全体组织成员，使之为这一愿景而奋斗，则是第四项修炼——建立共同愿景的内容。

(5) 开展团队学习。团队学习是发展团体成员整体合作与实现共同目标能力的过程。学习的本身是发现错误或了解和掌握新知识，团队学习正是要利用集体的优势，通过开放型的交流，发现问题、互相学习、取长补短，以达到共同进步的目的。著名物理学家海森堡认为："集体可以做到比个人更有洞察力、更为聪明。团队的智商可以远大于个人的智商。"这就是提倡团体学习的原因。

管理故事

得利斯集团总裁的批示

得利斯集团总裁郑和平酷爱读书，每每看到精彩的文章，总要推荐给员工。一次，某杂志"名牌列传"专栏刊载的一篇文章《"同仁"最是真》引起他的共鸣，郑总一连在15处文字下画了着重号。这些内容集中反映在：做精品要严格规范，精益求精；做事要兢兢业业，埋头苦干；做人要认认真真、实实在在……郑总认为同仁堂造药，得利斯造食品都是吃的东西，是关系到人的身体健康的东西，两者具有很多相似之处。郑总对这篇文章不仅自己阅读研究，而且向全体员工推荐，他希望这篇文章对全体员工有所启示。

下面是郑总对此文章画重点号的部分内容以及他的批示。

《"同仁"最是真》成药配方独具特色，考料炮制可谓一丝不苟，紫血丹的配方需用金锅银铲，乐家老太收集了各房的金首饰100两，放在锅里煮，日夜守候着。一次，老板服用本堂生产的银翘解毒丸时，口感有渣滓，便一追到底，发现是箩底的细绢并丝，造成箩眼过大，他当场用水果刀划破所有箩底，令工人更换……

俗话说：字要习，马要骑，拳脚要踢打，算盘要拨拉，久练即熟，熟能生巧……同仁堂选料是非上乘不买，非地道不购。……火候不济，功效难求，火小了，香出不来，香入脾；如果火大，炒焦了，焦气入心经，所以又有火候太过，气味反失一说。一颗牛黄上清丸就有100多道工序，药真工细，同仁堂一等品出厂达标率达100%。

"炮制虽繁必不敢省人工，品味虽贵必不敢减物力。"……同仁堂人也琢磨同仁堂老而不衰的谜，说法不一，却有一点共识：传统也罢，现代也罢，兢兢业业，一丝不药的敬业精神，啥时都重要。一位女工出远门回来后写道：“我深深懂得，踏踏实实工作，认认真真做人，才是最根本的，因为我的根基在同仁堂！”

批语：“同仁堂造药，得利斯造食品，都是入口的东西，但愿《“同仁”最是真》这篇文章能给我们的员工一点启示！”

启示：在学习型组织中，领导者是设计师，仆人和教师。领导者的设计工作是一个对组织要素进行整合的过程，他不只是设计组织的结构和组织政策、策略，更重要的是设计组织发展的基本理念；领导者的仆人角色表现在他对实现远景的使命感，他自觉地接受远景的召唤；领导者作为教师的首要任务是界定真实情况，协助人们对真实情况进行正确、深刻的把握，提高他们对组织系统的了解能力，促进每个人的学习。具体来说，要求企业的领导者有远见，讲究战略，鼓励信息在组织内充分共享，构建扁平化的组织机构，培养开放的强势文化，以顾客为中心，同时，还需要切实做到分权。

在学习型组织中，员工的角色不再是传统管理模式下单个的个体，而是团队的一员，必须加强持续不断的学习，以适应在组织文化、技术、组织结构权力分布、资源、关注点、工作方式、生产方式、市场以及领导方式等方面的变化。

即问即答

想一想，在我们的班级管理中如何应用学习型组织这种管理模式？

（四）精益思想

1985年，麻省理工学院发起了“国际汽车计划”（IMVP）。IMVP组织了一支国际性的研究队伍，耗资500万美元，历时五年，访问了北美、西欧、日本以及韩国、墨西哥和中国台湾等国家和地区与汽车有关的公司和工厂，写出了大量的研究报告，最后出版了一本名为《改变世界的机器》的著作，推出了一种以日本丰田生产方式为原型的“精益生产方式”（Lean Production）。“精益生产”即企业把客户、销售代理商、供应商、协作单位纳入生产体系，同他们建立起利益共享的合作伙伴关系，进而组成一个企业的供应链。

消除无价值活动是精益生产方式的精髓。

精益生产方式不同于大规模生产方式。沃麦克、琼斯和鲁斯（Womack，Jones和Roos，1996）在《精益思想》一书中指出，所谓精益思想，就是根据用户需求定义企业生产价值，按照价值流组织全部生产活动，使要保留下来的、创造价值的各个活动流动起来，让用户的需要拉动产品生产，而不是把产品硬推给用户，暴露出价值流中所隐藏的无价值活动，从而不断完善，达到尽善尽美。

即问即答

知道JIT生产思想吗？请查阅相关知识。

（五）核心能力理论

核心能力理论是由20世纪80年代资源基础理论发展而来的。在20世纪50年代，斯尔兹尼克（Selznick，1957年）提出“独立能”（Distinctive Competence）概念，并且在60年代形成了企业战略管理的基本模式，即公司使命或战略建立在“独特能力”基础之上，其包括企业成长方式，有关企业实力与不足的平衡思考，以及明确企业的竞争优势和协同效应从而开发新市场和新产品。到20世纪80年代，资源基础理论认为企业的战略应该建立在企业的核心资源上。

所谓核心资源是指有价值的、稀缺的、不完全的模仿和不完全替代的资源。它是企业持续增长优势的源泉。1990年普拉哈拉得和哈梅尔（C. K. Prahalad 和 Gary Hamel）在《哈佛商业评论》上发表了一篇具有广泛影响的论文《公司的核心能力》，一下子把众多学者、实践家的目光吸引过去。从核心资源到核心能力（Core Competence），资源基础理论得到进一步发展。按普拉哈拉得和哈梅尔的定义，核心能力是组织内的集体知识和集体学习，尤其是协调不同生产技术和整合多种多样技术流的能力。

一项能力可以鉴定为企业的核心能力，其必须满足以下五个条件：①不是单一技术或能力，而是一组相关的技术和技能的整合；②不是物理性资产；③必须能创造顾客看重的关键价值；④与对手相比，竞争上具有独特性；⑤超越特定的产品或部门范畴从而为企业提供通向新市场的通道。

（六）虚拟组织

20世纪90年代还有一个热点——虚拟组织。1990年《哈佛商业评论》第6期发表文章《公司核心能力》，作者建议公司将经营的焦点放在不易被抄袭的核心能力上，由此引发后来的“虚拟组织”热。虚拟组织与传统的实体组织不同，它是围绕核心能力，利用计算机信息技术、网络技术及通信技术与全球企业进行互补、互利的合作，合作目的达到后，合作关系随即解散，以此种形式能够快速获取处于全球各处的资源为我所用，

从而缩短“从观念到现金流”的周期；不仅如此，灵活的“虚拟组织”可避免环境的剧烈变动给组织带来的冲击。1994年出版的由史蒂文·L. 戈德曼（S. L. Glodman）、罗杰.N. 内格尔（R. N. Nagel）及肯尼斯·普瑞斯（K. Preiss）合著的《灵敏竞争者与虚拟组织》是反映虚拟组织理论与实践的较有代表性的著作。

即问即答

结合实际，谈谈你对当代管理理论的看法。

实训巩固

模拟公司的组织文化建设

1. **实训目的**

培养学生初步分析管理思想优劣与建设组织文化的能力。

2. **实训内容**

（1）把班级学生分成小组，每组 7～10 人，每组成立一家模拟公司。

（2）每组结合自己本公司的实际情况，决定应树立哪些先进的管理理念，并分析此种管理思想与理念对公司发展的重要性。

（3）将管理理念融入到公司的文化建设，提出各种设想，并制订相应的建设方案。

（4）小组交流之后，每公司推荐一名成员讲述公司的文化建设方案。

3. **实训要求**

（1）每组提交一份本公司的文化建设方案。

（2）教师对每组提交材料与小组发言的表现给予评价打分，纳入学生平时成绩考核之中。

考核评价

考核评价内容如表 2－4 所示。

表 2－4　　描述现代管理理论能力考核评价

内容		评价	
学习目标	评价内容	小组评价 （5、4、3、2、1）	教师评价 （5、4、3、2、1）
应知应会知识	现代管理理论丛林思想		
	企业文化理论		
	学习型组织		
专业能力	建设企业文化的流程		
	学习型组织五项修炼		
通用能力	培养学习型组织的意识		
	塑造企业文化		
努力方向：熟悉每个管理思想的精髓		建议：	

知识巩固

一、判断题

1. 兵家思想以“谋略”为中心，对于管理的战略、策略、方略均有一定的启发作用。（　　）

2. 儒家思想烦人代表人物有孔子、庄子、孟子和老子。（　　）

3. 与韦伯的行政组织理论相匹配的组织是以制度为中心运转的等级化、专业化的金字塔形的组织。（　　）

4. 管理科学是把科学的原理、方法和工具应用于管理的各种活动，制订用于管理决策的数学和统计模型，并把这些模型通过计算机应用于管理减低不确定性，最大限度地提高了管理活动的程序性，代表着管理理论的发展趋势，因此优于其他的管理理论。（　　）

5. 马克斯·韦伯的行政组织是有机式组织。（　　）

6. 人际关系学说提出工人是经济人。（　　）

二、选择题

1. 美国管理大师彼德·德鲁克说过，如果你理解管理理论，但不具备管理技术和管理工具的运用能力，你还不是一个有效的管理者；反过来，如果仅具备管理技术和能力，而不掌握管理理论，那么你充其量只是一个技术员。这句话说明（　　）。

A. 有效的管理者应该既掌握理论，又具备管理技巧与管理工具的运用能力

B. 是否掌握管理理论对管理工作的有效性来说，无足轻重

C. 如果理解管理理论，就能成为一名有效的管理者

D. 有效的管理这应该注重管理技术与工具的运用能力，而不必注意管理理论

2. 按照 X 理论的观点，（　　）。

A. 凭借宽容和信任可以改进工作　　B. 人们都有从事生产的基本需要

C. 人天生懒惰、需要激励　　D. 金钱比地位重要

3. “大河有水小河满”和“小河有水大河干”，说明（　　）。

A. 人们看问题的角度不同

B. 人们所持的心态不同

C. 系统的结构决定了系统的整体功能

D. 系统的整体功能不等于个体功能之和

4. 权变理论是根据（　　）的观点提出来的。

A. 经济人　　B. 社会人　　C. 自我实现人　　D. 复杂人

5. 某建筑工地的包工头王某对其手下的民工采用了一种“胡萝卜加大棒”的管理方法，他常说的口头禅是“不好好干就回家去，干好了下个月多发奖金”，可以认为（　　）是不对的。

A. 王某的观点与 X 理论相符　　B. 王某的观点与泰勒的理论相符

C. 王某把民工看成经济人　　D. 王某把民工看成自我实现人

6. 泰勒曾提出差别计件工资制，即完不成定额的按较低的计件单价（如 0.5 元/件），超额完成定额的按较高的计件单价（如 0.7 元/件）。对这种方法进行评述是(　　)。

A. 这种方法从经济上是合理的，但道义上是不合理的

B. 这种方法在经济和道义上都是合理的

C. 这种方法在经济上不合理，道义上合理

D. 以上方法都不合理

E. 以上方法值得推广

7. 法约尔是古典组织理论的创始人，他提出过著名的管理五大职能，在计划、组织、控制、领导、协调五个职能中，(　　) 职能是法约尔没有提到的。

A. 计划　　B. 组织　　C. 控制　　D. 领导　　E. 协调

8. 某公司总经理认为公司中存在宗派不利于组织目标的实现，宗派是非正式组织，所以非正式组织对公司是不利的。他的推断是（　　）。

A. 完全正确　　B. 不正确　　C. 不能判断　　D. 没有什么正确与不正确

9. 关于非正式组织如下说法中，(　　) 是不正确的。

A. 非正式组织既可对正式组织目标的实现起到积极的作用，也可产生消极影响

B. 非正式组织的积极作用在于可以提供员工在正式组织中很难得到的心理需要满足

C. 非正式组织对正式组织目标的实现有不利的影响，应该取缔

D. 非正式组织的消极作用的一个方面在于非正式组织的压力有时会造成组织创新的惰性。

10. 下列关于正式和非正式组织表述正确的是（　　）。

A. 既然有非正式组织，管理者就不应让正式组织存在

B. 非正式组织和正式组织能存在合作关系，也可能存在竞争关系

C. 既然有正式组织，就不应该存在非正式组织

D. 在管理中，管理者可以忽视非正式组织的作用

11. 非正式组织是指（　　）。

A. 未经上级主管机关正式批准的组织

B. 未在有关部门登记的组织

C. 由于价值观、性格、爱好等的趋同而自发形成的组织

D. 由于价值观、性格、爱好等的趋同而被上级机关批准成立的组织

12. 下述（　　）不属于法约尔提出的管理的五项职能。

A. 计划　　B. 组织　　C. 决策　　D. 控制

三、简答题

1. 泰勒的科学管理理论的主要贡献是什么?

2. 人际关系学说的主要观点是什么?

3. 比较古典管理理论和行为科学理论。

4. 孔茨总结的现代管理理论的主要学派有哪些?

5. 当代管理思想的特点是什么？

四、案例分析

纽曼公司的利润在过去的一年来一直在下降，尽管在同一时期，同行们的利润的不断上升。公司总裁杰克先生非常关注这一问题。为了找出产生利润下降的原因，他花了几周的时间考察公司的各个方面。接着，他决定召开各部门经理人员会议，把他的调查结果和他得出的结论连同一些可能的解决方案告诉他们。

杰克说："我们的利润一直在下降，我们正在进行的工作大多数看来也都是正确的。比方说，推销策略帮助公司保持住了在同行中应有的份额。我们的产品和竞争对手的一样的好，我们的价格也不高，公司的推销工作看来是有成效的，我认为还没有必要改进什么。"他继续评论道："公司有健全的结构、良好的产品研究和发展规划，公司的生产工艺在同行中也占领先地位。可以说，我们的处境良好。然而，我们的公司却面临这样的严重问题。"

室内的每一个都有所期待地倾听着。杰克开始讲到了劳工关系："像你们所知道的那样，几年前，在全国劳工关系局选举中工会没有取得谈判的权利。一个重要的原因是，我们支付的工资一直至少和工会提出的工资率一样高。从那以后，我们继续给员工提高工资，问题在于，没有维持相应的生产率。车间工人一直没有能生产足够的产量，可以把利润维持在原有的水平上。"杰克喝了点水，继续说道："我的意见是要回到第一个原则。近几年来，我们对工人的需求注意得太多，而对生产率的需要却注意不够。我们的公司是为股东创造财富的，是工人的俱乐部。公司要生存下去，就必须要创造利润。我在上大学时，管理学教授们十分注意科学管理先驱们为获得更高的生产率所使用的方法，这就是为了提高生产率而广泛地采用了刺激性工资制度。在我看来，我们可以回到管理学的第一原则去，如果我们的工人的工资取决于他们的生产率，那么工人就会生产更多。管理学先辈们的理论在今天一样地在指导我们。"

思考题：

1. 纽曼公司技术和管理条件改善了，但为什么利润却下降？
2. 为什么要回到管理学的第一个原则？对比有何启示？
3. 你认为杰克的解决方案怎么样？
4. 生产率低的原因还可能有哪些？
5. 你认为科学管理理论在当今的管理实践中应当怎样应用？

管理游戏

点　钞

目的：领悟科学管理的重要性。

道具：不同面值的数叠点钞纸（每组5人，100元、10元、1元点钞纸各50张）。

时间：45分钟 。

程序：

1. 手持式点钞：计算单指单张、单指两张、三指三张、四指四张、五指五张的点钞时间。

2. 单指单张：计算手持式点钞和桌按式点钞的时间。

3. 不同手型（粗细手）的点钞时间。

规则：

1. 除记录者外，小组的每位同学都必须参与。

2. 比赛分为小组内竞赛和小组间的竞赛。在其他条件相同时，点钞时间最短者获胜。

教师任务：

1. 在前一次课上宣布活动的任务、道具及分组。

2. 指定准备活动道具的负责人。

3. 开始活动时，宣布活动程序、规则及时间。

4. 确定每组的记录人。

5. 控制整个活动场面，回答学生的提问，监督是否有违反规则的现象。

6. 组织学生讨论，得出结论：点钞方法的重要性、选拔一流员工的重要性、工具（手与钞票）的重要性。

考核标准：在其他条件相同时，点钞时间最短者获胜。

学习情境三　科学决策

知识目标

1. 掌握决策的定义，理解决策的内涵。
2. 能陈述决策的基本过程。
3. 学会各种决策方法。

能力目标

1. 学会运用决策的基本理论和程序对实际问题进行科学决策。
2. 能够运用科学的分析方法对企业的经营活动进行分析决策。

在棋界有句话："一着不慎，满盘皆输；一着占先，全盘皆活。"它喻示一个道理，无论做什么事情，成功与失败取决于决策的正确与否。正确的决策能使企业充满活力，兴旺发达，而错误的决策会使企业陷入被动，濒临险境。正确地制定决策是每个人至关重要的内容，犹如一个流传甚广的笑话所描述：

有三个人要被关进监狱三年，监狱长允诺满足给他们三个每人一个要求。美国人爱抽雪茄，要了三箱雪茄；法国人最浪漫，要了一个美丽的女子相伴；而犹太人说，他要一部与外界沟通的电话。三年过后，第一个冲出来的是美国人，嘴里鼻孔里塞满了雪茄，大喊道："给我火，给我火！"原来他忘了要火了。接着出来的是法国人。只见他手里抱着一个小孩子，美丽女子手里牵着一个小孩子，肚子里还怀着第三个。最后出来的是犹太人，他紧紧握住监狱长的手说："这三年来我每天与外界联系，我的生意不但没有停顿，反而增长了200%，为了表示感谢，我送你一辆劳斯莱斯！"

什么样的选择决定什么样的生活。今天的生活是由三年前我们的选择决定的，而今天我们的抉择将决定我们三年后的生活。要提高决策的正确率，首先必须掌握科学决策的基本知识，遵循科学决策过程，在多变的环境中，选择正确的方向，做出正确的决策。

接下来本学习情境就带你走进决策，内容包括分析决策过程、选择决策方法两个任务，通过具体任务的实施有助于提高学生制定日常重大决策的科学性和准确性，最终锻炼学生的决策能力。

任务一 分析决策过程

任务情境

尿布大王

日本尼西奇公司在战后初期，仅有30余名职工，生产雨衣、游泳帽、卫生带、尿布等橡胶制品，订货不足，经营不稳，企业有朝不保夕之感。公司董事长多川博从人口普查中得知，日本每年大约出生250万婴儿，如果每个婴儿用两条尿布，一年就需要500万条，这是一个相当可观的尿布市场。多川博决心放弃尿布以外的产品，把尼西奇公司变成尿布专业公司，集中力量，创立名牌，成了“尿布大王”。资本仅1亿日元，年销售额却高达70亿日元。

任务分析

在上例案例中，为了适应市场的需要，在权衡各种因素后，多川博选择了适应市场的需要而进行新产品的开发。最终由于经营决策成功，以使企业避免倒闭的危险，转败为胜。它带给我们的启示有：

（1）决策无时无刻存在于生活、管理中，科学经营决策的前提是确定决策目标。它作为评价和监测整个决策行为的准则，不断地影响、调整和控制着决策的过程，一旦目标错了，就会导致决策失败。

（2）经营决策成功，还可以使企业避免倒闭的危险，转败为胜。如果企业长期只靠一种产品去打天下，势必潜藏着停产倒闭的危险，因为市场是多变的，人们的需要也是多变的，这就要求企业家经常为了适应市场的需要而决策新产品的开发。这种决策一旦成功，会使处于“山穷水尽”状况的企业顿感“柳暗花明”。

知识精讲

一、决策及其含义

在日常生活和工作中，决策是普遍存在的，而且是至关重要的。无论是个人还是组织，几乎每时每刻都需要作出决策。对个人而言，小到在餐馆点菜，大到选择职业或伴侣均需要决策，对于组织来说，从组织的人员配备到组织的发展战略都需要做出决策。

从管理者的角度来讲，决策是人们在行动之前对行动目标与手段探索、判断和选择的过程。在实际管理工作中，最大的失误来自于决策的错误，因此，掌握决策的理论与方法是提高管理效率与效益的基础，决策是管理者从事管理工作的基础，是衡量管理者水平高低的重要标志之一，在管理活动中具有重要的地位与作用。

既然决策如此普遍、重要，那么究竟什么是决策？

从狭义的理解，认为决策就是做出决定，仅限于人们从不同的行动方案中做出最佳选择，即人们通常所说的“拍板”。从广义来讲，决策相当于决策分析，把决策看作是一个过程，即人们为了实现某一特定目标，在占有一定信息和经验的基础上，根据主客观条件的可能性，提出各种可行方案，采用一定的科学方法和手段，进行比较、分析和评价，按照决策准则，从中选出最满意的方案，并根据方案实施的反馈情况对方案进行修正控制，直至目标实现的整个系统过程。

本书所讲的决策主要针对广义方面，因此可以认为决策是指为实现一定的目标，制订行动方案，运用科学的方法和手段，从若干个备选方案中选择合理化方案的过程。

管理故事

某城市繁华地段有一个食品厂，因经营不善长期亏损，该市政府领导拟将其改造成一个副食品批发市场，这样既可以解决企业破产后下岗职工的安置问题，又方便了附近居民。为此进行了一系列前期准备，包括项目审批、征地拆迁、建筑规划设计等。不曾想，外地一开发商已在离此地不远的地方率先投资兴建了一个综合市场，而综合市场中就有一个相当规模的副食品批发场区，足以满足附近居民和零售商的需求。

面对这种情况，市政府领导陷入了两难境地：如果继续进行副食品批发市场建设，必然亏损；如果就此停建，则前期投入将全部泡汤。在这种情况下，该市政府盲目做出决定，将该食品厂厂房所在地建成一居民小区，由开发商进行开发，但对原食品厂职工没能作出有效的赔偿，使该厂职工陷入困境，该厂职工长期向上反映不能解决赔偿问题，对该市的稳定造成了隐患。

启示：该市领导解决问题时是出于好心，既要解决企业生产不景气的问题，又要为城市居民解决购物问题，对企业职工也有一个比较好的安排，但信息是决策的基础，充分、及时、全面、有效的信息是科学决策的前提。该区政府领导在决定副食品批发市场项目之前，显然缺乏全面细致的市场调查，不了解在建的综合市场特别是其内部的副食品批发场区，没能充分考虑清楚问题涉及的各种因素，作出决策比较仓促，决策失误时又进一步决策失误，造成了非常被动的工作局面，也给企业职工造成了不可挽回的损失。

小知识

文化特质对决策风格的影响

决策风格以及决策者愿意承担的风险程度，是反映一国文化环境下决策差异的两个方面。

例如，日本人崇尚遵奉和团体合作，你可以在他们的学校和企业组织中体会到这一点。日本人就比美国人更倾向于群体决策，制定决策前，日本企业的CEO要收集大量的信息，以便在群体决策时形成一致的舆论。此外，由于日本组织中的雇员享有高度的工作保障，所以管理决策是从长远观点出发的，而不是只考虑短期的利润，而后者在美国企业中却十分普遍。

在法国普遍以独裁方式制定决策。

德国文化讲究机构和次序，在德国组织中制定大量的规则和条例，管理者有明确的责任并按规定的组织路径进行决策。

瑞典管理的决策风格与法国和德国的管理者不同，他们更富于进取性，主动提出问题，并且不怕风险。瑞典的高层管理者也是把决策权层层委让，他们鼓励底层管理人员和雇员参与影响他们利益的决策。

即问即答

有具体目标的决策与无具体目标的决策对决策结果有何影响。

二、决策的分类

尽管决策活动设计的问题千差万别，但可以根据不同的标准、从不同的角度将决策分为不同类型，以便于采用不同的决策方法运用于不同类型的决策，从而提高决策正确率。

（一）按决策的重要程度分类

按决策的重要程度分类，可把决策可以分为战略决策、战术决策和业务策略。如图3-1所示。

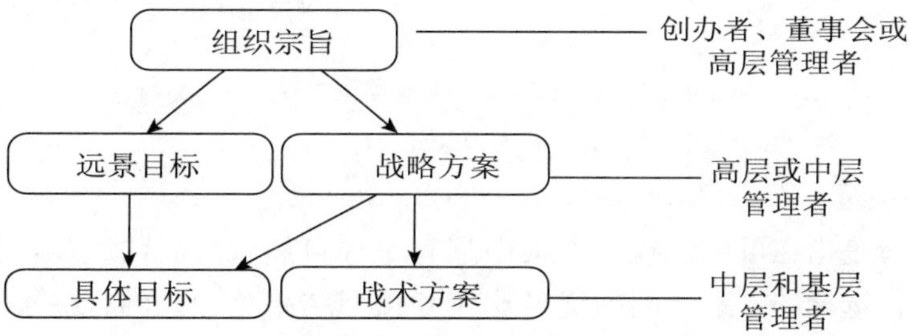

图3-1　决策的层次分类

1. 战略决策

战略决策是有关组织全局利益和长远利益的决策，一般是由高层管理者作出的。这类决策事关全局，所指的是组织整体在未来一段较长时期的活动，对组织的影响较为深远。解决的是“干什么”的问题。

2. 战术决策

战术决策是有关实现战略目标的方式、途径、措施等的决策，它比战略性决策更为具体、作用范围比较小，影响的时间也要短一些，多是由中、基层管理者做出的。比如企业原材料采购数量的确定、产品库存量的控制等决策属于战术决策。解决的是

“如何做”的问题。

3. 业务决策

业务决策是企业为了解决日常工作中的业务问题、提高工作效率和经济利益所作出的决策。它属于局部性、短期性、业务性的决策，一般由基层主管人员提出，如作业计划的制订，生产、质量、成本以及日常性事务控制等方面的决策。

即问即答

公司要投资一个分公司，可以由财务总监进行决策吗？

(二) 按照决策的可靠程度分类

按照决策的可靠程度分类，决策可分为确定型决策、风险型决策、非确定型决策，如图 3－2 所示。

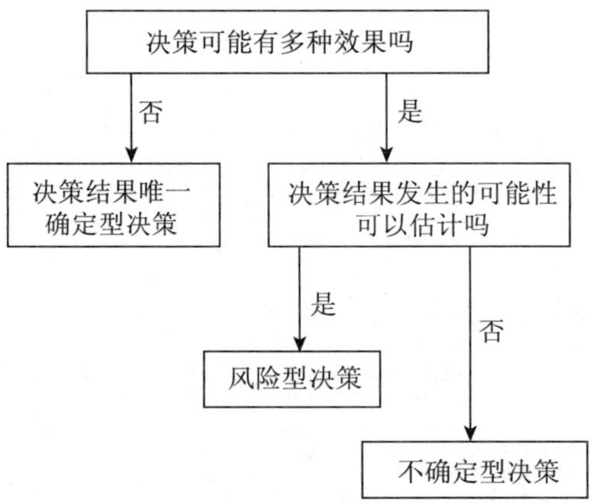

图 3－2 决策类型

1. 确定型决策

确定型决策是指在可供选择的方案中只有一种自然状态时的决策，即决策的条件是确定的。可供选择的方案之间的优劣比较和预期结果是明确的，决策选优是显而易见的。

2. 风险型决策

风险型决策是指决策事件未来的各种自然状态的出现概率是可以测出的，在这种情况下所做的决策具有一定的风险性。可供选择的方案中，存在两种或两种以上的自然状态，但每种自然状态所发生概率的大小是可以估计的。如天气预报，根据历史资料的近期观测，可以判断某种天气（如下雨）在未来两天内出现的概率是多少，是因为它并没有 100%的把握，正所谓“天有不测风云”。

3. 不确定型决策

不确定型决策即决策事件未来各种自然状态完全是随机的，选中的方案的执行结果是无法预知的。在可供选择的方案中存在两种或两种以上的自然状态，而且，这些自然状态所发生的概率是无法估计的。

管理故事

最后一壶水

有一个探险者在沙漠里行走，水越来越少，他必须有计划的使用这些水。他抬头望天，烈日高照，四周都是滚烫的沙子。他舔了舔因缺水而干裂的嘴唇，一丝绝望油然而生。他只剩一壶水了，而这壶水只能维持他三天的生命。他必须尽快找到水源。当他筋疲力尽的时候，终于在一堵残破的石墙后，发现了一口压力井。他兴奋极了，奔过去压水，却一无所获。他失望透顶，正要离开，却发现断墙上写着一行字：先倒一壶水进去，才能打上水来。他恍然大悟：压力井是要先倒入水才能抽上水来的。可是剩下这一壶水了，倒进去如果压不上来水怎么办？犹豫再三，他还是照着墙上写的做了，将仅剩的一点水倒进井里后，开始吃力的压，一会儿，果然涌出了汩汩的流水。

启示：非确定性决策相当难，有时只能凭决策者的学识、智慧、胆略甚至是运气来作出，就像故事中的探险者，他凭着冒险精神和胆略作出了决策。

五位领袖的方法

原苏联塔斯社社长讲了一个笑话：苏联的五位领袖乘车去旅行，走了很远，列车停了，因为前面的铁轨没有了。五位领袖都下车了，各自都采用了自己的方法。

列宁说：全体下车，义务劳动，修复铁路。

斯大林说：要把可疑分子抓起来，认真追查。

赫鲁晓夫说：找些人来把铁路修好不就行了吗？

勃列日涅夫说：商量商量想想办法再说吧。

戈尔巴乔夫说：何不把火车零件拆掉，到有铁轨的地方装上？

启示：面对不确定型决策，不同的决策者会有不同的决策方法。

（三）按决策的重复程度分类

1. 程序化决策

这是指经常重复发生，能按原已规定的程序、处理方法和标准进行的决策。应对结构良好的问题（指那些直观的、熟悉的和易于解决的问题）即有关常规的、反复发生的问题的决策。

2. 非程序化决策

这是指偶然发生的或首次出现而又较为重要的非重要重复性决策。是指具有极大偶然性、随机性，又无先例可循且有大量不确定性的决策活动，其方法和步骤也是难以程序化、标准化，不能重复使用的。

管理故事

一万个电灯泡的赌注——商战危机

日本松下电器公司董事长松下幸之助早年曾在大阪电灯公司工作。他对电灯泡着了迷，为了实现其改进电灯灯头的构想，不惜倾资从事改良的工作，并组成了松下电器公司。不巧公司成立之初，恰遇经济危机，市场疲软，销售困难。怎样才能使公司摆脱困境、转危为安呢？松下幸之助权衡再三，决定一不做、二不休，拿出一万个电灯泡作为宣传之用，借以打开灯泡的销路。灯泡必须备有电源，方能起作用。

为此，松下亲自拜访冈田干电池公司的董事长，希望双方合作进行产品的宣传，并免费赠送一万只电灯泡。一向豪迈爽直的冈田听了此言，也不禁大吃一惊，因为这显然是一种很不合常理的冒险。但松下诚挚、果敢的态度实在感人，冈田终于答应了他的请求。

松下公司的电灯泡搭配上冈田公司的干电池，发挥了最佳的宣传效用。很快地，电灯泡的销路直线上升，干电池的订单也雪片般飞来。初创伊始的松下电器公司非但没有倒闭，反而从此名声大振，业务兴隆。

启示： 对于刚刚创办、家底不厚的松下电器公司来说，一万只电灯泡是个不小的数目。但松下在危机面前敢于孤注一掷、铤而走险，采取破釜沉舟的推销行动，因此震撼了人心，争取了支持者，终于获得成功。

三、决策的过程

决策过程是一个从问题提出到方案确定所经历的动态过程，并不是一个瞬间的过程。了解并遵循科学的决策程序，可以提高管理者的决策效率。尽管决策是一个复杂的工作过程，但一般来说，决策程序一般包括四个基本步骤。其基本程序如图 3-3 所示。

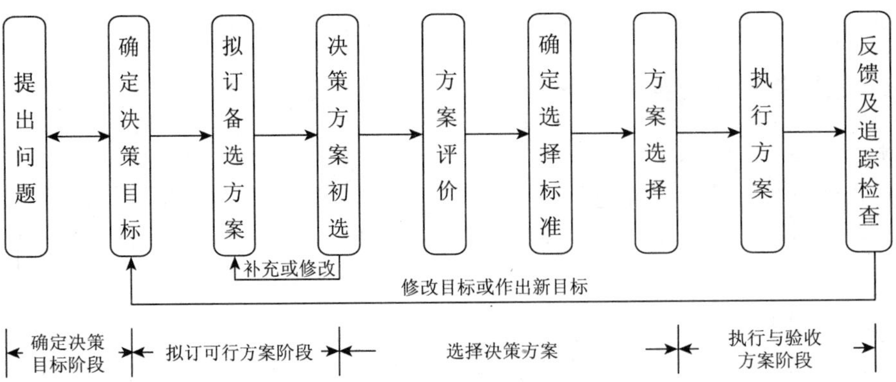

图 3-3　决策的基本程序

决策程序包括四个基本步骤。

（一）确定决策目标阶段

1. 提出问题

决策是为了解决一定的问题而制定的，如果没有发现组织运行中存在的问题，就没有必要制定新的决策来对组织活动作出调整和改变。

因此，决策者要善于在全面收集、调查、了解情况的基础上发现差距，找出问题及出现问题的原因，从而界定决策问题。

管理故事

七个“为什么”

一天，总经理走进工厂的车间，看到车间地下有一摊油。经理马上把车间主任叫来，责问此事，主任立刻叫清洁工来把这摊油全部擦干净。地下没有油了，但问题并没有就此结束。总经理接着问，地下为什么有一摊油？原来上面有一个零件坏了，于是保修工赶紧把坏的零件换了。但是问题还是没有解决。这个零件为什么会漏油？原来它没有到额定的使用时间，突然就坏了，所以会漏油。为什么没有到额定的使用时间就坏了呢？原来最近换了一个零配件的供应商。为什么要换零配件供应商呢？经过调查，原来这个零配件供应商是公司采购员的亲戚。为什么他是采购员的亲戚，公司就要换零配件供应商呢？最后答案出来了——因为有人吃回扣，所以地上有一摊油。

启示：这就是一个有效的逻辑推理。在很多情况下，逻辑学告诉我们，要想知道问题的本质，最低限度要问七个为什么，才有可能知道这件事情的真正本质是什么。在运用模型进行决策时，还需要运用逻辑思维，对掌握的资料和数据做出正确的判断推理。逻辑是一门科学，是主观思维及客观形式及其规律的科学。逻辑分为有效的逻辑和无效的逻辑。能够从原因导出正确结果的就是有效逻辑，反之就是无效逻辑。

小知识

判断问题——认识和分析问题是决策过程中最为重要也是最为困难的环节。

重要是因为问题不清，无从决策，问题找错，一错百错。

困难是因为真正的问题常常为众多的表象所掩盖，需要我们进行深入的分析，才能找到真正的问题。

即问即答

怎样才能正确地判断问题呢？

2. 确定决策目标

所谓目标，是指在一定环境和条件下，在预测的基础上所希望达到的结果。可以说，目标是决策的出发点和归宿，同样的问题，由于目标不同，所可采用的决策方案也会大不相同。

在确定决策目标时，要注意以下问题：

（1）目标应建立在需要与可能的基础上。也就是说，企业管理是否真正需要，并且确定企业是否具备达到目标的条件。

（2）目标应该明确具体，尽可能数量化。这主要是为了更好地衡量决策的实施效果。

（3）约束条件要明确。对与实现目标相关的各种条件进行详细的分析。

（4）把握主要矛盾。在日常经营活动中，目标是多元的，而且相互之间存在矛盾。确定决策目标时，应取消没有条件实现的目标，放弃相互矛盾的目标，合并相似的次要目标，分清主次，让次要目标服从主要矛盾，以保证主要目标的实现。

管理故事

1985 年，由马来西亚国营重工业公司和日本“三菱”汽车公司合资 2.8 亿美元生产的新款汽车“沙格型”隆重推出市场。马来西亚政府视之为马来西亚工业的“光荣产品”，产品在推出后，销售量很快跌至低潮。经济学家们经过研究，认为“沙格型”汽车的一切配件都从日本运来，由于日元升值，使它的生产成本急涨，再加上马来西亚本身的经济不景气，所以汽车的销售量很少。此外，最重要的因素是政府在决定引进这种车型时，主要考虑到满足国内的需要，因此，技术上未达到先进国家的标准，无法出口。由于在目标市场决策中出现失误，“沙格型”汽车为马来西亚工业带来的好梦，只是昙花一现而已。

启示：科学经营决策的前提是确定决策目标。它作为评价和监测整个决策行动的准则，不断地影响、调整和控制着决策活动的过程，一旦目标错了，就会导致决策失败。

（二）拟订可行方案阶段

拟订可行方案阶段非常重要，如果此过程存在缺陷，那么决策就很难优化，备选方案的产生，可大致分为以下几个步骤：

（1）拟订备选方案。在研究环境变化和发现问题的基础上，根据组织的宗旨、使命和人物的基础上提出进一步可选择使用的可能方案，其数量与质量对最后做出合理选择有重大影响。因此，决策者必须发挥想象力和创造力，并发挥集体智慧集思广益，才能取得最佳效果。

（2）方案初选。主要通过对初步方案进行筛选、淘汰掉那些对解决问题基本无用或用处很小的方案，以及那些客观条件不允许的方案，减少可行方案的数量，以便进行更深入的分析和比较。

即问即答

我们是否要找出所有的可行方案？为什么？

（三）选择决策方案

选择方案的步骤如下：

（1）对拟订方案进行充分论证，并做出综合评价。进行方案评价时，应忽略各方案的共同问题，而专注于不同因素的分析。对一些无形因素，可以用预测方法将其定量化，与有形因素一起考虑。

（2）确定方案选择标准。决策方案选择标准要根据决策目标而定，它是衡量方案优劣的尺度，因此凡是能够量化的都要制定量化的标准；难以量化的，可以作出详细的定性说明。

（3）决策方案选择。在评价的基础上，权衡各个方案的利弊得失，比较个方案的优劣，然后选取其一或综合成一，最后进行综合分析，结合分析比较结果来提出相对令人满意的决策。

管理故事

有一天，柏拉图问苏格拉底：什么是爱情？苏格拉底说：我请你穿越这片稻田，去摘一株最大、最金黄的麦穗回来，但是有个规则，你不能走回头路，而且你只能摘一次。于是柏拉图去做了。许久之后，他却空着双手回来了。苏格拉底问他怎么空手回来了？柏拉图说道：当我走在田间的时候，曾看到过几株特别大特别灿烂的麦穗，可是，我总想着前面也许会有更大、更好的，于是就没有摘；但是，我继续走的时候，看到的麦穗，总觉得还不如先前看到的好，所以我最后什么都没有摘到。苏格拉底意味深长地说：这，就是爱情。

又一天，柏拉图问苏格拉底：什么是婚姻？苏格拉底说：我请你穿越这片树林，去砍一棵最粗、最结实的树回来好放在屋子里做圣诞树，但是有个规则，你不能走回头路，而且你只能砍一次。于是柏拉图去做了。许久之后，他带了一棵并不算最高大粗壮却也不算赖的树回来了。苏格拉底问他怎么只砍了这样一棵树回来？柏拉图说道：当我穿越树林的时候，看到过几棵非常好的树，这次，我吸取了上次摘麦穗的教训，看到这棵树还不错，就选它了，我怕我不选它，就又会错过了砍树的机会而空手而归，尽管它并不是我碰见的最棒的一棵。这时，苏格拉底意味深长地说：这，就是婚姻。

启示：科学决策遵循的是满意原则决策结果是选择满意的方案。最优方案往往只是理论上的“空中楼阁”，在实际决策活动中，最优方案的条件很难具备，一方面决策时面向未来的，不确定性因素很多；另一方面要求决策者掌握组织活动的内外部环境的全部信息；再者，要求决策者能准确地计算出每一种方案的结果。所以在现实条件下，决策往往要考虑既经济又现实的能够使主要目标得以实现的“满意方案”，而不是最优方案。

（四）方案执行与验收反馈阶段

决策的目的在于行动。一旦做出决策，就要实施决策方案，将决策变为现实。所以方案的有效实施便成为决策过程的重要环节。方案实施过程中通常要做好以下工作：首先，要确保与方案有关的指令能被所有相关人员充分接受和彻底了解；其次，使用目标管理方案将决策目标层层分解，落实到每一个执行单位和个人。并建立重要的工作汇报制度，一边及时了解方案进展情况，及时进行调整。

决策好坏要以实施的结果来判别。在方案实施过程中要通过追踪检查与评价，及时发现情况，及时反馈，查明原因，修正方案，进行有效控制，保证原定目标的实现。此外，在执行中还会发现新问题，从而需要作出新的决策后再付诸实施，从而开始一个新的决策过程。

管理故事

老鼠给猫挂铃铛

一群老鼠吃尽了猫的苦头，他们召开全体大会，号召大家贡献智慧，商量对付那些猫的万全之策，争取一劳永逸地解决事关大家生死存亡的大问题。

众老鼠冥思苦想。有的提议培养猫吃鱼吃鸡的新习惯，有的建议加紧研制毒猫药。最后还是一只老奸巨猾的老鼠出的主意让大家佩服得五体投地，连呼高明。那就是给猫的脖子上挂上个铃铛，只要猫一动，就有响声，大家就可事先得到警报，躲起来。

这一决议终于被一致通过，但决策的执行者却始终产生不出来。高薪奖励，颁发荣誉证书等等办法都用上了，但无论什么高招，都没有老鼠站出来去执行这一决策。至今，老鼠们还在自己的各种媒体上争论不休，也经常举行会议。

启示：再好的决策，如果不能够去行动，那么任何决策都是没有意义的。决策与想法不在于多么英明，而在于能否实行。管理者不仅是个决策者，还是个不折不扣的行动者。在一个团队里，执行很重要，但是决策更重要。错误的决策加上超级的执行，反而会让团队更深地误入歧途。

“协和”式超音速民航客机由宠儿变弃儿

1962 年，英法航空公司开始合作研制“协和”式超音速民航客机，其特点是快速、豪华、舒适。经过 10 多年的研制，耗资上亿英镑，终于在 1975 年研制成功。十几年时间的流逝，情况发生了很大变化。能源危机、生态危机威胁着西方世界，乘客和许多航空公司都因此而改变了对在航客机的要求。乘客的要求是票价不要太贵，航空公司的要求是节省能源，多载乘客，噪声小。但“协和”式飞机却不能满足消费者的这些要求。首先是噪声大，飞行时会产生极大的声响，有时甚至会震碎建筑物上的玻璃。再就是由于燃料价格增长快，运行费用也相应大大提高。这些情况表明，消费者对这种飞机需求量不会很大。因此，不应大批量投入生产。

但是，由于公司没有决策运行控制计划，也没有重新进行评审，而且，飞机是由两国合作研制的，雇佣了大量人员参加这项工作，如果中途下马，就要大量解雇人员。上述情况使得飞机的研制生产决策不易中断，后来两国对是否要继续协作研制生产这种飞机发生了争论，但由于缺乏决策运行控制机制，只能勉强将决策继续实施下去。结果，飞机生产出来后卖不出去，原来的宠儿变成了弃儿。

启示：企业决策运行控制与企业的命运息息相关。一项决策在确定后，能否最后取得成功，除了决策本身性质的优劣外，还要依靠对决策运行的控制与调整，包括在决策执行过程中的控制，以及在决策确定过程中各阶段的控制。

即问即答

小王大学毕业后来到广州工作，不久，便建立了小家庭。夫妻俩，一个在研究所工作，一个在机关就职。由于天气炎热，便打算买一台空调。但他俩对空调不了解，只好到处打听行情，还跑了好几家商店，掌握了大量的相关信息，并对各种信息进行分析、比较、综合和归纳。最后决定买一台海尔单制冷空调。因为小王是青岛人，远离家乡和亲人，对家乡的人和物有着特殊的感情。确定了购买海尔空调后，他们立即行动起来，先去离家较近的几家商店了解销售服务情况，最后选中了海尔专卖店，高高兴兴地买了一台海尔空调。

问题：小王购买空调的决策经历了哪些过程？

实训巩固

1. 实训目的

（1）通过此次模拟实践的练习，主要提高学生的综合管理能力。

（2）从确定采购计划和实施程序与要求，到信息搜集与谈判策划与考核与奖惩每一步骤都高度浓缩了管理技能，使学生在实践中提升自己的技能。

2. 实训内容

（1）由学生组成的五家模拟服装公司向同样由学生组成的另外四家模拟商业公司出售商品——不同品牌的新式衬衫。

（2）基本业务框架是由生产商品的生产公司，向商业公司推销商品；商业公司购买商品后，再将商品转售出去。主要流程如图 3-4 所示。

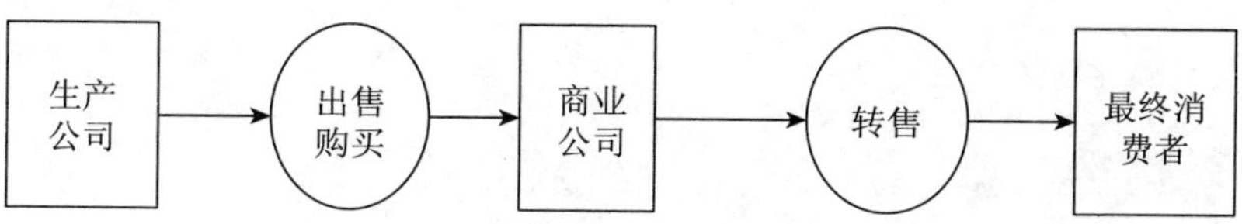

图 3-4　基本业务流程

3. 实训要求

（1）由教师设定相关成本、收入等数据；由各模拟公司进行交易前准备。

（2）课上利用两节课时间组织模拟谈判，签订交易合同。

（3）进行各公司经营成果统计，按效益排队。

（4）购销双方可轮换进行。

4. 实训考核

（1）每人提交谈判对策方案。

（2）各公司效益比较与排序。

（3）教师在此过程中可进行全程考核，每一步骤都要根据学生表现打出分数，最后在结合公司效益评定成绩。

考核评价

考核评价内容如表 3－1 所示。

表 3－1　　分析决策过程考核评价

内容		评价	
学习目标	评价内容	小组评价（5、4、3、2、1）	教师评价（5、4、3、2、1）
应知应会知识	决策的含义		
	决策的类型		
专业能力	能解释决策的概念及分类		
	能理解决策过程的内容		
通用能力	培养有效决策能力		
	培养决策意愿		
	实现有效决策		
努力方向：		建议：	

任务二　选择决策方法

任务情境

决策失误

很久以前，一个人偷了一袋洋葱，被人捉住后送到法官面前。法官提出了三个惩罚方案让这个人自行选择：第一，一次性吃掉所有的洋葱；第二，鞭打一百下；第三，交纳罚金。这个人选择了一次性吃掉所有的洋葱。

一开始，他信心十足，可是吃下几个洋葱之后，他的眼睛像火烧一样，嘴像火烤一般，鼻涕不停地流淌。

他说："我一口洋葱也吃不下了，你们还是鞭打我吧。"

可是，在被鞭打了几十下之后，他再也受不了了，在地上翻滚着躲避皮鞭。

他哭喊道："不能再打了，我愿意交罚金。"

后来，这个人成了全城人的笑柄，因为他本来只需要接受一种惩罚的，却将三种惩罚都尝遍了。

任务分析

生活中我们许多人都有过这样的经历，由于我们对自己的能力缺乏足够的了解，导致决策失误，而尝到了许多不必要的苦头。

知识精讲

随着决策理论和实践的不断发展，人们在决策中所采用的方法也不断地得到充实和完善。使用较多的决策方法通常可以分为定性策略方法和定量决策方法两类。前者注重于策略者本人的直觉，后者则注重于决策问题各因素之间的客观数量关系。在具体应用中，将二者密切配合，已经成为现代决策方法的一个重要发展趋势。

一、定性决策方法

定性决策方法又称主观决策法，是指在决策中主要依靠决策者或有关专家的智慧来进行决策的方法，这是一种"软技术"。这种方法适用于受社会、经济、政治等非计量因素影响较大、所含因素错综复杂、涉及社会心理因素较多以及难以用准确数量表示的综合性问题。定性决策方法包括头脑风暴法、名义小组法、德尔菲法。

（一）德尔菲法

德尔菲法是由美国兰德公司于20世纪50年代初发明的，最早用于预测，后来推广应用到决策中来。德尔菲是古希腊传说中的神谕之地，城中有座阿波罗神殿可以预卜未来，因而借用其名。

德尔菲法又名专家意见法或专家函询调查法，是依据系统的程序，采用匿名发表意见的方式，即团队成员之间不得互相讨论，不发生横向联系，只能与调查人员发生关系，以反复的填写问卷，以集结问卷填写人的共识及搜集各方意见，可用来构造团队沟通流程，应对复杂任务难题的管理技术。

德尔菲法的工作流程大致可以分为四个步骤，在每一步中，组织者与专家都有各自不同的任务，如图3-5所示。

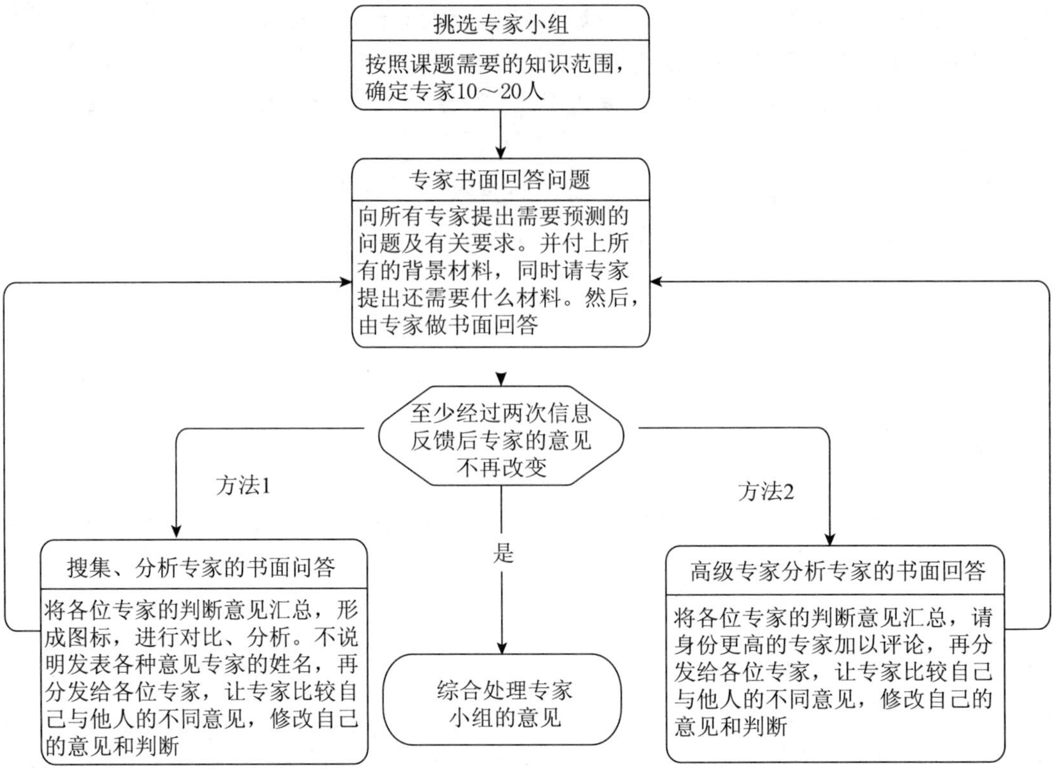

图 3-5　德尔菲法操作流程

(1) 开放式的首轮调研。首先，由组织者发给专家的第一轮调查表是开放式的，请专家围绕预测问题提出预测事件。其次，组织者汇总整理专家调查表，归并同类事件，排除次要事件，用准确术语提出一个预测事件一览表，并作为第二步的调查表发给专家。

(2) 评价式的第二轮调研 。首先，专家对第二步调查表所列的每个事件做出评价。例如，说明事件发生的时间、争论问题和事件或迟或早发生的理由。其次，组织者统计处理第二步专家意见，整理出第三张调查表。最后，第三张调查表包括事件、事件发生的中位数和上下四分点，以及事件发生时间在四分点外侧的理由。

(3) 重审式的第三轮调研。首先，发放第三张调查表，请专家重审争论。其次，对上下四分点外的对立意见作一个评价。并给出自己新的评价（尤其是在上下四分点外的专家，应重述自己的理由）。如果修正自己的观点，也应叙述改变理由。然后，组织者回收专家们的新评论和新争论，与第二步类似地统计中位数和上下四分点。最后，总结专家观点，形成第四张调查表。其重点在争论双方的意见。

(4) 复核式的第四轮调研。首先，发放第四张调查表，专家再次评价和权衡，做出新的预测。是否要求做出新的论证与评价，取决于组织者的要求。其次，回收第四张调查表，计算每个事件的中位数和上下四分点，归纳总结各种意见的理由以及争论点。

值得注意的是，并不是所有被预测的事件都要经过四步。有的事件可能在第二步就达到统一，而不必在第三步中出现；有的事件可能在第四步结束后，专家对各事件的预测也不一定都是达到统一。不统一也可以用中位数与上下四分点来做结论。事实上，总会有许多事件的预测结果是不统一。

管理案例

兰德公司作为全球最为著名的智库之一，曾经因为成功运用德尔菲法进行预测中国将出兵朝鲜而名噪一时。

成立初期，由于当时名气不大，兰德公司的研究成果并没有受到重视。但有一件事情令兰德公司声名鹊起。朝鲜战争前夕，兰德公司组织大批专家对朝鲜战争进行评估，并对“中国是否出兵朝鲜”进行预测，得出的结论只有一句话：“中国将出兵朝鲜。”当时，兰德公司欲以500万美元将研究报告转让给五角大楼。但美国军界高层对兰德的报告不屑一顾。在他们看来，当时的新中国无论人力财力都不具备出兵的可能性。然而，战争的发展和结局却被兰德准确言中。

这一事件让美国政界、军界乃至全世界都对兰德公司刮目相看，“第二次世界大战”后，五角大楼花200万美元收购了这份过期的报告。“第二次世界大战”结束后，美苏称雄世界。美国一直想了解苏联的卫星发展状况。1957年，兰德公司在预测报告中详细地推断出苏联发射第一颗人造卫星的时间，结果与实际发射时间仅差两周，这令五角大楼震惊不已。兰德公司也从此真正确立了自己在美国的地位。此后，兰德公司又对中美建交、古巴导弹危机、美国经济大萧条和德国统一等重大事件进行了成功预测，这些预测使兰德公司的名声如日中天，成为美国政界、军界的首席智囊机构。

讨论： 采用德尔菲法需要把专家召集到一起进行开会商讨吗?

（二）头脑风暴法

头脑风暴法，又叫畅谈法、集思法等，由美国奥斯本博士于1941年提出，1953年正式发表的一种激发创造性思维的方法。头脑风暴法是采用会议的方式，利用集体的思考，引导每个参加会议的人围绕某个中心议题，广开言路、激发灵感，在头脑中掀起风暴，毫无顾忌、畅所欲言地发表独立见解的一种创造性思考的方法。这种方式适合于解决那些比较单一、严格确定的问题。如果问题比较复杂，因素众多，涉及面广，则不宜用这种方法来决策。

1. 头脑风暴法实施的原则

（1）禁止批评和评论，也不要自谦。对别人提出的任何想法都不能批判、不得阻拦。即使自己认为是幼稚的、错误的，甚至是荒诞离奇的设想，亦不得予以驳斥；同时也不允许自我批判，在心理上调动每一个与会者的积极性，彻底防止出现一些“扼杀性语句”和“自我扼杀语句”。诸如“这根本行不通”“你这想法太陈旧了”“这是不可能的”“这不符合某某定律”以及“我提一个不成熟的看法”等语句，禁止在会议上出现。只有这样，与会者才可能在充分放松的心境下，在别人设想的激励下，集中全部精力开拓自己的思路。

（2）目标集中，追求设想数量，越多越好。在智力激励法实施会上，只强制大家提设想，越多越好。会议以谋取设想的数量为目标。

(3) 鼓励巧妙地利用和改善他人的设想。这是激励的关键所在。每个与会者都要从他人的设想中激励自己，从中得到启示，或补充他人的设想，或将他人的若干设想综合起来提出新的设想等。

(4) 与会人员一律平等，各种设想全部记录下来。与会人员，不论是该方面的专家、员工，还是其他领域的学者，以及该领域的外行，一律平等；各种设想，不论大小，甚至是最荒诞的设想，记录人员也要求认真地将其完整地记录下来。

(5) 主张独立思考，不允许私下交谈，以免干扰别人思维；提倡自由发言，畅所欲言，任意思考。会议提倡自由奔放、随便思考、任意想象、尽量发挥，主意越新、越怪越好，因为它能启发人推导出好的观念。

(6) 不强调个人的成绩，应以小组的整体利益为重，注意和理解别人的贡献，人人创造民主环境，不以多数人的意见阻碍个人新的观点的产生，激发个人追求更多更好的主意。

2. 头脑风暴法的操作程序

(1) 准备阶段。负责人应事先对所议问题进行一定的研究，弄清问题的实质，找到问题的关键，设定解决问题所要达到的目标。同时选定参加会议人员，一般以 5～10 人为宜，不宜太多。然后将会议的时间、地点、所要解决的问题、可供参考的资料和设想、需要达到的目标等事宜一并提前通知与会人员，让大家做好充分的准备。

(2) 热身阶段。这个阶段的目的是创造一种自由、宽松、祥和的氛围，是大家得以放松，进入一种无拘无束的状态。主持人宣布开会后，先说明会议的规则，然后随便谈点有趣的话题或问题，让大家的思维处于轻松和活跃的境界。如果所提问题与会议主题有着某种联系，人们便会轻松自如地导入会议议题，效果自然更好。

(3) 明确问题。主持人扼要地介绍有待解决的问题。介绍时需简洁、明确，不可过分周全，否则，过多的信息会限制人的思维，干扰思维创新的想象力。

(4) 重新表述问题。经过一段讨论后，大家对问题已经有了较深程度的理解。这时，为了使大家对问题的表述能够具有新角度、新思维，主持人或书记员要记录大家的发言，并对发言记录进行整理。通过记录的整理和归纳，找出富有创意的见解，以及具有启发性的表述，供下一步畅谈时参考。

(5) 畅谈阶段。畅谈是头脑风暴法的创意阶段。为了使大家能够畅所欲言，需要制定的规则是：第一，不要私下交谈，以免分散注意力；第二，不妨碍他人发言，不去评论他人发言，每人只谈自己的想法；第三，发表见解时要简单明了，一次发言只谈一种见解。主持人首先要向大家宣布这些规则，随后导引大家自由发言，自由想象，自由发挥，使彼此相互启发，相互补充，真正做到知无不言，言无不尽，畅所欲言，然后将会议发言记录进行整理。

(6) 筛选阶段。会议结束后的一两天内，主持人应向与会者了解大家会后的新想法和新思路，以此补充会议记录。然后将大家的想法整理成若干方案，再根据 CI 设计的一般标准，诸如可识别性、创新性、可实施性等标准进行筛选。经过多次反复比较和优中择优，最后确定 1～3 个最佳方案。这些最佳方案往往是多种创意的优势组合，是大家的集体智慧综合作用的结果。

管理故事

有一年，美国北方格外严寒，大雪纷飞，电线上积满冰雪，大跨度的电线常被积雪压断，严重影响通信。过去，许多人试图解决这一问题，但都未能如愿以偿。

后来，电信公司经理应用奥斯本发明的头脑风暴法，尝试解决这一难题。他召开了一种能让头脑卷起风暴的座谈会，参加会议的是不同专业的技术人员，要求他们必须遵守以下原则：第一，自由思考。即要求与会者尽可能解放思想，无拘无束地思考问题并畅所欲言，不必顾虑自己的想法是否“离经叛道”或“荒唐可笑”。第二，延迟评判。即要求与会者在会上不要对他人的设想评头论足，不要发表“这主意好极了！”“这种想法太离谱了！”之类的“捧杀句”或“扼杀句”，至于对设想的评判，留在会后组织专人考虑。第三，以量求质。即鼓励与会者尽可能多而广地提出设想，以大量的设想来保证质量较高的设想的存在。第四，结合改善。即鼓励与会者积极进行智力互补，在增加自己提出设想的同时，注意思考如何把两个或更多的设想结合成另一个更完善的设想。

按照这种会议规则，大家七嘴八舌地议论开来，有人提出设计一种专用的电线清雪机；有人想到用电热来化解冰雪；也有人建议用振荡技术来清除积雪；还有人提出能否带上几把大扫帚，乘直升机去扫电线上的积雪。对于这种“坐飞机扫雪”的想法，大家心里尽管觉得滑稽可笑，但在会上也无人提出批评。相反，有一位工程师在百思不得其解时，听到用飞机扫雪的想法后，大脑突然受到冲击，一种简单可行且高效率的清雪方法冒了出来。他想，每当大雪过后，出动直升机沿积雪严重的电线飞行，依靠调整旋转的螺旋桨即可将电线上的积雪迅速扇落。他马上提出“用干扰机扇雪”的新设想，顿时又引起其他与会者的联想，有关用飞机除雪的主意一下子又多了七八条。不到一小时，与会的10名技术人员共提出90多条新设想。

会后，公司组织专家对设想进行分类论证。专家们认为设计专用清雪机，采用电热或电磁振荡等方法清除电线上的积雪，在技术上虽然可行，但研制费用大，周期长，一时难以见效。那种因“坐飞机扫雪”激发出来的几种设想，倒是一种大胆的新方案，如果可行，将是一种既简单又高效的好办法。经过现场试验，发现用直升机扇雪真能奏效，一个久悬未决的难题，终于在头脑风暴会中得到了巧妙的解决。

启示：随着必明创造活动的复杂化和课题涉及技术的多元化，单枪匹马式的冥思苦想将变得软弱无力，而“群起而攻之”的发明创造战术则显示出攻无不克的威力。

（三）名义小组法

名义小组法，又称名义小组技术，是管理决策中的一种定性分析方法。在集体决策中，如对问题的性质不完全了解且意见分歧严重，则可采用名义小组法。在这种方法下，小组成员互不通气，也不在一起讨论、协商，小组只是名义上的。这种名义上的小组可以有效地激发个人的创造力和想象力。

管理者先选择一些对要解决的问题有研究或者有经验的人作为小组成员，并向他们提供与决策问题相关的信息。小组成员各自先不通气，请他们独立思考，要求每个人尽可能把自己的备选方案和意见写下来。然后再按次序让他们一个接一个地陈述自己的方案和意见。在此基础上，由小组成员对提出的全部备选方案进行投票，根据投票结果，赞成人数最多的备选方案即为所要的方案，当然，管理者最后仍有权决定是接受还是拒绝这一方案。

管理故事

冒险转移现象

某人得了心脏病，做手术会改善他的身体状况，但这种手术是有风险的，手术失败后可能造成更严重的后果。研究人员请了一些测试者分别给这位患者提一个建议，请他们在如下的手术成功率中做选择：10%、30%、50%、70%、90%。测试者在选择时平均认为，成功率在50%时可以接受手术。

现在，找7个人来讨论一下再给患者一个建议会怎么样呢？经过小组讨论，最后被测试者给病人的建议是，有30%成功率就可以动手术，等于风险率增加到了70%，出现了冒险转移现象。这在行为学或是管理学中被称为“冒险转移”现象。

启示：出于传统和习惯，一般人都会觉得，个人决策从理论上应该比集体决策更稳妥和安全。在现实中，因为个人决策承受的压力要比集体决策要大得多，决策的冒险率反而低；而集体决策时，由于出现责任分摊、社会比较作用以及领导人倾向作用等，群体决策的结果比个人决策更趋于冒险。这种现象其实很明显，特别是个别领导为实现自己的目的，在一些重大决策时往往采取党组会议、行政领导小组会议等群体决策，其实并不是想让大家讨论和决策，而是基于法不责众的基本思路，通过这样的群体决策让自己的想法得到大家的支持支持和拥护而已。而小组成员一般基于一把手的权倾作用，大部分人也往往不假思索，点头认可，唯恐给一把手留下“政见不同”印象，群体决策成了支持大会，这种决策的冒险可想而知。

二、定量决策方法

定量决策方法是指根据现有数据，运用数学工具，建立反应各种因素及其关系的数学模型，并通过对这种数学模型的计算和求解，选择决策方案的一种办法。和定性决策方法相比，运用这类方法进行决策主要包括确定型决策、风险型决策方法和不确定型决策方法三种。

（一）确定型决策方法

确定型决策是指只存在一种完全确定的自然状态的决策。它具备以下四个条件：

（1）存在着决策人希望达到的一个明确目标。

（2）只存在一个确定的自然状态。

（3）存在着可供选择的两个或两个以上的行动方案。

（4）不同的行动方案在确定状态下的损失或利益值可以计算出来。

由于确定型决策的自然状态只有一种，决策环境完全确定，问题的未来发展只有一种确定的结果，决策者只要通过分析、比较各个方案的结果就能选出最优方案。确定型决策方法有很多，如盈亏平衡法、线性规划法、目标评分法和效益费用法等，在这里主要介绍盈亏平衡分析法。

盈亏平衡分析法是在一定的市场和生产能力的条件下，研究拟建项目成本与收益的平衡关系的方法。盈亏平衡分析的目的是为了掌握企业的盈亏极限，正确规划企业生产发展水平，合理的生产能力，及时了解企业经营状况，提高企业经济效益。项目的盈利和亏损有个转折点，称为盈亏平衡点，在这一点上，项目既不会盈利，也不亏损。如果低于这一点所对应的生产水平，那么项目就会发生亏损；反之，则会获得盈利。

为了便于直观分析项目盈亏平衡的情况，常把销售收入与产量的关系及生产总成本与产量的关系画在一张图上，称为盈亏平衡图，如图 3－6 所示。

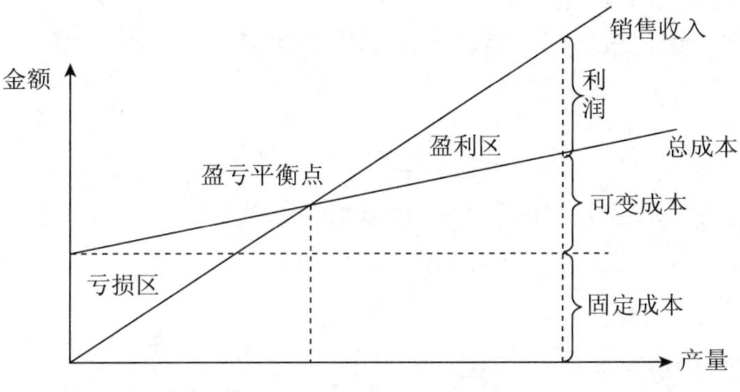

图 3－6　盈亏平衡产量

(1) 盈亏平衡分析的应用条件。盈亏平衡分析比较简单，具有较大的实用性，但其应用要满足一定的前提条件，具体如下：

① 只研究单一产品；

②产品销售量等于产量，即：$S= PQ$。

③生产产品的成本分为固定成本和变动成本两部分，即 $C=F+C_V$。

④产品的售价不变。

(2) 盈亏平衡点的确定。根据前述假设条件可知：

$$L=S-C=PQ-F-C_V=PQ-F-VQ$$

式中：S——产品销售收入；

C——产品生产总成本；

L——产品总利润；

Q——产品生产、销售量；

F——产品固定成本总额；

C_V——产品可变成本；

V——单位产品变动成本；

P——单位产品销售价格。

根据企业盈亏平衡的定义，在项目盈亏平衡时，总理论 L 为 0，即：

$$PQ-F-VQ=0$$

则在盈亏平衡点上有：

$$Q_E=\frac{F}{P-V}$$

式中：Q_E——盈亏平衡时的产销量。

则实现目标利润的产量应为：

$$Q=\frac{F+M}{P-V}$$

式中：M——目标利润。

（3）盈亏平衡分析实例。某厂生产一种产品。其总固定成本为 200000 元；单位产品变动成本为 10 元；产品销价为 15 元。

求：①该厂的盈亏平衡点产量应为多少？

②如果要实现利润 200000 元时，其产量应为多少？

该厂的盈亏平衡点产量应为：

$$Q=\frac{200000}{15-10}=40000$$

如果要实现利润 200000 元时，其产量应为：

$$Q=\frac{200000+200000}{15-10}=80000$$

（二）风险型决策方法

风险型决策也称随机决策，在这类决策中，自然状态不止一种，决策者不知道哪种自然状态会发生，但可以知道有多少种自然状态以及每种自然状态发生的概率。

风险型决策一般需要具备以下条件。

（1）存在着决策者希望达到的目标。

（2）存在着两个或两个以上的行动方案可供决策者选择。

（3）存在着不以决策者主管意志为转移的两种以上的自然状态。

（4）存在决策者可以根据有关资料事先估算出来各种自然状态出现的概率。

（5）存在可以计算出来的不同行动方案在不同自然状态下的损益值。

风险型决策常用的方法主要有期望损益决策法、决策树法、贝叶斯决策法、边际分析决策法等。下面仅就应用最广的决策树法进行简单介绍。

决策树法，是将构成决策方案的有关因素，以树状图形的方式表现出来，并据以分析和选择决策方案的一种系统分析法。它以损益值为依据。该方法特别适于分析比较复杂的问题。

1. 决策树的构成

由决策结点“□”、方案枝、状态结点“○”和概率枝构成，如图 3－7 所示。

2. 决策步骤

决策树分析法的程序主要包括以下步骤：

（1）绘制决策树图形，按上述要求由左向右顺序展开。

（2）计算每个结点的期望值，计算公式为：

状态结点的期望值＝Σ（损益值×概率值）×经营年限

（3）剪枝，即进行方案的选优。

方案净效果＝该方案状态结点的期望值－该方案投资额

某企业为了扩大某产品的生产，拟建设新厂。据市场预测，产品销路好的概率为0.7，销路差的概率为0.3。有三种方案可供企业选择：

方案1：新建大厂，需投资300万元。据初步估计，销路好时，每年可获利100万元；销路差时，每年亏损20万元。服务期为10年。

方案2：新建小厂，需投资140万元。销路好时，每年可获利40万元，销路差时，每年仍可获利30万元。服务期为10年。

方案3：先建小厂，3年后销路好时再扩建，需追加投资200万元，服务期为7年，估计每年获利95万元。

问：哪种方案最好？

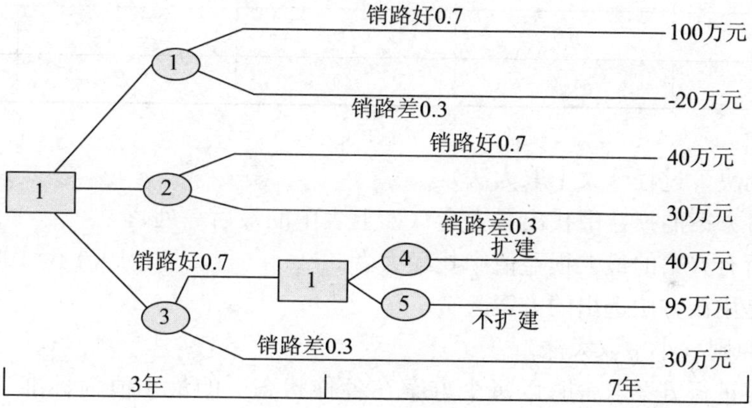

图3－7　决策树

方案1：节点①的期望收益为：［0.7×100＋0.3×（－20）］×10－300＝340（万元）。

方案2：节点②的期望收益为：（0.7×40＋0.3×30）×10－140＝230（万元）。

方案3：由于节点④的期望收益465（95×7－200）万元大于节点⑤的期望收益280（40×7）万元，所以销路好时，扩建比不扩建好。方案3（节点③）的期望收益为：

（0.7×40×3＋0.7×465＋0.3×30×10）－140＝359.5（万元）

计算结果表明，在三种方案中，方案3最好。

（三）不确定型决策方法

不确定型经营决策方法的含义和构成：不确定型决策是指在决策所面临的自然状态难以确定而且各种自然状态发生的概率也无法预测的条件下所做出的决策。不确定型决策常遵循以下几种思考原则：乐观原则、悲观原则、折中原则、后悔值原则和等概率原则。

1. 乐观原则（大中取大法）

愿承担风险的决策者在方案取舍时以各方案在各种状态下的最大损益值为标准（即假定各方案最有利的状态发生），在各方案的最大损益值中取最大者对应的方案。

例如，某企业拟开发新产品，有三种设计方案可供选择。因不同的设计方案的制造成本、产品性能各不相同，在不同市场状态下的损益值也各异，如表 3－2 所示。

表 3－2　不同市场状态下的损益值

市场状态 方案损益值	畅销	一般	滞销	最大值（max）
Ⅰ	50	40	20	50
Ⅱ	70	50	0	70
Ⅲ	100	30	－20	100

乐观原则决策过程（大中取大法）：

（1）在各方案的损益中找出最大者（如上表中的最后一列）；

（2）在所有方案的最大损益值中找最大者。max｛50，70，100｝＝100，它所对应的方案Ⅲ就是用该方法选出的方案。

2. 悲观原则（小中取大法）

决策者在进行方案取舍时以每个方案在各种状态下的最小值为标准（即假定每个方案最不利的状态发生），再从各方案的最小值中取最大者对应的方案。

悲观原则决策过程（小中取大法）：

（1）在各方案的损益中找出最小者在损益中找出最小者（如表 3－3 所示的最后一列）。

表 3－3　在损益中找出最小者

市场状态 方案损益值	畅销	一般	滞销	最小值（min）
Ⅰ	50	40	20	20
Ⅱ	70	50	0	0
Ⅲ	100	30	－20	－20

（2）在所有方案的最小损益值中找最大者。

max｛20，0，－20｝＝20，它所对应的方案Ⅰ就是用该方法选出的方案。

3. 折中原则

折中法的决策步骤如下：

（1）找出各方案在所有状态下的最小值和最大值（如表3－4所示）。

表3－4　各方案在所有状态下的最小值和最大值

方案	最小值（min）	最大值（max）
Ⅰ	20	50
Ⅱ	0	70
Ⅲ	－20	100

（2）决策者根据自己的风险偏好程度给定最大值系数 α（$0<\alpha<1$），最小值的系数随之被确定为 $1-\alpha$。α 也叫乐观系数，是决策者乐观或悲观程度的度量。

（3）用给定的乐观系数 α 和对应的各方案最大最小损益值计算各方案的加权平均值如表3－5所示。

表3－5　各方案的加权平均值

方案	最小值（min）	最大值（max）	加权平均值（$\alpha=0.75$）
Ⅰ	20	50	42.5
Ⅱ	0	70	52.5
Ⅲ	－20	100	70

Ⅰ：$20\times0.25+50\times0.75=42.5$。

Ⅱ：$0\times0.25+70\times0.75=52.5$。

Ⅲ：$(-20)\times0.25+100\times0.75=70$。

（4）取加权平均最大的损益值对应的方案为所选方案。

对应的方案Ⅲ为最大值系数 $\alpha=0.75$ 时的折中法方案。

用折中法选择方案的结果，取决于反映决策者风险偏好程度的乐观系数的确定。

当 $\alpha=0$ 时，结果与悲观原则相同；

当 $\alpha=1$ 时，结果与乐观原则相同。

这样，悲观原则与乐观原则便成为折中原则的两个特例。

4. 后悔值原则（大中取小法）

后悔值原则是用后悔值标准选择方案。所谓后悔值是指在某种状态下因选择某方案而未选取该状态下的最佳方案而少得的收益。

用后悔值法进行方案选择的步骤如下。

（1）计算损益值的后悔值矩阵。方法是用各状态下的最大损益值分别减去该状态下所有方案的损益值，从而得到对应的后悔值（如表 3-6 所示）。

表 3-6　　计算损益值的后悔值矩阵

市场状态 方案后悔值	畅销	一般	滞销
Ⅰ	50	10	0
Ⅱ	30	0	20
Ⅲ	0	20	40

（2）从各方案中选取最大后悔值。

表 3-7　　选取最大后悔值

市场状态 方案后悔值	畅销	一般	滞销	最大值（max）
Ⅰ	50	10	0	50
Ⅱ	30	0	20	30
Ⅲ	0	20	40	40

（3）在已选出的最大后悔值中选取最小值，对应的方案即为用最小后悔值法选取的方案。对应的方案Ⅱ即为用最小后悔原则选取的方案。

5. 等概率原则

等概率原则是指当无法确定某种自然状态发生的可能性大小及其顺序时，可以假定每一自然状态具有相等的概率，并以此计算各方案的期望值，进行方案选择。

实训巩固

1. 实训目的

（1）运用定量方法进行决策，培养学生决策分析能力。

（2）加深对决策有关方法内容的理解。

2. 实训内容及要求

某厂设备技术上已经落后，需要马上跟新。厂内有人认为，目前销路增长，应在更新设备的同时扩大生产规模。也有人认为，市场形式尚难判断，不如先更新设备，三年后再根据市场行情决定是否扩大生产规模。所以该厂决策面临两个方案。决策分析以下列资料为依据。

（1）现在更新设备的同时扩大生产规模，总共需投资 60 万元。若销售情况好，前三年每年可获利 12 万元，后 5 年每年可获利 13 万元；若销售情况不好，每年只能获得 3 万元。

（2）如果只更新设备，则需投资 35 万元；若销售情况不好，每个可获利 6 万元，销售情况不好，每天仍可获利 4.5 万元，如果三年后企业决定在更新设备的基础上扩大生产规模，则需追加投资 40 万元，这时若销路好，每后 7 年获利 15 万元，若销路不好，每年仅获利 3 万元。

（3）市场行情在前三年和后七年各种自然状态的预测概率如表 3－8 所示。

表 3－8　　**预测概率**

前三年		后七年	
销售情况	概率	销售情况	概率
好	0.7	好	0.85
		不好	0.15
不好	0.3	好	0.10
		不好	0.90

问题：如果你是一名决策人员，如果进行三种方案的决策？

3. 实训考核

（1）先进行问题分析，画出决策树。

（2）写出分析过程及详细的计算步骤。

考核评价

考核评价内容如表 3－9 所示。

表 3－9　　**走进管理能力考核评价**

内容		评价	
学习目标	评价内容	小组评价 （5、4、3、2、1）	教师评价 （5、4、3、2、1）
应知应会知识	各种决策方法的概念		
	定量决策方法		
	定性决策的方法		
专业能力	定量决策法的使用		
	定性决策法的使用		
通用能力	培养有效决策能力		
	培养科学决策的意愿		
态度	实现有效决策		
努力方向：		建议：	

知识巩固

一、选择题

1. 某企业试图改变其经营方向，需要企业高层领导做出决策，这种决策属于(　　)。

A. 战略决策　　B. 战术决策　　C. 业务决策　　D. 程序化决策

2. 该项决策具有极大偶然性和随机性，又无先例可循且有大量不确定因素，其方法和步骤也难以程序化和标准化，这项决策就是（　　）。

A. 风险型决策　　B. 不确定型决策　　C. 程序化决策　　D. 非程序化决策

3. 业务决策中，例如生产任务的日常安排、常用物资的订货与采购等诸如此类的经常重复发生，能按原已规定的程序、处理方法和标准进行的决策，属于（　　）。

A. 日常管理决策　　B. 程序化决策　　C. 确定型决策　　D. 风险型决策

4. 在确定决策目标时，要注意把目标建立在（　　）的基础上。

A. 需要　　B. 可能　　C. 需要和可能　　D. 必要的利润

5. 例外决策，具有极大偶然性、随机性，又无先例可循且具有大量不确定性的决策活动，其方法和步骤也是难以程序化、标准化，不能重复使用的。这类决策又称为（　　）。

A. 风险型决策　　B. 不确定型决策　　C. 战略决策　　D. 非程序化决策

6. 假如各种可行方案的条件大部分是已知的，但每个方案执行后可能出现几种结果，方案的选择由概率决定。那么，这种决策属于（　　）决策。

A. 风险型　　B. 不确定型　　C. 确定型　　D. 非程序化决策

7. 决策程序的首要环节是（　　）。

A. 确定决策原则　　B. 确定决策方法　　C. 确定决策目标　　D. 拟定可行方案

8. 某企业生产某种产品，固定成本为 20 万元，单位可变成本为 100 元，每台售价 200 元，则该产品的盈亏平衡点产量是（　　）。

A. 400 台　　B. 2000 台　　C. 4000 台　　D. 20000 台

二、简答题

假定某家具制造厂生产一种书桌，售价为每台 50 元，年固定费用为 66000 元，每台书桌的材料费为 18 元，工资为 6 元，其他变动费用为 4 元，请作出如下决策：

（1）要使工厂不亏本，每年至少生产多少台书桌？

（2）如果该厂年内只能生产 2000 台书桌，按这一产量进行生产，该厂能获得盈利吗？如果国家考虑到为了满足社会允许该厂亏损额在 30000 元以下进行生产，否则应停产或改产。试问该厂是继续生产书桌，还是改产或停产？

（3）要获得 22000 元的盈利，该厂应决定生产多少台书桌？

（4）假定该厂最大生产能力为年产 4500 台，那么应确定该厂最高年盈利为多少？

三、案例分析

王厂长是佳迪饮料厂的厂长，回顾8年的创业历程真可谓是艰苦创业、勇于探索的过程。全厂上下齐心合力，同心同德，共献计策为饮料厂的发展立下了不可磨灭的汗马功劳。但最令全厂上下佩服的还数4年前王厂长决定购买二手设备（国外淘汰生产设备）的举措。饮料厂也因此挤入国内同行业强手之林，令同类企业刮目相看。今天王厂长又通知各部门主管及负责人晚上8点在厂部会议室开会。部门领导们都清楚地记得4年前在同一时间、同一地点召开会议王厂长作出了购买进口二手设备这一关键性的决定。在他们看来，又有一项新举措即将出台。

晚上8点会议准时召开，王厂长庄重地讲道："我有一个新的想法，我将大家召集到这里是想听听大家的意见或看法。我们厂比起4年前已经发展了很多，可是，比起国外同类行业的生产技术、生产设备来，还差得很远。我想，我们不能满足于现状，我们应该力争世界一流水平。当然，我们的技术、我们的人员等诸多条件还差得很远，但是我想为了达到这一目标，我们必须从硬件条件入手，即引进世界一流的先进设备，这样一来，就会带动我们的人员、带动我们的技术等一起前进。我想这也并非不可能，4年前我们不就是这样做的吗？现在厂的规模扩大了，厂内外事务也相应地增多了，大家都是各部门的领导及主要负责人，我想听听大家的意见，然后再做决定。"

会场一片肃静，大家都清楚记得，4年前王厂长宣布他引进二手设备的决定时，有近70%成员反对，即使后来王厂长谈了他近三个月对市场、政策、全厂技术人员、工厂资金等等厂内外环境的一系列调查研究结果后，仍有半数以上人持反对意见，10%的人持保留态度。因为当时很多厂家引进设备后，由于不配套和技术难以达到等因素，均使高价引进设备成了一堆闲置的废铁。但是王厂长在这种情况下仍采取了引进二手设备的做法。事实表明这一举措使佳迪饮料厂摆脱了企业由于当时设备落后、资金短缺所陷入的困境。二手设备那时价格已经很低，但在我国尚未被淘汰。因此，佳迪厂也由此走上了发展的道路。

王厂长见大家心有余悸的样子，便说道："大家不必顾虑，今天这一项决定完全由大家决定，我想这也是民主决策的体现，如果大部分人同意，我们就宣布实施这一决定；如果大部分人反对的话，我们就取消这一决定。现在大家举手表决吧。"

于是会场上有近70%人投了赞成票。

思考题：

1. 王厂长的两次决策过程合理吗？为什么？
2. 如果你是王厂长，在两次决策过程中应做哪些工作？

学习情境四　编制计划

知识目标

1. 掌握计划的含义。
2. 学习和掌握如何制订目标。
3. 学习和掌握计划的编制过程。
4. 了解计划工作的类型。
5. 学习和掌握计划的编制方法。

能力目标

1. 能按照计划的编制过程有步骤地完成计划。
2. 能用所学的编制方法制订一个工作计划。

凡事预则立，不预则废。科学而周密的计划是成功的一半。计划是管理的首要职能，是一切工作的基础。我们先来分享一个故事：

汉高祖刘邦打败了楚霸王项羽，当了皇帝。论功行赏的时候，把张良评为头功。元帅韩信听了，非常不高兴，认为天下是自己带领士兵浴血奋战、一刀一枪打下来的，张良不过就是坐在帐子里，凭什么拿头功？刘邦听了，说了一句著名的话，“运筹帷幄之中，决胜千里之外”。意思是说，正是因为张良在大帐里出谋划策，韩信才能在千里之外取胜。韩信听了也就沉默不语了。

这里所说的运筹，就是计划。有人认为计划不如变化，所以订计划没有用。事实是，正是因为情况会有变化，所以才需要通过计划预测这种变化，早作准备。人们常说：“人无远虑，必有近忧”，也常把计划比喻成管理的宪法，可见计划的重要性。

任务一　编制计划

古语云：“运筹帷幄之中，决胜千里之外。”计划是管理的首要职能，是管理职能中一个最基本的职能。计划是任何一个组织成功的核心，它存在于组织各个层次的管理活动中。管理者的首要职责就是做计划，就是组织企业员工进一步理解企业的目标以及有效地实现企业的目标。计划通过将组织在一定时期内的活动任务分解给组织的每个部门、环节和个人，从而不仅为这些部门、环节和个人在该时期的工作提供了具体的依据，而且为目标的实现提供了保证。

任务情境

美国某钢铁公司总裁舒瓦普向一位效率专家利请教：“更好地执行计划的方法是什么?”。利声称可以给舒瓦普一样东西，在10分钟内能把他公司业绩提高50%。接着，利递给舒瓦普一张白纸，说：“请在这张纸上写下你明天要做的6件最重要的事。”舒瓦普用了约5分钟时间写完。利接着说：“现在用数字标明每件事情对于你和公司的重要性次序。”舒瓦普又花了约5分钟做完。利说：“好了，现在这张纸就是我要给你的。明天早上第一件事是把纸条拿出来，做第一项最重要的。不看其他的，只做第一项，直到完成为止。然后用同样办法对待第二项、第三项……直到下班为止。即使只做完一件事，那也不要紧，因为你总在做最重要的事。你可以试着每天这样做，直到你相信这个方法有价值时，请将你认为的价值给我寄支票。”

1个月后，舒瓦普给利寄去一张2.5万美元的支票，并在他的员工中普及这种方法。5年后，当年这个不为人知的小钢铁公司成为世界最大钢铁公司之一。

任务分析

(1) 计划工作的内容不仅要制定目标，还包括原因、人员、时间、地点、手段等。效率专家利恰恰抓住了这些关键，即即时、即地要实现的目标是什么，马上完成这些紧急计划。

(2) 效率专家利的做法说明制订计划应遵循重点原则，切忌眉毛胡子一把抓，否则难以有效地制订、执行计划。除重点原则外，我们在制订计划时还应遵循统筹、连锁、发展、便于控制和经济原则。如果一味地强调重要，就一直盯着做，而事实上难以完成或荒废了太多时间与精力，则得不偿失。

(3) 计划作为管理的首要职能，是组织实施的纲要，为控制提供标准，领导在计划实施中确保计划取得成功。计划的作用主要表现在：弥补不确定性和变化带来的问题；有利于管理人员把注意力集中于目标；有利于提高组织的工作效率；有利于有效地进行控制。

知识精讲

一、计划概述

(一) 计划概念

计划工作就像一座桥梁，它是组织各个层次管理人员工作效率的根本保证，能够帮助我们实现预期的目标。在组织活动中，有了计划工作，模糊不清的未来变得清晰实在。虽然我们不可能准确无误地预知未来，不可控制的因素可能干扰最佳计划的制订，我们几乎不可能制订出最优计划，但是除非进行计划工作，否则就将无所作为。计划这么重要，那计划究竟是什么呢?

计划的概念有广义和狭义之分。

广义的计划是指管理者制订计划、执行计划和检查计划执行情况的全部过程。

狭义的计划是指管理者对未来应采取的行动所做的谋划和安排。实际上，前者是指计划的编制过程，可以称为计划工作；后者是一种行动方案，它可以是目标、策略、政策、程序或预算方案等。

（二）计划内容

无论是广义还是狭义的概念中，计划工作的内容都包括“5W+H”，即计划必须清楚地确定和描述下述内容。

（1）What——做什么？目标与内容。

（2）Why——为什么做？原因。

（3）Who——谁去做？人员。

（4）Where——何地做？地点。

（5）When——何时做？时间。

（6）How——怎么做？达到目标的方式、手段。

管理故事

父子打猎

有一位父亲带着三个孩子，到沙漠去猎杀骆驼。他们到了目的地。父亲问老大：“你看到了什么?”老大回答：“我看到了猎枪，还有骆驼，还有一望无际的沙漠。”父亲摇摇头说：“不对。”父亲以同样的问题问老二。老二回答说：“我看见了爸爸、大哥、弟弟、猎枪，还有沙漠。”父亲又摇摇头说：“不对。”父亲又以同样的问题问老三。老三回答：“我只看到了骆驼。”父亲高兴地说：“你答对了。”

启示：一个人若想走上成功之路，首先必须要有明确的目标。目标一经确立，就要心无旁骛，勇往直前。

二、计划的作用

计划是对未来的部署，它为组织的发展提供了方向。在复杂多变和充满不确定性的组织环境中，一个科学、准确的计划会减少各种变化所带来的影响，为管理者实现既定的管理目标，起到事半功倍的作用。具体如下：

1. 计划可以预知未来的不确定因素，减少变化带来的影响

计划是面向未来的，但未来的组织生存环境又具有很大的不确定性。计划的重要性就是要充分分析并了解未来环境的变化规律和变化趋势，掌握未来组织可能出现的

机会和面临的挑战，从而将不确定性降到最低限度。因此，这就要求管理者进行周密的预测，把计划做得科学、准确，才能变被动为主动，变不利为有利。

2. 有利于组织目标的实现

每个计划及其派生出来的计划，都有利于促使组织实现目标。计划为组织确立了明确而具体的目标，并且选择了有利于组织实现目标的方案，计划工作可以使人们的行动对准既定的目标。由于周密细致、全面的计划工作统一了部门之间的活动，才使主管人员从日常的事务中解放出来，而将主要精力放在随时检查、修改、扩大计划上，放在对未来不肯定的研究上。这既能保证计划的连续性，又能保证全面地实现奋斗目标。

3. 计划工作设计了良好的工作流程，便于有效地进行管理

计划工作强调效率性。在具体的目标方案中，计划工作明确了组织中每个部门的职能分工，使得每个职能部门的工作能够协调一致，用均匀的工作流程代替不均匀的工作流程，从而有利于资源的合理配置；同时计划工作对人力、物力、财力和时间都做出了明确而具体的规定，保证人、财、物得到最合理的安排，使得经营活动的费用能够降低到最低限度。因此，计划工作能细致地组织经营活动，有效地提高组织的经济效益。

4. 计划设立了目标，便于进行控制

计划和控制是一个事物的两个方面，没有计划的活动是无法控制的。可以说，计划是控制的基础。控制活动就是通过纠正执行的偏差使活动保持既定的方向，正是由于计划工作确定了目标，才使得控制职能能够将实际的业绩与计划目标进行对照，一旦出现重大偏差，可以及时纠偏。因此，没有计划也就没有控制。

即问即答

1. 俗话说“计划赶不上变化”，所以没有必要制订计划，这种观点对吗？
2. 人们不做计划的理由还有哪些？这些理由能否成立？

三、计划的种类

按照计划的期限划分为短期计划、中期计划和长期计划，按照计划的广度划分为战略计划和行动计划，按照计划的明确性程度划分为指导性计划和具体计划，按照制订计划的组织层次划分为高层管理计划、中层管理计划和基层管理计划，按照组织的职能业务划分为生产计划、营销计划、财务计划和人事计划，按照问题的发生频率划分为程序性计划和非程序性计划，按照计划层次体系划分为目的或使命、目标、战略、政策、程序、规则、方案、预算。

1. 按照计划的期限划分

按期限可将计划分为短期计划、中期计划和长期计划。人们习惯上将 1 年内的计划称为短期计划，2～5 年的计划称为中期计划，5 年以上的计划称为长期计划。当然这一划分标准也并不是绝对的。

2. 按照计划的广度划分

按照计划的广度划分，可分为战略计划、行动计划等。

战略计划是指应用于整体组织，为组织设立总体目标和寻求组织在环境中的地位的划分。行动计划是分阶段、分职能、分部门地对组织的资源进行调配，以便更有效地实施战略计划、实现战略目标。行动计划还可以进一步细分为详细的作业计划。战略计划和行动计划在时间框架和涉及范围上是不一致的，战略计划趋向于持久的时间间隔、覆盖较宽的领域和不规定具体的细节。此外，战略计划区别于行动计划与作业计划的重要的一点是，战略计划的一个重要任务是设定目标，而行动计划与作业计划均是假定目标已经明确，只是提供行动方案。

管理故事

诸葛亮的战略

刘备和关羽、张飞桃园三结义时就发誓要“上报国家，下安黎庶”。他们作战英勇，斩黄巾、战吕布、救孔融、袭曹操，可总是没有大的发展。为什么？就是因为没有战略上的打算，一会儿去北平投靠公孙瓒，一会儿去徐州投靠陶谦，一会儿又去平原投靠袁绍，一会儿又去荆州投靠刘表，明天怎样，将来如何，心里没底。直到后来，三顾茅庐，去请诸葛亮，诸葛亮给刘备分析了天下大势，制订了一个战略计划：“若跨有荆、益，保其岩阻，西和诸戎，南抚夷越，外结好孙权，内修政理；天下有变，则命一上将将荆州之军以向宛、洛，将军身率益州之从出于秦川，百姓孰敢不箪食壶将，以迎将军者科？诚如是，则霸业可成，汉室可兴矣。”这就是历史上著名的“隆中对”。自此以后，刘备扭转了被动局面，最后三分天下有其一。

启示：企业战略是指企业为谋求长期的稳定和发展，在分析内外环境的基础上，对未来发展所做的长远性和全局性的谋划。它是企业如何运行的指导思想，是对处于不断变化竞争环境之中企业的过去运行情况及未来将准备如何动行的一种总体表述。一个企业只有有了正确的战略才能明确自己的使命，搞清楚企业追求的目标到底有哪些，需要开发哪些资源。

3. 按照计划的明确性程度划分

可分为指导性计划（也称为指令性计划）和具体计划。

指导性计划只规定一般性的指导原则，不把管理限定在具体的目标或特定的行动方案上。这种计划为组织指明了行动方向，但不提供实际的操作指南，具有内在的灵活性。而具体计划则具有明确规定的目标和一套可实行的操作方案。组织通常根据面临的不确定性和可预见性程度的不同，选择制订这两种不同类型的计划。

4. 按照制订计划的组织层次划分

可分为高层管理计划、中层管理计划和基层管理计划。如图 4－1 所示。

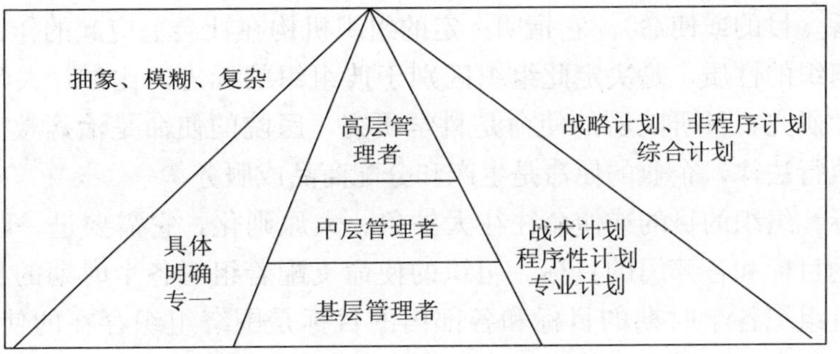

图 4-1　计划的类型

高层管理计划是由组织中的高层管理人员来制订的，着眼于组织整体的、长远的安排，一般属于战略规划；中层管理计划是由中层管理人员来制订的，一般着眼于组织中各部门的定位及相互关系的确定，既可能包含各部门的分目标等战略性质的内容，也可能包含各部门的工作方案等作业性质的内容；基层管理计划是由基层管理人员来制订的，着眼于每一个岗位、每一个员工以及每个工作时间单位的工作安排，是属于作业性的内容。

5. 按照组织的职能业务划分

可分成生产计划、营销计划、财务计划和人事计划等。

企业组织要从事生产、营销、财务、人事等方面的活动，就要相应地为这些活动和职能业务部门制订计划；否则，就有可能使某些问题或工作的某方面受到忽视。

6. 按照层次体系划分

面向未来和面向行动是计划的两大显著特征。哈罗德·孔茨和海因·韦里克从抽象到具体把计划划分为一种层次体系：①宗旨（Purpose），或称目的/使命；②目标（Objective）；③战略（Strategy）；④政策（Policy）；⑤程序（Procedure）；⑥规则（Rule）；⑦方案（或规划）（Programme）；⑧预算（Budget）。如图 4-2 所示。

图 4-2　计划的层次体系

（1）宗旨（目的或使命）。它指明一定的组织机构在社会上应起的作用和所处的地位。它决定组织的性质，是决定此组织区别于彼组织的标志。比如，大学的使命是教书育人和科学研究，科研院所的使命是科学研究，医院的使命是治病救人，法院的使命是解释和执行法律，企业的使命是生产和分配商品或服务。

（2）目标。组织的目的或使命往往太抽象、太原则化，它需要进一步具体化为组织一定时期的目标和各部门的目标。组织的使命支配着组织各个时期的目标和各部门的目标，并且组织各个时期的目标和各部门的目标是围绕组织存在的使命所制定的，并为完成组织使命而努力。虽然教书育人和科学研究是一所大学的使命，但一所大学在完成自己使命时会进一步具体化不同时期的目标和各院系的目标。比如，最近三年培养多少人才，发表多少论文等。

（3）战略。战略是为了达到组织总目标而采取的行动和利用资源的总计划，其目的是通过一系列的主要目标和政策来决定和传达希望成为什么样的组织。战略并不打算确切地概述组织怎样去完成它的目标。

（4）政策。政策是指导或沟通决策思想的全面的陈述，是用来帮助事先决定问题的处理方法，这一方面减少对某些例行事件处理的成本，另一方面把其他计划统一起来了。政策支持分权，同时也支持上级主管对该项分权的控制。政策允许对某些事情有酌情处理的自由。自由处理的权限的大小一方面取决于政策本身，另一方面取决于主管人员的管理艺术。

（5）程序。程序是制定处理未来活动的一种必需方法的计划。它详细列出完成某类活动的切实方式，并按时间顺序对必要的活动进行排列。它与战略不同，它是行动的指南，而非思想的指南。它与政策不同，它没有给行动者自由处理的权力。出于理论研究的考虑，我们可以把政策与程序区分开来，但在实践工作中，程序往往表现为组织的政策。比如，一家制造企业的处理订单程序、财务部门批准给客户信用的程序、会计部门记载往来业务的程序等，都表现为企业的政策。组织中每个部门都有程序，并且在基层程序更加具体化、数量更多。

（6）规则。规则没有酌情处理的余地。它详细、明确地阐明必须行动或无须行动，其本质是一种管理决策。规则通常是最简单形式的计划。

规则不同于程序。其一，规则指导行动但不说明时间顺序；其二，可以把程序看作是一系列的规则，但是一条规则可能是也可能不是程序的组成部分。比如，“禁止吸烟”是一条规则，但和程序没有任何联系；而一个规定为顾客服务的程序可能表现为一些规则，如在接到顾客需要服务的信息后30分钟必须给予答复。

规则也不等于政策。政策的目的是指导行动，并给执行人员留有酌情处理的余地；而规则虽然也起指导作用，但是在运用规则时，执行人员没有自行处理之权。

必须注意的是，就其性质而言，规则和程序均旨在约束思想；因此只有在不需要组织成员使用自行处理权时，才使用规则和程序。

（7）方案（或规划）。方案是一个综合性的计划，它包括目标、政策、程序、规则、任务分配、采取的步骤、要使用的资源以及为完成既定行动方针所需的其他因素。

（8）预算。预算是一份用数字表示预期结果的报表。预算通常是为规划服务的，但其本身可能就是一项规划。

管理故事

撑竿跳高的游戏规则

1904年，在美国举行的奥运会撑竿跳高比赛中，发生了意外。一名日本选手从容不迫地慢慢走向沙坑，把手中的撑竿用力插入沙土中，然后顺着竿子爬到最高处，越过横杆跳了下来。在场的所有人都看得目瞪口呆，裁判十分为难，不知道该不该记他的成绩，因为他并没有违反比赛规则，只不过是投机取巧罢了。但裁判组经过讨论还是取消了他的成绩。在日本选手据理力争时，裁判补充了撑竿跳高的比赛规则，要求运动员必须要有一段助跑过程。日本选手听罢，在第二次试跳中有了助跑动作，但跑到沙坑边又故伎重演，顺着竿子爬到了最高处，然后越过横杆跳下来，并再次取得了最好成绩。这次让裁判组更加难堪，不得不再次举行紧急会议，最后规定：撑竿跳高比赛必须有助跑，并且不能交替使用双手动作。这项规则被明确下来，一直沿用至今。

启示：政策、程序和规则不是一成不变的。一项好的政策、程序或规则是人们在实践中反复博弈、不断修改的结果。

即问即答

有人说："计划工作有助于降低风险。"你是否认同这个观点？为什么？

四、掌握制订计划的步骤

虽然各类组织编制的计划内容差别很大，但科学地编制计划所遵循的步骤却具有普遍性。管理者在编制任何完整计划时，实际上都要遵循如图4－3所示的步骤。即使是编制一些小型的简单计划，也应按照如下完整的思路去构想整个计划过程。

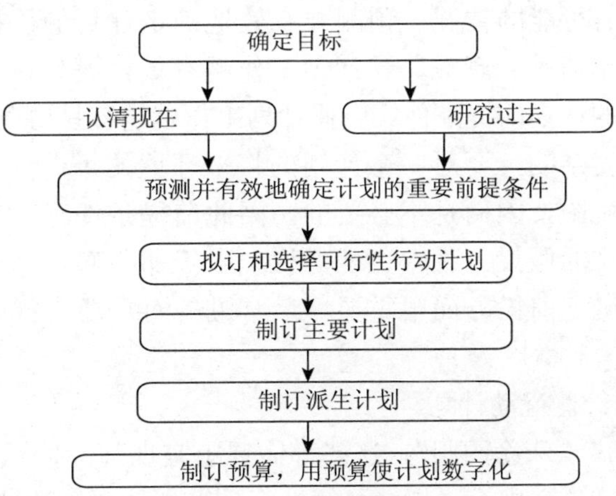

图4－3　计划编制的步骤

1. 确定目标

确定目标是决策工作的主要任务。制订计划的第一步必须认识我们将要走向何方，目标是指期望的成果。目标为组织整体、各部门和各成员指明了方向，描绘了组织未来的状况，并且作为可以衡量实际绩效的标准。计划工作主要任务是将决策所确立的目标进行分解，以便落实到各个部门、各个活动环节，并将长期目标分解为各个阶段的目标。

2. 认清现在

计划是连接我们所处的这岸和我们要去的对岸的一座桥梁。目标指明了组织要去的对岸。因此，制订计划的第二步是认清组织所处的这岸，即认清现在。认识现在的目的在于寻求合理有效的通向对岸的路径，也即实现目标的途径。认清现在不仅需要有开放的精神，即将组织、部门置于更大的系统中，而且要有动态的精神，即考察环境、对手与组织自身随时间的变化以及相互间的动态反应。对外部环境、竞争对手和组织自身的实力进行比较研究，不仅要研究环境给组织带来的机会与威胁，与竞争对手相比组织自身的实力与不足，还要研究环境、对手及其自身随时间变化的变化。“计划的方法”将对此内容进行详细讨论。

3. 研究过去

虽然“现在”不必然在“过去”的线性延长线上，但“现在”毕竟是从“过去”走来。研究过去不仅是从过去发生过的事件中得到启示和借鉴，更重要的是探讨过去通向现在的一些规律。从过去发生的事件中探求事物发展的一般规律，其基本方法有两种：一是演绎法；二是归纳法。演绎法是将某一大前提（指一般性的原则）应用于个别情况，并从中引出结论。归纳法是从个别情况发现结论，并推论出具有普遍意义的大前提。现代理性主义的思考和分析方式基本上可分为以上两种，即要么从已知的大前提出发加以立论，要么有步骤地把个别情况集中起来，再从中发现规律。根据所掌握的材料情况，研究过去可以采用个案分析、时间序列分析等形式。

4. 预测并有效地确定计划的重要前提条件

前提条件是关于要实现计划的环境的假设条件，是关于我们所处的此岸到达我们将去的彼岸过程中所有可能的情况。预测并有效地确定计划的前提条件的重要性不仅在于对前提条件认识越清楚、越深刻，计划工作越有效，而且在于组织成员越彻底地理解和同意使用一致的计划前提条件，企业计划工作就越容易协调。

由于将来是极其复杂的，要对一个计划的将来环境的每个细节都做出假设，不仅不切合实际而且无利可图，因而是不必要的。因此前提条件限于那些对计划来说是关键性的或具有重要意义的假设条件，也就是说，限于那些对计划贯彻实施有重要影响的假设条件。预测在确定前提方面很重要。最常见的对重要前提条件预测的方法是德尔菲法。

5. 拟订和选择可行性行动计划

“条条道路通罗马”“殊途同归”，这些都体现了实现某一目标的途径是多条的。拟订和选择行动计划包括三个内容：拟订可行性行动计划、评估计划和选定计划。

拟订可行性行动计划要求拟订尽可能多的计划。可供选择的行动计划数量越多，被选计划的相对满意程度就越高，行动就越有效。因此，在可行的行动计划拟订阶段，要广泛发动群众，充分利用组织内外的专家，通过他们献计献策，产生尽可能多的行动计划。

这一阶段的最后一步是按一定的原则选择出一个或几个较优计划。

6. 制订主要计划

完成了拟订和选择可行性行动计划后，拟订主要计划就是将所选择的计划用文字形式正式地表达出来，作为一项管理文件。拟写计划要清楚地确定和描述“5W1H”的内容，即What（做什么）、Why（为什么做）、Who（谁去做）、Where（何地做）、When（何时做）、How（怎样做）。

7. 制订派生计划

主要计划肯定需要派生计划的支持。比如，一家公司年初制订了“当年销售额比上年增长15%”的销售计划，这一计划发出了许多制订派生计划的信号，如生产计划、促销计划等。再如当一家公司决定开拓一项新的业务时，这个决策也发出了要制订很多派生计划的信号，比如雇佣和培训各种人员的计划、筹集资金计划、广告计划等。

8. 制订预算，用预算使计划数字化

在做出决策和确定计划后，赋予计划含义的最后一步就是把计划转变成预算，使计划数字化。编制预算，一方面是为了使计划的指标体系更加明确，另一方面是企业更易于对计划的执行进行控制。定性的计划往往在可比性、可控性和进行奖惩方面比较困难，而定量的计划则具有硬性约束。

五、编制计划的方法

管理案例

华罗庚先生曾经举了一个看似简单其实有着丰富内涵的泡茶喝的例子，深入浅出，一目了然。比如，想泡壶茶喝。当时的情况是：开水没有；水壶要洗，茶壶茶杯要洗；火生了，茶叶也有了。怎么办?

办法甲：洗净水壶，灌上凉水，放在火上，坐待水开；水开了之后，急急忙忙找茶叶，洗茶壶茶杯，泡茶喝。

办法乙：先做好一些准备工作，洗水壶，洗茶壶茶杯，拿茶叶；一切就绪，灌水烧水；坐待水开了泡茶喝。

办法丙：洗好水壶，灌上凉水，放在火上；在等待水开的时间里，洗茶壶、洗茶杯、拿茶叶；等水开了，泡茶喝。

讨论：哪一种办法省时间？如果要缩短工时、提高工作效率你还有其他办法吗?

（一）滚动计划法

滚动计划法是按照“近细远粗”的原则制订一定时期内的计划，然后按照计划的执行情况和环境变化，调整和修订未来的计划，并逐期向后移动，把短期计划和中期计划结合起来的一种计划方法。

滚动计划法的特点："分段编制，近细远粗"，即根据计划的执行情况和环境变化的情况定期修订未来的计划，并逐期向前推进，使短期计划、中期计划和长期计划有机结合起来。如图 4－4 所示。

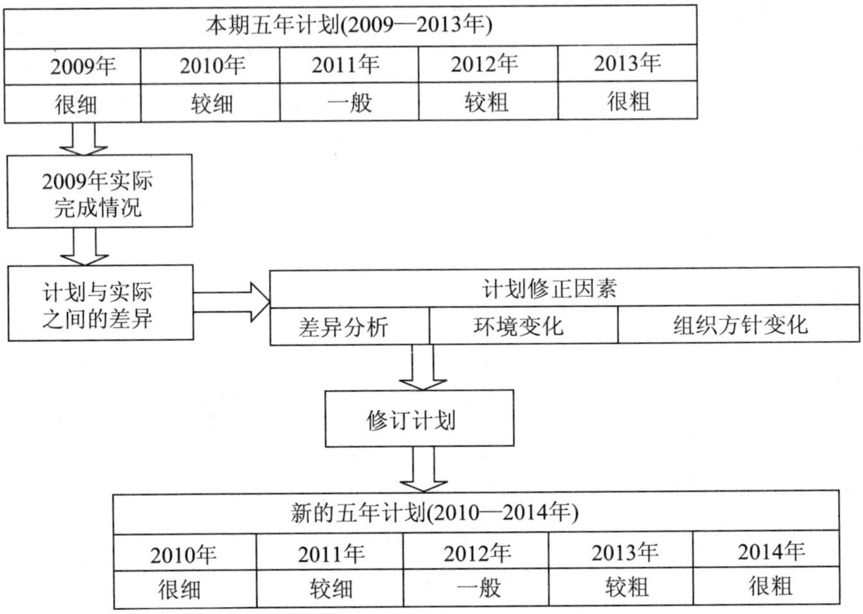

图 4－4　滚动计划操作步骤

这种方法根据计划的执行情况和环境变化定期修订未来的计划，并逐期向前推移，使短期计划、中期计划有机地结合起来。由于在计划工作中很难准确地预测将来影响组织生存与发展的经济、政治、文化、技术、产业、顾客等各种变化因素，而且随着计划期的延长，这种不确定性就越来越大。因此，如机械地按几年以前编制的计划实施，或机械地、静态地执行战略性计划，则可能导致严重的错误，产生巨大的损失。滚动计划法可以避免这种不确定性带来的不良后果。具体做法是用近细远粗的办法制订计划。

对滚动计划法的评价：

（1）滚动计划法能使计划更加切合实际，它可以克服计划期内的不确定性因素的影响。

（2）滚动计划法能使长期计划、中期计划和短期计划相互衔接。

（3）滚动计划法大大增加了计划的弹性，这对环境剧烈变化的时代来说尤为重要，它可以提高组织的应变能力。

（二）网络计划技术法

网络计划技术法又叫关键路线图，在我国也称统筹法，是 20 世纪 50 年代在美国生长和发展起来的，是利用网络理论制订计划，并对计划进行评价、审定的一种计划编制方法。如图 4－5 所示。

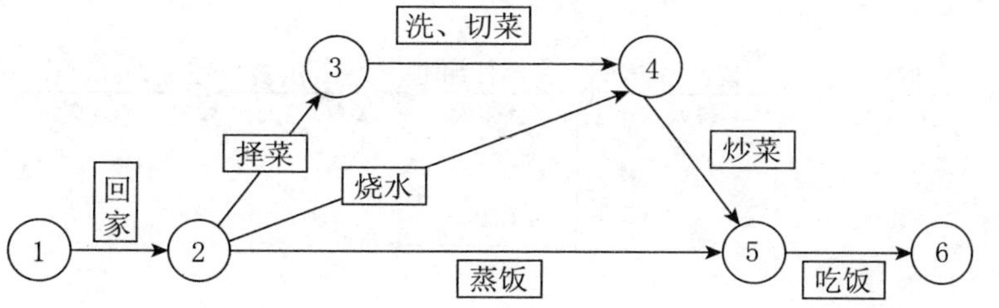

图 4－5　网络计划

1. 网络计划技术的基本程序

网络计划技术的原理是把一项工作或项目分成各种作业，然后根据作业顺序进行排列，通过网络图对整个工作或项目进行统筹规划和控制，以便用最少的人力、物力、财力资源，用最快的速度完成工作。网络计划技术的基本程序和步骤如图 4－6 所示。

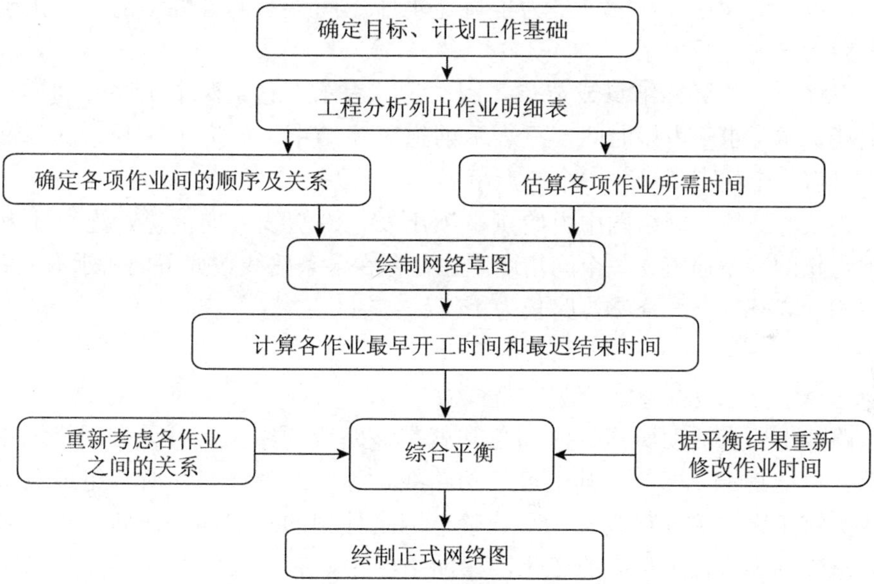

图 4－6　网络计划技术步骤

网络计划技术的原理是把一项工作或项目分成各种作业，然后根据作业顺序进行排列，通过网络图对整个工作或项目进行统筹规划和控制，以便用最少的人力、物力、财力资源，用最快的速度完成工作。

2. 网络图的绘制

网络图又称箭线图，它是运用网络计划技术的基础。图 4－7 是某机器修理的简单网络图，它由带编号的圆圈和若干条箭线按照一定的次序连接而成。箭线上面注明了各修理活动的内容，下面为该活动所需的时间，箭线的方向表明了各修理活动的先后连接顺序。从这个例子可以看出，网络图能表示一项计划任务中各项活动的名称、工作时间，反映出各项活动之间的相互关系。网络图实际上是计划的图解模型。

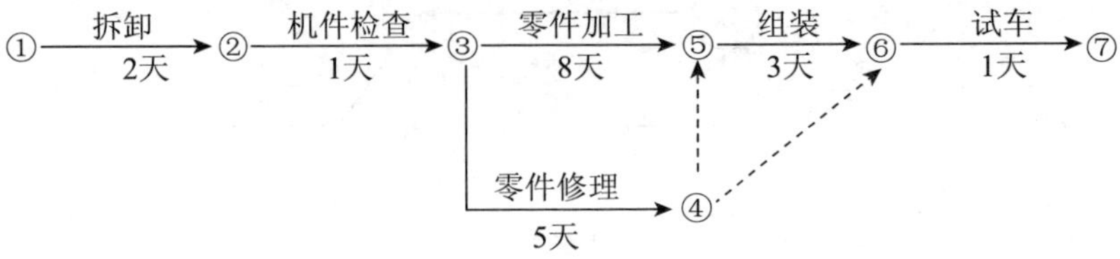

图 4－7　机器修理的简单网络图

由分析图 4－7 可以发现，网络图由以下几部分构成。

（1）工序。工序是指生产经营中的某一项具体工作，通常用箭线“→”来表示，从箭尾到箭头表示一项活动的过程，箭尾表示工作的开始，箭头表示工作的结束。在网络计划中，进行一项活动必然要消耗一定的资源和时间，标写在表示该项工序的箭线的上方，而与箭线的长短无关。网络图还有一种虚工序，用“→”来表示，它既不占用时间，也不消耗资源，仅仅是为了避免工序之间关系的含混不清，以正确表明工序之间先后衔接的逻辑关系。

（2）事项。事项又称结点或节点，用“○”表示。它是两个工序间的连接点。事项既不消耗资源，也不占用时间，只表示前道工序结束、后道工序开始的瞬间。一个网络图中只有一个始点事项，一个终点事项。

（3）路线。路线是网络图中由始点事项出发，沿箭线方向前进，连续不断地到达终点事项为止的一条通道。一个网络图中往往存在多条路线，如下面所示有三条路线。

①→②→③→⑤→⑥→⑦　路长为 15 天

①→②→③→④→⑥→⑦　路长为 9 天

①→②→③→④→⑤→⑥→⑦　路长为 12 天

一条路线上所有活动所需的时间总和就是该路线的路长。可见在网络图中，每条线路的路长可能是不一样的，其中最长的路线，称为关键线路。所有组成关键路线的工序称为关键工序，关键路线直接影响整个网络计划的总工期，任何一项关键工序时间变化，总工期也会发生相应的变化，在网络图中，有时关键路线不止一条。确定关键路线，据此合理安排各种资源，对各工序活动进行进度控制，是利用网络计划技术的主要目的。

实训巩固

1. 实训目的

（1）培养学生的创意思维。

（2）培养学生运筹与决策能力。

（3）培养学生对决策方案分析评价能力。

2. 实训内容与要求

（1）将全班分成 A、B 两组，并相对而坐，围成圆圈。

（2）教师每十分钟发放一个题目（也可以抽签）。教师公布题目后，负责制订计划的一组用抢答的方式确定制订计划者，经过 5～10 分钟准备后提出一个简要的创意或计划构想。也可在课前先确定题目，以使同学有更充分的准备时间。

（3）第一节由 A 组对指定题目进行策划，提出计划要点或构想；B 组成员对该计划构想进行分析评论，指出其合理之处、存在的问题和不足；A 组成员可对计划构想做进一步补充和解释说明。第二节课 A、B 两组轮换角色。

（4）每一个计划的题目进行 10～15 分钟，总共利用大约两节课时间。

3. 实训考核

（1）对于参加制订计划的学生加 1 分，计划制订较好者加 2 分。

（2）分析评价态度积极、观点正确加 1 分，表现突出、反驳有力的加 2 分。

（3）其他参与发言的一般加 1 分，较好的加 2 分，计划好、评价也好的加 3 分。

（4）课程结束后上交书面资料（计划纲要）。

考核评价

考核评价内容如表 4－1 所示。

表 4－1　　编制计划能力考核评价

内容		评价	
学习目标	评价内容	小组评价 （5、4、3、2、1）	教师评价 （5、4、3、2、1）
应知应会知识	计划的含义		
	计划的作用与地位		
	计划的步骤		
	编制计划的方法		
专业能力	能将编制计划的方法运用于实践		
	感悟计划的艺术性		

续 表

内容		评价	
通用能力	培养有效计划能力		
	培养计划意愿		
	实现有效计划工作		
努力方向：		建议：	

任务二　确定目标

任务情境

马和驴的故事

唐太宗贞观年间，长安城西的一家磨坊里，有一匹马和一头驴，它们彼此是最好的朋友。贞观三年，唐僧受观音菩萨点化来到长安城磨坊里，问马和驴谁愿意跟随一起去西天取经，驴子一听说去西天，就自作聪明地认为去西天就是到极乐世界，那可是个要命的活，于是乎吓得在地上打起滚来，这也就是驴打滚的由来。而马却自告奋勇，一马当先跟随玄奘法师前往西天印度求取真经。

17 年后，这匹马驮着佛经凯旋而归，取回了真经，修成了正果。马来到故地看望仍在磨坊里拉磨的好朋友驴子。马对驴子讲述了这次旅途的经历，讲它如何跨过浩瀚无边的沙漠，翻越高耸入云的山峰，穿过惊险刺激的森林，征服邪恶的妖魔鬼怪，讲它见识的异域列国的风土人情。听完这些神话般的故事，驴子目瞪口呆，羡慕万分。并且面带尴尬地说："知道有那么多的经历和见闻，当初就不该驴打滚的。"

马说其实在我去西天取经的时间里，你也一步都没停过，我和你跨过的距离是相等的。所不同的是，我想改变命运，所以抓住了机会，始终抱着一个目标，朝着一个方向前进，才修得正果。而你却安于现状，想过安逸的生活，放弃了追求，失去了机会，每天混日子，过一天算两个半天，所以一生只有围着磨盘打转的命，永远难成正果。

驴子听后，悔不当初，遗憾终生。

任务分析

中国有句俗话：凡事要先订立计划，才能达到预期的结果，这些结果在未实现之前便是目标。其实成功计划与失败计划最根本的差别就在于有无明确合理的目标。有了明确发展目标的企业会向马一样不断前进，而缺乏目标的企业则会像驴一样，永远不会有发展。

知识精讲

一、目标概述

（一）目标的概念

计划程序中首先遇到的问题是制订组织的目标，目标是使命的具体化。目标一般是指人们从事某项活动所要达到的预期结果。组织目标是指根据组织宗旨而提出的组织在一定时期内要达到的预期成果。

从管理学的角度看，组织目标具有独特的属性，通常称为 SMART 的特性，即目标一定要：具体明确（Specific）、可以度量或测量（Measurable）、可以实现（Achievable）、目标间要相互关联（Relevant）、目标有时间限度（Timelimit）。因此，了解目标属性、做好针对性是十分必要的。

管理故事

猴子下山

有一天，一只小猴子下山来。它走到一块玉米地里，看见玉米结得又大又多，非常高兴，就掰了一个，扛着往前走。小猴子扛着玉米，走到一棵桃树下。它看见满树的桃子又大又红，非常高兴，就扔了玉米去摘桃子。小猴子捧着几个桃子，走到一片瓜地里。它看见满地的西瓜又大又圆，非常高兴，就扔了桃子去摘西瓜。小猴子抱着一个大西瓜往回走。走着走着，看见一只小兔蹦蹦跳跳的，真可爱。它非常高兴，就扔了西瓜去追小兔。小兔跑进树林子，不见了。小猴子只好空着手回家去。

启示：失败者有无数目标而成功者只有一个目标。实现目标需要你始终专注地去执行，否则一个目标最终也不会达成，注定失败。唯有那些专注于一个目标，向一个方向不停努力的人才会成功。

（二）目标的 SMART 原则

1. S——明确性

所谓明确就是要用具体的语言清楚地说明要达成的行为标准。明确的目标几乎是所有成功团队的一致特点。很多团队不成功的重要原因之一就因为目标定的模棱两可，或没有将目标有效地传达给相关成员。

比如，我们的目标是“增强客户意识”。这种对目标的描述就很不明确，因为增强客户意识有许多具体做法，如：减少客户投诉，过去客户投诉率是 3%，把它减低到 1.5%或者 1%。提升服务的速度，使用规范礼貌的用语，采用规范的服务流程，也是客户意识的一个方面。

有这么多增强客户意识的做法，我们所说的“增强客户意识”到底指哪一块？不明确就没有办法评判、衡量。所以建议这样修改，比方说，我们将在月底前把前台收银的速度提升至正常的标准，这个正常的标准可能是两分钟，也可能是一分钟，或分时段来确定标准。

因此，目标设置要有项目、衡量标准、达成措施、完成期限以及资源要求，使考核人能够很清晰地看到部门或科室月计划要做哪些事情，计划完成到什么样的程度。

管理故事

曾有人做过一个实验：组织三组人，让他们分别沿着十千米以外的三个村子步行。

第一组的人不知道村庄的名字，也不知道路程有多远，只告诉他们跟着向导走就是。刚走了两三千米就有人叫苦，走了一半时有人几乎愤怒了，他们抱怨为什么要走这么远，何时才能走到。刚走一半时有人甚至坐在路边不愿走了，越往后走他们的情绪越低。

第二组的人知道村庄的名字和路段，但路边没有里程碑，他们只能凭经验估计行程时间和距离。走到一半的时候大多数人就想知道他们已经走了多远，比较有经验的人说：“大概走了一半的路程。”于是大家又簇拥着向前走，当走到全程的四分之三时，大家情绪低落，觉得疲惫不堪，而路程似乎还很长，当有人说：“快到了！”大家又振作起来加快了步伐。

第三组的人不仅知道村子的名字、路程，而且公路上每一公里就有一块里程碑，人们边走边看里程碑，每缩短一公里大家便有一小阵的快乐。行程中他们用歌声和笑声来消除疲劳，情绪一直很高涨，所以很快就到达了目的地。

启示：当人们的行动有明确的目标，并且把自己的行动与目标不断加以对照，清楚地知道自己的进行速度和与目标相距的距离时，行动的动机就会得到维持和加强，人就会自觉地克服一切困难，努力达到目标。

2. M——衡量性

衡量性就是指目标应该是明确的，而不是模糊的。应该有一组明确的数据，作为衡量是否达成目标的依据。

如果制订的目标没有办法衡量，就无法判断这个目标是否实现。比如，领导有一天问“这个目标离实现大概有多远?”团队成员的回答是“我们早实现了”。这就是领导和下属对团队目标所产生的一种分歧。原因就在于没有给他一个定量的可以衡量的分析数据。但并不是所有的目标可以衡量，有时也会有例外，比如说大方向性质的目标就难以衡量。

比方说，“为所有的老员工安排进一步的管理培训”。进一步是一个既不明确也不容易衡量的概念，到底指什么？是不是只要安排了这个培训，不管谁讲，也不管效果好坏都叫“进一步”？我们可以这样改进一下：准确地说，在什么时间完成对所有老员工关于某个主题的培训，并且在这个课程结束后，学员的评分在 85 分以上，低于 85 分就认为效果不理想，高于 85 分就是所期待的结果。这样目标变得可以衡量。

因此，目标的衡量标准遵循“能量化的量化，不能量化的质化”。使制订人与考核人有一个统一的、标准的、清晰的可度量的标尺，杜绝在目标设置中使用形容词等概念模糊、无法衡量的描述。对于目标的可衡量性应该从数量、质量、成本、时间、上级或客户的满意程度五个方面来进行，如果仍不能进行衡量，可考虑将目标细化，细化成分目标后再从以上五个方面衡量，如果仍不能衡量，还可以将完成目标的工作进行流程化，通过流程化使目标可衡量。

3. A——可实现性

目标是要能够被执行人所接受的，如果上司利用一些行政手段，利用权力性的影响力一厢情愿地把自己所制订的目标强压给下属，下属典型的反映是一种心理和行为上的抗拒：我可以接受，但是否完成这个目标，有没有最终的把握，这个可不好说。一旦有一天这个目标真完成不了的时候，下属有一百个理由可以推卸责任：你看我早就说了，这个目标肯定完成不了，但你坚持要压给我。

“控制式”的领导喜欢自己定目标，然后交给下属去完成，他们不在乎下属的意见和反映，这种做法越来越没有市场。今天员工的知识层次、学历、自己本身的素质，以及他们主张的个性张扬的程度都远远超出从前。因此，领导者应该更多地吸纳下属来参与目标制订的过程，即便是团队整体的目标。

定目标成长，就先不要想过程中的困难，不然热情还没点燃就先被畏惧给打消念头了。因此，目标设置要坚持员工参与、上下左右沟通，使拟订的工作目标在组织及个人之间达成一致。既要使工作内容饱满，也要具有可达性。可以制定出跳起来“摘桃”的目标，不能制订出跳起来“摘星星”的目标。

4. R——相关性

目标的相关性是指实现此目标与其他目标的关联情况。如果实现了这个目标，但对其他的目标完全不相关，或者相关度很低，那这个目标即使被达到了，意义也不是很大。

因为毕竟工作目标的设定，是要和岗位职责相关联的，不能跑题。比如一个前台，你让她学点英语以便接电话的时候用得上，这时候提升英语水平和前台接电话的服务质量有关联，即学英语这一目标与提高前台工作水准这一目标直接相关。若你让她去学习数据处理技术，就比较跑题了，因为前台学习数据处理技术这一目标与提高前台工作水准这一目标相关度很低。

5. T——时限性

目标特性的时限性就是指目标是有时间限制的。例如，我将在2005年5月31日之前完成某事。5月31日就是一个确定的时间限制。没有时间限制的目标没有办法考核，或带来考核的不公。上下级之间对目标轻重缓急的认识程度不同，上司着急，但下面不知道。到头来上司可以暴跳如雷，而下属觉得委屈。这种没有明确的时间限定的方式也会带来考核的不公正，伤害工作关系，伤害下属的工作热情。

目标设置要具有时间限制，根据工作任务的权重、事情的轻重缓急，拟订出完成目标项目的时间要求，定期检查项目的完成进度，及时掌握项目进展的变化情况，以方便对下属进行及时的工作指导，以及根据工作计划的异常情况变化及时地调整工作计划。

总之，无论是制订团队的工作目标，还是员工的绩效目标，都必须符合上述原则，五个原则缺一不可。制定的过程也是对部门或科室先期的工作掌控能力提升的过程，完成计划的过程也就是对自己现代化管理能力历练和实践的过程。

二、设定目标的程序

从总目标发展分解为各阶层目标的整个过程，可用目标金字塔表示。上端为组织的总目标，顺此而下，三角形逐渐扩大，最后完成组织各层次目标的制订。目标设定的程序从理论上来说，应该有“由上而下”“由下而上”以及“由上而下”和“由下而上”相结合的方式，如图 4-8 所示。

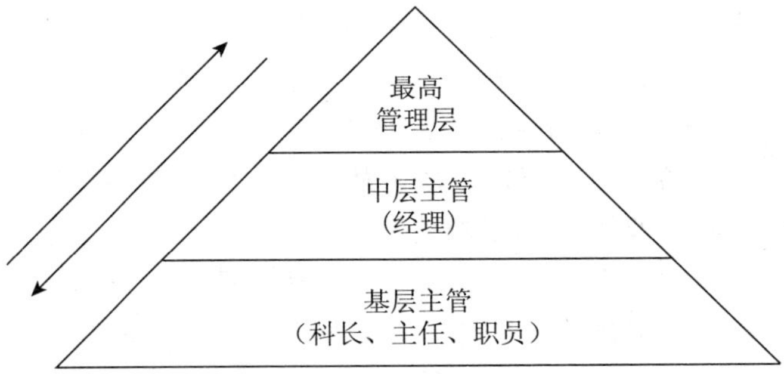

图 4-8　目标设定的程序

1. 由上而下

“由上而下”目标设定程序是组织总目标制订后再分解到每个部门及员工人的过程，强调把组织的整体目标转化为组织和个人的具体目标。对员工个人来说，目标管理提出了明确的个人绩效目标，员工对他所在组织的绩效可以做出明确而具体的贡献。

2. 由下而上

“由下而上”目标设定程序是指由组织员工根据自身的情况上报个人的目标计划，组织根据上报计划汇总，进而形成组织总体目标的过程。如果所有人都实现了各自的目标，他们组织的整体目标也就能够实现。

3. “由上而下”和“由下而上”相结合

目标设定的程序应该是先“由上而下”，将目标分解部门目标及员工个人目标；在分解的过程中，组织采用组织与员工双方“由上而下”和“由下而上”相沟通的方式，动态地逐步累积达到部门目标和总目标的预期成果。

小知识

看起来遥不可及的目标，在层层分解的情况下，实现起来竟变得相当轻松，这就是目标分解中的“剥洋葱法”。“剥洋葱法”就是像剥洋葱一样，将大目标分解成若干个小目标，再将每个小目标分解成若干个更小的目标，一直分解下去，直到具体到此时此刻该做什么。如图 4-9 所示。实现目标的过程是由低级到高级、由小目标到大目标、由现在到将来一步步前进的，但是设定目标最高效的方法则与实现目标的过程正好相反，它是运用“剥洋葱法”，由将来到现在、由大目标到小目标、由高级到低级层层分解。如图 4－10 所示。

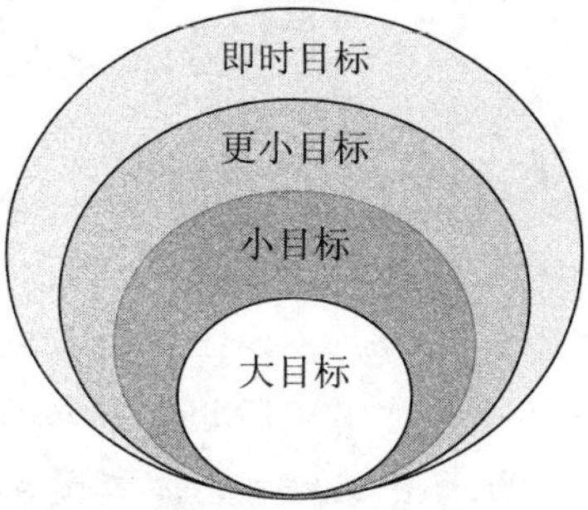

图 4－9 剥洋葱法

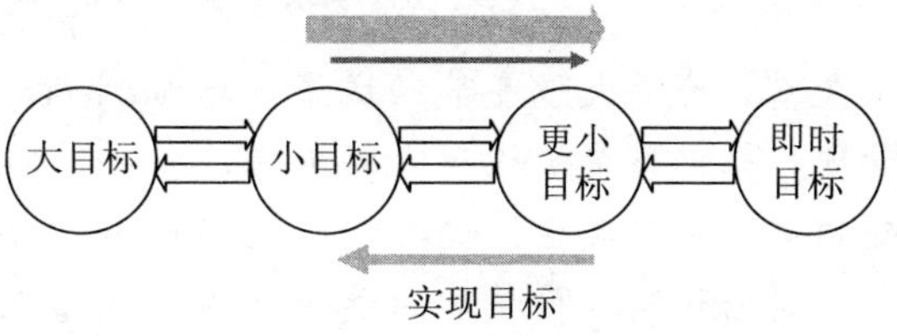

图 4－10 组织设定目标和实现过程

我们在做个人生涯规划时，就可以应用“剥洋葱法”。首先你要明确自己的梦想；然后将你的梦想具体化，变成你人生的终极目标；再把你的终极目标，演化成你人生的总体目标。人生的总体目标不要太多，最好只有一个。

把总体目标分解成几个 5～10 年的长期目标后，再继续分解，把每一个长期目标分解成若干个 2～3 年的中期目标，然后把每个中期目标分解成若干个 6 个月到 1 年的短期目标。进而，再将每一个短期目标分解成月目标，月目标变成若干个周目标，周目标变成若干个日目标，最后，依次分解到这一时刻你应该做什么。

三、目标管理的程序

（一）目标管理的概述

1. 定义

所谓目标管理就是指：组织的最高层领导根据组织面临的形势和社会需要，制订出一定时期内组织经营活动所要达到的总目标，然后层层落实，要求下属各部门主管人员以至每个员工根据上级制订的目标和保证措施，形成一个目标体系，并把目标完成情况作为考核的依据。

简而言之，目标管理是让组织的主管人员和员工亲自参加目标的制订，在工作中实行自我控制，并努力完成工作目标的一种制度或方法。

2. 目标管理的特点

（1）目标管理是参与管理的一种形式。目标的实现者同时也是目标的制订者，即由上级与下级共同确定目标，上下协商，制订出企业各部门直至每个员工的目标，用总目标指导分目标，用分目标保证总目标，形成一个目标手段链。

（2）强调自我控制，通过对动机的控制达到对行为的控制。

（3）促使下放过程管理的权力。

（4）注重工作成果。

实行目标管理后，由于有了一套完善的目标考核体系，从而能够使员工的实际贡献大小得到如实的评价。目标管理还力求组织目标与个人目标更紧密地结合在一起，以增强员工在工作中的满足感，调动员工的积极性，增强组织的凝聚力。

管理故事

这家酒业公司怎么了

不久前，为最大限度节约成本，增加利润，金帝酒业公司决定在整个公司内实施目标管理，根据目标实施和完成情况，一年进行一次绩效评估。事实上，他们在此之前为销售部门制定奖金系统时已经用了这种方法。公司通过对比实际销售额与目标销售额，支付给销售人员相应的奖金。这样销售人员的实际薪资就包括基本工资和一定比例的个人销售奖金两部分。

销售大幅度提上去了，但是却苦了生产部门，他们很难及时完成交货计划。因此，销售部总是抱怨生产部不能按时交货。于是，公司高层管理者决定为所有部门和员工建立一个目标设定流程。生产部门的目标包括按时交货和库存成本两个部分。

为了实施这个新的方法他们需要用到绩效评估系统。他们请了一家咨询公司指导管理人员设计新的绩效评估系统，并就现有的薪资结构提出改变的建议。他们付给咨询顾问高昂的费用修改基本薪资结构，包括岗位分析和工作描述。还请咨询顾问参与制定奖金系统，该系统与年度目标的实现程度密切相连。他们指导经理们如何组织目标设定的讨论和绩效回顾流程。总经理期待着很快能够提高业绩。

然而不幸的是，业绩不但没有上升，反而下滑了。部门间的矛盾加剧，尤其是销售部和生产部。生产部埋怨销售部销售预测准确性太差，而销售部埋怨生产部无法按时交货。每个部门都指责其他部门存在的问题。客户满意度下降，利润也在急剧下滑。

启示：案例中出现的问题主要在以下几个方面。一是目标的设定没有员工的共同参与，因此员工对高层的这种做法被动执行的多，但并不真正理解公司为什么这么做。二是部门之间的横向协调工作不到位，相互之间各自为政，为了自身的小利益而没有考虑到公司的整体利益，从而影响到公司目标的整体性和一致性。三是目标的设定不全面，过于关注绩效评估，而忽视了其他目标的设定。这一系列问题的出现直接地影响到了公司部门之间的关系和公司的整体利益，最终不仅部门之间的矛盾加深，而且公司的整体利润也急剧下滑。

（二）目标管理的具体程序

以目标为导向，以人为中心，以成果为标准，而使组织和个人取得最佳业绩的现代管理方法，这是企业目前自下而上地保证目标实现的一种管理办法。俗话讲：说得好不如做得好。那么究竟是怎么回事呢？目标管理的具体做法分三个阶段。

第一阶段：设置目标。

这是目标管理最重要的阶段，第一阶段可以细分为四个步骤：

（1）高层管理预定目标，这是一个暂时的、可以改变的目标预案。既可以上级提出，再同下级讨论，也可以由下级提出，上级批准。无论哪种方式，必须共同商量决定；领导必须根据企业的使命和长远战略，估计客观环境带来的机会和挑战，对本企业的优劣有清醒的认识。对组织应该和能够完成的目标心中有数。

（2）重新审议组织结构和职责分工。目标管理要求每一个分目标都有确定的责任主体。

（3）确立下级的目标。首先下级明确组织的规划和目标，然后商定下级的分目标。在讨论中上级要尊重下级，平等待人，耐心倾听下级意见，帮助下级发展一致性和支持性目标。

（4）上级和下级就实现各项目标所需的条件以及实现目标后的奖惩事宜达成协议。分目标制订后，要授予下级相应的资源配置的权力，实现权责利的统一。由下级写成书面协议，编制目标记录卡片，整个组织汇总所有资料后，绘制出目标图。

管理故事

三个石匠

曾经听过这样一个故事，说有三个石匠，做着同一个工作，都在雕塑石像，问他们同样的问题：你在这里做什么？第一个石匠不悦地说："你看到了吗？我正在凿石头，凿完这个我就可以回家了。"第二个石匠严肃地说："你看到了吗，我正在雕像，这是一份很辛苦的工作，但是酬劳很高。毕竟我有太太和四个小孩子，他们需要温饱。"第三个石匠会放下锤子，骄傲地指着石雕说："你看到了吗，我正在做一件伟大的艺术品。"

启示：故事里的第一位石匠考虑的是当一天和尚撞一天钟，做一天工作赚取一天工资，为的是能养家糊口。当然，这样的生活方式并没有任何错，而且大有人在；第二位石匠可以看成是"知识工作者"，他们学有专精、技艺超群，他们关注的是报酬的多寡、是否持有股票与红利，他们以专精为傲，以薪酬为荣，自视甚高，却往往忽略了整体的绩效、企业的责任；而第三位石匠，才是真正的管理者，是创建企业愿景、具备道德勇气的领导者。这类人懂得资讯的交流，资源的整合，他们深知专业的统合、团队的运作，才是"创造顾客"的来源、企业经营的目的。

第二阶段：过程管理。

目标管理重视结果，强调自主，自治和自觉。并不等于领导可以放手不管，相反由于形成了目标体系，一环失误，就会牵动全局。因此，领导在目标实施过程中的管理是不可缺少的。首先进行定期检查，利用双方经常接触的机会和信息反馈渠道自然地进行；其次要向下级通报进度，便于互相协调；最后要帮助下级解决工作中出现的困难问题，当出现意外、不可测事件严重影响组织目标实现时，也可以通过一定的手续，修改原定的目标。

第三阶段：总结与评估。

达到预定的期限后，下级首先进行自我评估，提交书面报告；然后上下级一起考核目标完成情况，决定奖惩；同时讨论下一阶段目标，开始新循环。如果目标没有完成，应分析原因总结教训，切忌相互指责，以保持相互信任的气氛。

目标要建立在现有的动力基础之上能够接近绩效考核之后要有充分的提升绩效的方法，要有矫正现有绩效向目标迈进的机制。否则，目标管理和绩效考核仅仅是放在企管部门的一份文件汇编而已。简而言之，目标激活了驱动力，绩效检测驱动力的运转动力，反过来驱动力确保目标的达成。

实训巩固

1. 实训目的

（1）培养学生的创意思维。

（2）训练目标制订的能力。

（3）培养结合实际进行运筹与合理配置资源，分解目标的能力。

2. 实训资料

合理化的目标是成功所必备的条件分解你的目标。目标分解图——正三角形：最高目标、长期目标、中期目标、短期目标、近期目标，如图 4－11 所示。

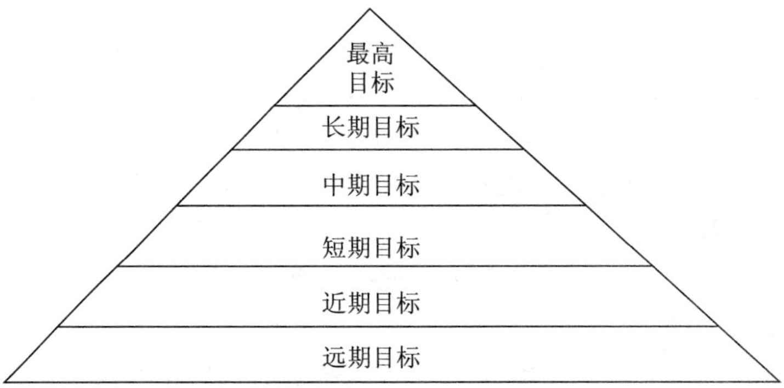

图 4－11　目标分解图 1

提示：阶段性成功的积累就是最后的成功，伟大的目标构成伟大的心灵，产生伟大的动力，形成伟大的人物。

3. 实训故事

迈克尔想当音乐人的故事

迈克尔有一天与女朋友凡内瑞聊天。迈克尔说，他已经厌恶了在美国太空总署看起来人人羡慕的工作，而是想在五年以后当一个全国著名的音乐人，能和现在这些他所仰慕的音乐大师们平起平坐。凡内瑞说，如果你真的打算放弃你现在在他人眼里看起来非常优越的工作条件而去当一名音乐人，那我帮你做个 5 年计划，于是，凡内瑞画了下面这张图。

目标分解图——倒三角形：近期目标、短期目标、中期目标、长期目标、最高目标。

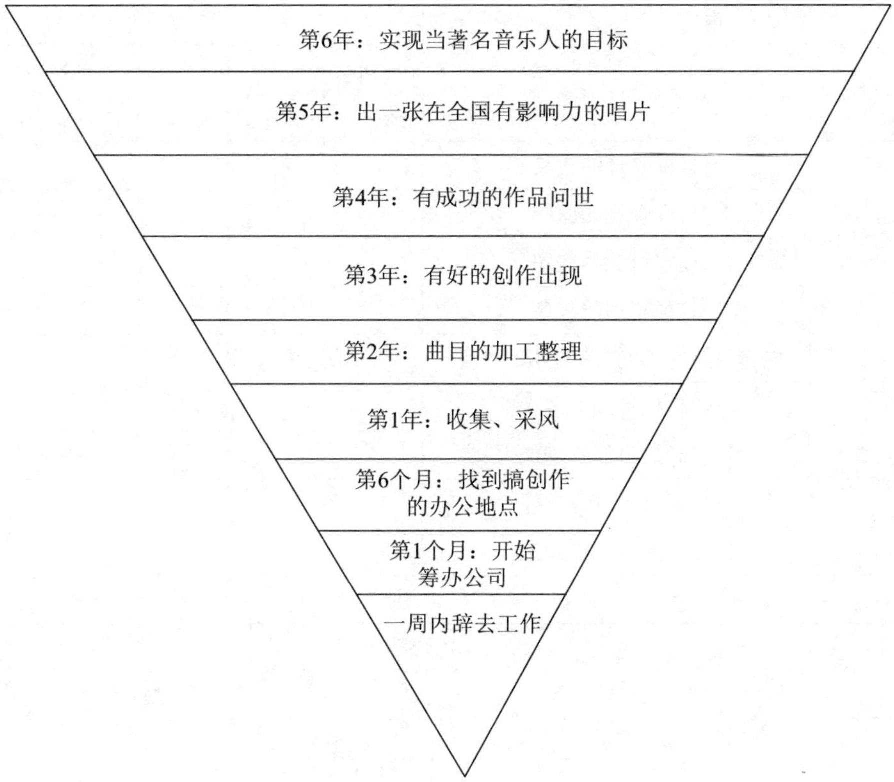

图 4－12　目标分解图 2

我们年轻人经常会产生目标模糊的情况，所以，我们要采取“目标倒推法”，如图 4-12 所示的目标分解图 2。

4. 实训内容与要求

（1）建议在讲完上述资料之后安排同学采取“目标倒推法”设置自己在学业或是职业上的目标；

（2）在课下准备，可安排 1 课时集中讨论；

（3）每人写出发言提纲；

（4）可以班级为单位组织讨论。

5. 实训考核

（1）对于通过制订目标的学生加 1 分，目标制订较好者加 2 分。

（2）分析评价态度积极、观点正确加 1 分，表现突出、反驳有力的加 2 分。

（3）其他参与发言的一般加 1 分，较好的加 2 分，计划好，评价也好的加 3 分。

（4）课程结束后上交书面资料（目标制订纲要）。

考核评价

考核评价内容如表 4－2 所示。

表 4-2　　确定目标能力考核评价

内容		评价	
学习目标	评价内容	小组评价 （5、4、3、2、1）	教师评价 （5、4、3、2、1）
应知应会知识	目标管理的含义		
	目标管理的原则		
	设定目标的程序		
	目标管理的程序		
专业能力	能将目标管理的方法运用于实践		
	感悟目标管理的艺术性		
通用能力	培养有效目标管理能力		
	培养目标管理意愿		
	实现有效目标管理工作		
努力方向：		建议：	

任务三　制定战略

任务情境

鲲鹏的志向

《庄子》里记载：鲲鹏是一个庞然大物，有几千里那么大，它的翅膀一旦展开好像从天上垂下的云，它的脊梁之大如同五岳之首的泰山，它一定要向南飞，要飞向九万里远的南冥天池。

胸无大志、眼光短浅而且自负的小动物，飞不高远，以自己狭隘的眼观，说鲲鹏不可能飞到九万里远的南冥，以自己的渺小嘲笑鲲鹏的博大，以自己的无能否定鲲鹏的“绝云气、负天下”的伟力。

在组织的发展中，一个清晰、远大而且富有理想价值的远景目标，对于它的兴旺发达很重要。管理者有足够的想象力和胆识来设计远景，并会努力实现理想。他会将振奋人心的远景展示给员工，带领员工投入到大干的洪流中去，最后将远景变为现实。管理者首先要做的事就是善于确立长远战略目标，并能够实现这一战略目标。一位成功人士曾说过：“理想产生责任心。”如果你将自己的理想之国设在高山之巅，你就不会无所作为。理想之国本应建在高处。现在，你需要的是踏踏实实的沿着山路去运砖送瓦。

组织的管理者可以经常使用远大战略目标来推动变革，鼓舞士气，并激励大家集中精力来实现它。某快餐店用“我们要成为餐饮业的第一名”这句话，把发展远景勾勒出来，是本企业的每个人都明白，公司的未来发展远景不只是开设一两个饮食店而已。这个远景设想对于该企业的成功将起决定性作用，结果是这些企业只要锲而不舍，总是一步步接近，最终达到了目的地。通常的情况是，你决心想成为什么，你多半就会成为什么。没有远大战略目标的企业，容易在市场的竞争中迷失方向。

鲲鹏与其他小动物的区别就在这里。

任务分析

香港金利来公司董事长曾宪梓先生认为，“屋檐下的麻雀是不可能有远大和崇高的目标的，只会在低矮的田间吃上几粒粮食就心满意足了；只有山巅上的雄鹰，才敢于顶风斗雨，在无边无际的天空翱翔，才能猎获重大的目标。”

从企业未来发展的角度来看，战略表现为一种计划，而从企业过去发展历程的角度来看，战略则表现为一种模式。如果从产业层次来看，战略表现为一种定位，而从企业层次来看。战略则表现为一种观念。此外，战略也表现为企业在竞争中采用的一种计谋。这是关于企业战略比较全面的看法，即著名的5P模型。什么是战略管理？

知识精讲

一、战略管理的概念与特征

（一）概念

“战略”一词来源于希腊字 strategos，其含义是“将军”。当时，这个词的意义是指挥军队的艺术和科学。在军事上，可以追溯到我国战国时期的《孙子兵法》以及几乎同时期的古希腊的军事战役。在生物学中，达尔文的“物竞天择，适者生存”的思想对企业战略的概念也有着深刻的影响。

企业战略管理定义：指企业在市场经济、竞争激烈的环境中，在总结历史经验、调查现状、预测未来的基础上，为谋求生存和发展而做出的长远性、全局性的谋划或方案企业战略管理是指企业为实现战略目标，制定战略决策、实施战略方案、控制战略绩效的一个动态管理过程区别企业的“谋划或方案”对企业战略的一种“管理”，即对企业的“谋划或方案”的制订、实施、控制。

（二）特征

1. 全局性

它是组织系统在一定历史时期内发展的全局性的指导思想，有关组织的整体和全局的问题，就是要通观全局，掌握总体的平衡发展，不是局限于某一局部，某一部门的发展，不是从微观的角度制定的。

2. 长期性

战略计划不是为某次事件的成败或短期发展而制订的，而是在一个较长历史时期内相对稳定的行动指南，着眼点不是当前，而是未来。

3. 层次性

组织系统是有层次的，有大系统和小系统之分，也有母系统和子系统之别。相对应不同层次的系统，就有不同层次的战略。例如：国家有国家的发展战略，各地区、各部门、各企业都有各自的战略。全局和局部的划分是相对的。子系统的全局相对于大系统来说就是一个局部。

即问即答

有一天，逻辑修女和数学修女一同外出，碰到了强盗，数学修女很快就做出了计算，只需要5分48秒两个人就会被强盗抓住，于是逻辑修女运用逻辑判断，提议两个人朝不同的方向跑，这样强盗最多只能抓住一个。两个修女分头逃命，强盗朝着逻辑修女的方向追去了。数学修女顺利回到了修道院，等了好一会儿，才看见逻辑修女回来。于是数学修女问逻辑修女发生了什么事情，逻辑修女告诉她："果然像你算的那样，他很快就追上我了，于是我就把裙子撩起来，他也把裤子脱了。"数学修女一听，尖叫了一声说："这不糟了吗!"逻辑修女很平静地说："糟什么了？我一点事情也没有呢。"

问题：请问逻辑修女为什么没事呢？两个修女的故事对你有何启发呢？

二、战略类型

大多数公司并非只处于一个产业，经营一种业务。波特的竞争战略理论揭示了竞争优势的基本来源。但对于经营多种业务，跨越不同产业和不同国度的大集团和控股公司来讲，基本竞争战略有其局限性。这就需要一种更为综合的战略指导技术来帮助企业制定长远的战略规划。

综合战略可以分为三种类型：扩张型战略、加强型战略和防御型战略。其中扩张型的战略又分为一体化战略（包括前向一体化战略、后向一体化战略、横向一体化战略）和多元化战略（包括集中多元化战略、混合多元化战略）；加强型的战略有市场渗透战略、市场开发战略、产品开发战略；防御型的战略有合资经营战略、收割战略、剥离战略、清算战略。

（一）扩张型战略

扩张型战略包括前向一体化、后向一体化和横向一体化通称为一体化战略。

1. 前向一体化

前向一体化战略指获得分销商或零售商的所有权或加强对他们的控制。

实施前向一体化有两种形式。一是收购兼并下游企业；二是以特许经营权的方式控制下游企业。

收购兼并下游企业的动机或是为了控制分销渠道，占据市场；或是因为下游企业砍价能力高，有大量的利润可以攫取。采取收购兼并的优点是可以迅速扩大市场，缺点是全部的风险由自己承担。可口可乐公司采取的是前向一体化战略，该公司不断地收购本国及国外的分装商，并提高这些分装商的生产和销售。特许经营权是另一种有效的前向一体化战略，最大优点是将成本和风险分散到下游企业，在食品和服务行业特许经营权大行其道。

2. 后向一体化

后向一体化战略是指获得供应方的所有权或增强对其控制。后向一体化的手段有收购、参股和技术协作。收购往往发生在供货方数量较少或货源有限的情况下，收购的目的是控制成本和形成原材料垄断优势。参股和技术协作是目前更为可行且成本和风险较低的后向一体化战略。收购是聚集上游企业，而参股和技术协作是分散下游企业。公司通过参股和技术协作有意培养多个供应商，从而提高自身的砍价能力，获得更优惠的价格，并且减少了投资风险。这种做法目前正在被制造业广泛采用。

3. 横向一体化

横向一体化战略是指获得竞争对手的所有权或加强对其的控制。横向一体化可以降低产业内的竞争压力，提高公司的砍价能力，改善整个产业结构，使产业长期盈利能力提高。直接竞争者之间的一体化更易于产生效益，因为它在避免设备重置方面具有更大的潜力，接收公司的管理者也更易于了解被接收公司。

横向一体化的实施有两种形式：一是合并，二是结成战略联盟。

4. 集中多元化

增加新的、但与原有的业务相关的产品与服务称为集中多元化，有时又称为同心多元化。采取集中多元化的企业一般处于零增长或慢增长的产业，增加新的相关产品将显著促进现有产品的销售。另外，集中多元化也促使企业在某一产业的特殊优势扩展到相关产业和产品中，而形成独特的竞争优势。这一战略的一个典型例子是MCI公司，这家公司目前正迅速地变为一家多元经营的通信业巨型公司。其业务范围从咨询服务、传呼服务、软件销售、Internet上网到无线通信，无所不包，但都围绕着通信产业。到2000年，MCI通信公司将有一半的业务收入来自1995年时还没有的业务。

5. 混合多元化

增加新的与原有业务不相关的产品或服务称为混合多元化。这种战略主要为达到两种目的：一是充分利用过剩资源（如管理优势、制度优势或财务优势等）；二是降低经营单一行业的投资风险。

（二）加强型战略

加强型战略有市场渗透战略、市场开发战略、产品开发战略。

1. 市场渗透

当企业特定产品或服务在当前市场中还未达到饱和，用户对产品的使用率还可以显著提高时，企业往往采用市场渗透战略。市场渗透战略是通过更大的市场营销力度，提高现有产品质量或服务水准，进一步提高市场份额。这一战略被广泛地单独使用或与其他战略结合使用。市场渗透的做法包括增加销售人员、增加广告开支、采取广泛的促销手段或加强公关宣传努力。

宝洁公司便是一例。该公司投入大量资金进行广告营销，以提高其 Venezia 牌高级香水的市场份额。其广告形式包括在精美的杂志上做整页广告并附有香水味的纸条。

2. 市场开发

市场开发战略指将现有产品或服务打入新的地区市场。前提条件是存在未开发或未饱和的市场。采用该战略的企业一般存在过剩的生产能力和营销能力，并且可以得到可靠的、经济的高质量销售网络。在 20 世纪 80 年代和 90 年代，沃尔玛公司一直是采取进攻性市场开发战略的典范之一。

管理故事

只有淡季的思想，没有淡季的市场

任何产品都有淡旺季之分，但是如果认为这个淡季是天经地义的，那就不可能去考虑如何改善淡季的经营了。在这方面，海尔做得较成功的例子是——“小小神童”洗衣机。过去到了夏季，销售人员就都撤回来，产品存放在仓库里，等待旺季的到来。但是经过分析，其实夏天人们洗衣服洗得更勤，只是洗衣机的容量太大，不适合夏天洗衣的要求罢了。所以，如果说夏季是洗衣机的淡季，部分是因为没有适宜的产品造成的。于是海尔开发出了容量 1.5 千克的“小小神童”洗衣机，受到了消费者的欢迎。“小小神童”洗衣机上市 20 个月，销售就突破 3100 万台。过去到了夏季生产要下降一大块，现在就由它顶了起来。

启示：由于海尔在详细调研之后，成功实施了差异性战略，生产出市面上没有的小容量洗衣机，满足了顾客的需求，从而获得了超过其竞争对手的巨大优势，凭借这一优势，海尔在洗衣机的淡季市场份额不断增加、盈利。

3. 产品开发

产品开发战略是通过改进和改变产品和服务而增加销售。进行产品开发通常需要大量的研究和开发费用。以产品开发战略求得企业未来发展的范例是快船大西洋公司。该公司计划于 1998 年推出第一艘跨越大西洋的由喷气式发动机推动的货运轮船。该船时速可达到每小时 38 海里，而目前一般的货船每小时只能行驶 20 海里。这样的货轮为公司赢得了大量的订单，也对传统的货轮造成极大威胁。

(三) 防御型战略

采取防御型战略一般出于两种类型的考虑：一是面对衰退行业有计划地退出；二是在行业成熟期，为了维持公司在产业中的相对地位，与竞争对手合作或达成某种妥协。

防御型战略包括合资经营、收割、剥离和清算。

1. 合资经营

当两个或两个以上的公司想结成暂时的合作关系，谋求共同利益时，进行合资经营是一种有效的战略。通常的合作形式有两种：一种是合资经营，即两个或更多的发起人公司组建一个独立的公司，并按照各自的股份而分享这一新建实体的所有权。另一种合作形式是合作经营，具体做法包括合伙研究和开发、相互销售产品、相互特许经营、交叉生产及共同投标联盟等。合资经营和合作经营形式越来越多地被跨国公司采用，因为这些形式有利于公司改进与外部的交流和扩大经营网络，有利于进行全球化经营。例如，佳能公司向柯达公司提供复印机，法国汤姆森公司和日本 FVC 公司共同生产录像机，以及通用汽车公司和丰田汽车公司共同组装汽车。竞争者之间的合作要取得成功，双方必须提供一些独特的东西，如在技术、销售、基础研究或制造能力方面的优势。然而主要的风险在于，在签署合同后的经营管理中，可能会出现不愿意转移重要技能和技术的情况。

2. 收割

收割战略是产业面对衰退阶段公司实施的有计划、有控制的退出战略。执行收割战略时，企业力图优化业务的现金流，取消或大幅度削减新的投资，减少设备投资，在后续的销售中从业务的任何残留优势上谋取利益，以提高价格或从过去的商誉中获利，甚至广告和研究也被大大削减。常见的收割战术包括：减少产品型号；缩减销售渠道；放弃小客户；降低库存，在交货时间、维修速度或销售援助方面减少服务。收割的最终结果是使该业务被出售或清算。

并非所有的业务都是可收割的。收割战略的前提是公司过去存在能赖以生存的真正优势，在大幅削减服务质量，终止广告宣传的同时，销售量不会大幅缩减。实施收割战略的最佳时机是在衰退阶段的产业环境还没有恶化到成为竞相削价的痛苦战争之前。

3. 剥离

出售公司的分部、分公司或任何一整块业务被称为剥离。公司会出于两种目的采取剥离战略。一种是将剥离作为某项业务的退出战略。实施该战略的前提是，某项业务只有在衰退的早期出售才能使净投资收益最大化，而不是实施收割战略之后再出售。及早出售常常使公司从收购中实现价值最大化，因为出售越早，出卖者的砍价能力越高。一旦衰退明显，产业内的资产购买者将具有很强的砍价能力，而将价格压得低于实际价值。另一种采取剥离的目的在于公司总体战略方向的调整。它来源于众多公司致力于集中加强自己的核心优势，降低多元化经营的程度。1994 年，美国公司完成的剥离总值达到 226 亿元。进行剥离的公司其股票市值在第一年平均上升了 20.2%。而同期的标准普尔股票价格综合指数仅上升了 1.5%。

4. 清算

为实现有形资产价值而将公司全部资产分块售出被称为清算（Liquidation）。清算等于承认失败，因而是一种在感情上难以接收的战略。然而，停止营业可能是比继续大笔亏损更为有利的选择。

三、战略评价与选择方法

（一）SWOT 分析法

1. SWOT 模型含义介绍

SWOT 分析，是企业战略制定中一种常用的分析工具，被广泛运用在企业战略管理、市场管理、竞争对手分析等领域中。SWOT 分析法将公司的内部分析与产业竞争环境的外部分析结合起来，把企业内外环境所形成的机会（Opportunities）、威胁（Threats）、优势（Strengths）、劣势（Weaknesses）四个方面的情况结合起来进行分析，以寻找制定适应本企业实际情况的战略。

因此，SWOT 分析实际上是将对企业内外部条件各方面内容进行综合和概括，进而分析组织的优劣势、面临的机会和威胁的一种方法。

2. SWOT 分析步骤

（1）分析企业环境。企业正面临一个高度动荡、复杂、全球化的外部环境，分析外部环境的目的在于确认企业的机会和威胁。机会是指那些存在于外部环境中的情形和条件，威胁是那些存在于外部环境中可能妨碍企业获得竞争优势的情形和条件。通过掌握公司外部环境的现状和形势等信息，公司能够更好地把握市场机遇以及所处竞争环境的特点；企业的内部环境分析，是关注公司自身，明确公司具备的优势与劣势过程。优势是一个企业赶超竞争对手的能力，劣势是企业内部缺少的或不好的东西。企业可以运用各种调查研究的方法，分析出公司所处的各种环境因素。

（2）构造 SWOT 矩阵。根据内外部环境分析的结果，将调查得出的各种因素根据轻重缓急或影响程度等排序方式，构造 SWOT 矩阵。在此过程中，将那些对公司发展有直接的、重要的、大量的、迫切的、久远的影响因素优先排列出来，而将那些间接的、次要的、少许的、不急的、短暂的影响因素排列在后面。具体如图 4－13 所示。

Strengths：优势	Weaknesses：劣势
1.技术技能优势 2.有形资产与无形资产优势 3.人力资源优势 4.组织体系优势 5.竞争能力优势	1.缺乏具有竞争意义的技能技术 2.缺乏有竞争力的有形资产、无形资产、人力资源、组织资产 3.关键领域里的竞争能力正在丧失
Opportunities：机会	**Threats：威胁**
1.客户群的扩大或产品细分市场 2.技能技术向新产品新业务转移 3.获得并购竞争对手的能力 4.市场需求增长强劲 5.出现扩大市场份额的机会	1.出现将进入市场的强大竞争者 2.替代品抢占公司销售额 3.主要产品市场增长率下降 4.汇率和外贸政策的不利变动 5.市场需求减少

图 4－13　SWOT 矩阵

（3）制定战略。在完成环境因素分析和 SWOT 矩阵的构造后，便可以制订出相应的行动计划。制订计划的基本思路是：发挥优势因素，克服弱点因素，利用机会因素，化解威胁因素；考虑过去，立足当前，着眼未来。运用系统分析的综合分析方法，将排列与考虑的各种环境因素相互匹配起来加以组合，得出公司未来发展的四种战略，如图 4－14 所示。

	优势	劣势
机会	SO战略（增长型战略）	WO战略（扭转型战略）
威胁	ST战略（多种经营型战略）	WT战略（防御型战略）

图 4－14　SWOT 矩阵战略分析

①SO 战略（增长型战略）是一种发展企业内部优势与利用外部机会的战略，是一种理想的战略模式。当企业具有特定方面的优势，而外部环境又为发挥这种优势提供有利机会时，可以采取该战略不断地扩大企业规模，使企业发展成为实力雄厚的大企业。

②WO 战略（扭转型战略）是利用外部机会来弥补内部弱点，使企业改劣势而获取优势的战略。存在外部机会，但由于企业存在一些内部弱点而妨碍其利用机会，可采取措施先克服这些弱点。企业可通过克服弱点，进一步利用各种外部机会，最终赢得竞争优势。

③ST 战略（多种经营型战略）是指企业利用自身优势，回避或减轻外部威胁所造成的影响。就是企业尽量增大产品大类和品种，跨行业生产经营多种多样的产品或业

务，扩大企业的生产经营范围和市场范围，充分发挥企业特长，充分利用企业的各种资源，提高经营效益，保证企业的长期生存与发展。

④WT 战略（防御型战略）是一种旨在减少内部弱点，回避外部环境威胁的防御性技术。防御型战略的目的是降低被攻击的风险，减弱任何已有的竞争性行动所产生的影响，影响挑战者从而使他们的行动瞄准其他竞争对手。

管理案例

必胜客 SWOT 案例分析

必胜客倡导“为客疯狂”“顾客是我们的唯一”的理念，营造“欢乐休闲”“轻松亲切而又值得依赖”的餐饮氛围和文化，并把这种餐饮文化转化到企业内部，形成一套具有企业特色的企业文化。让员工接受并认同这种企业文化，使员工不经意间影响着顾客，在品位与品尝之间产生完美的结合。

S：(1) 能力优势：每一家必胜客欢乐餐厅每天都以崭新的姿态、悦目的装潢、舒适的设计、训练有素的服务人员、再加上风味迥异、营养丰富的比萨、意大利面、新鲜自助沙拉等美食招待喜爱它的顾客。

(2) 理念优势：必胜客还为中国的消费者和中式餐饮业带来了另一种全新的，不同与肯德基快餐式的服务，它的特色在于：通过顾客进门，在“必胜客欢乐餐厅”，不仅新鲜烹制的比萨、品质上乘的特色食品有与他人共同分享的愉悦。

(3) 硬件优势：必胜客欢乐餐厅的氛围从视觉、心境让人感到赏心悦目：热情周到的服务，餐厅灯光柔和温馨，音乐优雅悦耳，内部装饰缤纷时尚，桌椅舒适雅致。

总之，在“必胜客欢乐餐厅”会令每个人感觉开心愉快、轻松惬意，是一个适合朋友、家人聚会，尽享舒适快乐时光的理想场所。即使到下一世纪，这一全新的餐饮模式也将继续作为必胜客可持续发展的典范。

W：推广价格上处于弱势，由于生产成本较高使得在价格上偏贵导致一部分顾客流失；其次从 2010 年的“饮料门”过后，必胜客品牌信誉度下降又导致一部分顾客流失。以至于市场份额不大。

O：在本土文化上下工夫。

首先，欢乐美食。这里的消费群以年轻一族为主，时尚的、流行的元素为必胜客铺上了欢乐的背景。没有呛人的油烟，没有令人作呕的蚊蝇，有的只是干净的桌椅和明亮的窗户，心情自然舒畅愉悦。

其次，欢乐环境。为突出欢乐气氛，所有餐厅都增加了抽象派西式壁画、壁炉状的出饼台、随处可见的厨房小玩具等，还为就餐的年轻人和儿童量身定制了许多游戏项目。

再次，欢乐服务。在客人被服务员领到餐台前坐下后，服务员并不在顾客左右。这就是“必胜客”的距离式服务，有距离是为了在客人的感受上造成无距离。服务生的“眼力”很好，当客人有所需求时，他们会从客人的眼神、表情或动作中读出客人的期待，适时提供服务。正是由于这一系列欢乐元素，使其品牌精神得以在细节上体现出来，才使得一个洋品牌在古老的中国大地上生根发芽。

必胜客形象的二度定位，无疑是扩大了消费群，目标明确地指向了年轻人、白领和家庭，其消费形式也以朋友聚会、家庭聚餐、情侣约会为主。尤其引人注目的是，调整后的部分地区必胜客在产品价格上给消费者带来了新惊喜：各类产品降幅达到15%，算是“欢乐价格”吧。

最后，温馨环境。必胜客的装潢更加偏重情调，昏黄幽暗的灯光流泻下来，映照在附着于墙壁上的抽象油画上，形成一圈一圈暗昧的影像，给人一种朦胧的温暖，仿佛某一个散淡的黄昏里一场波澜不惊的巧遇：只有一张比萨的距离，美食与文化的邂逅。

T：有强大的竞争对手，肯德基。肯德基大规模的开店，已经进入三线城市，选址通常在当地的大百货超市，人流量大的地区。全球有12000家左右店铺。肯德基的品种越来越丰富，而且很多东西都在 中国人的口味上做，或者更改，一直致力于开发适合中国人口味的产品，产品更新换代速度较快。肯德基有着较好的广告效应，新产品随广告同步上市。

（二）BCG矩阵

BCG矩阵又称波士顿矩阵，最先由波士顿咨询集团提出，目的是协助企业分析其业务和产品系列的表现，从而协助企业更妥善地分配资源，及作为品牌建立和营销、产品管理、战略管理及公司整体业务的分析工具。BCG矩阵由二乘二方格及对应的横轴纵轴组成，横轴是相对市场占有率，纵轴是销售增长率，方格中间的圆环表示各业务类型可能按圆环方向进行转化。如图4－15所示。

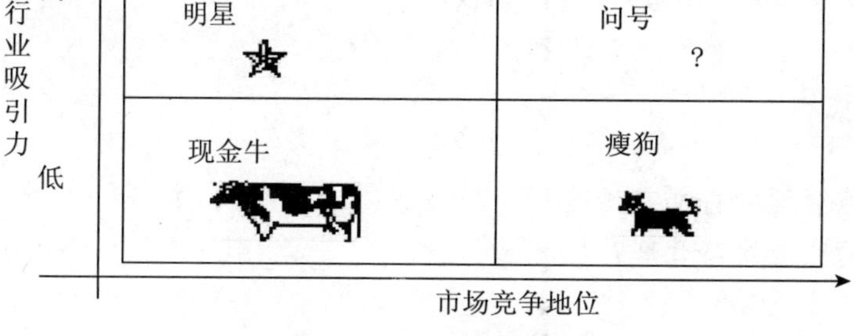

图4－15 波士顿矩阵

根据BCG矩阵图可以将企业的各种业务分为以下四种类型，并可依据企业所处的地位（相对市场占有率以及市场增长率）采取不同的战略。

1. 明星类业务

它是指处于高增长率、高市场占有率象限内的业务，这类业务可能成为企业的现金牛产品，需要加大投资以支持其迅速发展。采用的发展战略是：积极扩大经济规模和市场机会，以长远利益为目标，提高市场占有率，加强竞争地位。发展战略以投明星产品的管理与组织最好采用事业部形式，由对生产技术和销售两方面都很内行的经营者负责。

2. 现金牛业务

它是指处于低增长率、高市场占有率象限内的业务，已进入成熟期，它是企业现金的来源。其财务特点是销售量大，产品利润率高、负债比率低、市场已经成熟，可以为企业提供资金，而且由于增长率低，也无须增大投资。因而成为企业回收资金，支持其他产品，尤其明星产品投资的后盾。公司应多积累此类业务，以提供稳定的现金流。

3. 问号产品（Question Marks）

它是处于高增长率、低市场占有率象限内的业务。前者说明市场机会大，前景好，而后者则说明在市场营销上存在问题。其财务特点是利润率较低，所需资金不足，负债比率高。例如，在产品生命周期中处于引进期、因种种原因未能开拓市场局面的新产品即属此类问题的产品。对问题产品应采取选择性投资战略。即首先确定对该象限中那些经过改进可能会成为明星的产品进行重点投资，提高市场占有率，使之转变成“明星产品”；对其他将来有希望成为明星的产品则在一段时期内采取扶持的对策。因此，对问题产品的改进与扶持方案一般均列入企业长期计划中。对问题产品的管理组织，最好是采取智囊团或项目组织等形式，选拔有规划能力，敢于冒风险、有才干的人负责。

4. 瘦狗业务

也称衰退类产品。它是处在低增长率、低市场占有率象限内的业务。其财务特点是利润率低、处于保本或亏损状态，负债比率高，无法为企业带来收益。对这类产品应采用撤退战略：首先应减少批量，逐渐撤退，对那些销售增长率和市场占有率均极低的产品应立即淘汰；其次是将剩余资源向其他产品转移；最后是整顿产品系列，最好将瘦狗产品与其他事业部合并，统一管理。

即问即答

1. 企业战略管理的特征有哪些？
2. 如何进行企业战略管理？

实训巩固1

1. 实训目的

（1）培养学生的决策思维。

（2）训练培养结合实际进行运筹与合理配置资源，正确决策的能力。

2. 实训内容

（1）运用SWOT分析法，为自己制订一个学业（职业）生涯规划。

（2）在课下准备，可安排1课时集中讨论。

（3）每人写出发言提纲。

（4）可以班级为单位组织讨论。

3. 实训考核

（1）对于通过制订决策的学生加 1 分，目标制订较好者加 2 分。

（2）分析评价态度积极、观点正确加 1 分，表现突出、反驳有力的加 2 分。

（3）其他参与发言的一般加 1 分，较好的加 2 分，计划好，评价也好的加 3 分。

（4）课程结束后上交书面资料（决策制订纲要）。

实训巩固2

拟订一份未来的个人发展计划

1. 实训目的

掌握用滚动计划法实际编制计划的方法。

2. 实训内容

（1）列出你未来 5 年的个人发展目标（如学习目标，就业目标，生活目标等），并以此制订相应的 5 年计划。

（2）采用滚动计划法来实施这一工作，并根据实际情况检验和调整原有计划。

3. 实训要求

（1）滚动计划法采用近细远粗的办法，即近期计划尽可能地详尽，远期计划的内容则较粗；在计划期的第一阶段结束时，根据该阶段计划执行情况和内外部环境变化情况，对原计划进行修订，并将整个计划向前滚动一个阶段；以后根据同样的原则逐期滚动。

（2）密切结合自身情况和条件，使计划更加切合实际；使长期计划、中期计划和短期计划相互衔接，保证能根据环境的变化及时地进行调节；增强了计划的弹性，提高了自身的应变能力。

（3）与小组其他成员分享。

4. 实训考核

实训考核内容如表 4－3 所示。

表 4－3　　实训考核内容

考核项目	操作要求	配分	得分
制订个人 5 年发展目标	小组每位成员列出你未来 5 年的个人发展目标	20	
采用滚动计划法来制订计划	采用滚动计划法来制订个人计划，书面、全面完整	50	
小组分享	将自己的个人计划与小组成员分享	20	
团队精神	发言积极，乐于与同学分享成果	10	

考核评价

考核评价内容如表 4-4 所示。

表 4-4　　制定战略能力考核评价

内容		评价	
学习目标	评价内容	小组评价 （5、4、3、2、1）	教师评价 （5、4、3、2、1）
应知应会知识	计划的含义		
	计划的性质		
	目标管理的内涵		
专业能力	运用各种科学的计划方法		
	确定目标		
通用能力	制订计划		
	运用目标管理		
	用战略管理处理问题		
努力方向：		建议：	

知识巩固

一、选择题

1. 古人云："运筹于帷幄之中，决胜于千里之外。"这里的"运筹帷幄"反映了管理的哪一个职能（　　）。

A. 计划职能　　B. 组织职能　　C. 领导职能　　D. 控制职能

2. 狭义的计划工作指的是（　　）。

A. 计划准备　　B. 制订计划　　C. 执行计划　　D. 检查计划

3. 计划职能的主要任务就是确定（　　）。

A. 组织的领导方式

B. 组织结构

C. 组织的目标及实现目标的途径

D. 组织目标的实现程度

4. 计划工作的第一步骤是（　　）。

A. 估量机会　　B. 确定前提条件　　C. 确定目标　　D. 拟订可供选择的方案

5. 首先提出"目标管理"概念的是（　　）。

A. 孔茨　　B. 德鲁克　　C. 巴纳德　　D. 西蒙

6. 目标管理的特点是（　　）。

A. 强调管理　　B. 强调过程控制　C. 参与式管理　　D. 权力集中

7. 决策是（　　）的前提，计划是决策的逻辑延续，计划是（　　）前提。

A. 制度、控制　　B. 管理、领导　　C. 计划、控制　　D. 目标、领导

8.（　　）也被称为数字化的计划。

A. 政策　　B. 目标　　C. 规则　　D. 预算

9. 计划有很多种类型，根据广度分类（　　）。

A. 长期计划、中期计划、短期计划　B. 战略计划、战术计划、作业计划

C. 综合计划、专项计划　　D. 指令性计划、指导性计划

10. 与长期的战略性计划有关的是（　　）。

A. 高层管理者　　B. 中层管理者　　C. 基层管理者　　D. 全体人员

二、简答题

1. 简述计划的层次体系。
2. 简述计划的编制过程。
3. 简述目标管理及其程序。
4. 很多管理者中间流传着“计划赶不上变化”的说法，对吗？为什么？
5. 计划内容“5W1H”指的是什么？

三、案例分析

索尼：为何你的品牌套路开始失效

没有任何一家公司有权利永远生存下去，而不需要通过不懈的奋斗来争取。这一原则同样适用于索尼，现在看来完全想依靠一块光鲜亮丽品牌而维持自己的生意是不现实的，也是不可能的，搞不好亮丽的品牌也会失去光泽。

索尼这个最有战略号召力的公司在众多的领域开始遭遇失败。在等离子彩电市场，先锋、日立的技术已经逐渐超越了索尼，先锋和索尼在日本国内的销售比达到了4∶1。在液晶彩电领域，韩国三星已经在索尼的传统领地北美地区将索尼封住，索尼开始节节败退。

在手机领域诺基亚、摩托罗拉共同把持了市场；在中国，三星一直占据高端市场，在全球，更是挤进了全球手机五强之列；而索尼的手机则处于萎靡窒息状态。在中国，三星手机和液晶显示器等电子类产品的市场占有率逐年攀升，索尼爱立信手机一直在亏损。

今年春季（1～3月），索尼电子业务出现1161亿日元巨额营业赤字，加上市场对索尼的前途感觉模糊，引发了日本股市的巨幅震荡。有舆论认为这象征着日本经济已经面临一个重大转折，实际上我们真正应该考虑的是，索尼这种标杆型的公司在新的竞争年代遇到了什么样的挑战，我们还应该不应该继续把它作为榜样，新的竞争年代组织到底需要什么样的新战略？

索尼一直被理论界认为是独特的战略赢得了独特的胜利，尤其是在日本的公司大多匍匐在效率面的竞争而不能突围的时候，索尼的经验更加难能可贵。它的胜利在于

它有独特的战略：针对不同顾客生产不同的电子产品然后高价销售，并用独特的方法进行市场营销，强调产品技术的原创性。

经营效率竞争要求把相同或者相似的活动做得比竞争对手更好，而战略竞争的本质是以区别于竞争对手的方法展开商业竞争活动。如果生产所有品种的产品满足所有市场的需求，占有所有顾客的最好的方法是相同的，那么经营效率决定公司的业绩效率，然而对经营活动进行取舍可以使公司能够在它选定的位置上取得独特的成本于顾客价值。

索尼50年来的胜利其实就是这种战略的胜利，但是，在50年后索尼各条战线遇到了麻烦。是战略理论出现了问题，还是索尼出现了问题？实际上是索尼对待战略的方式上出现了问题。

战略从来都不是静态的，因为市场是变化的。一种战略不可能保持一个静态企业的持续胜利吗？这个公司必须进行持续的、新的定位，以保持自己永久的战略差异性，这才是企业获得胜利的根本。

索尼的战略已经遇到了挑战，它的战略已经开始模糊，这是因为在很多领域内它与其他很多公司已经没有什么两样，并且有很多公司已经超过索尼，索尼是进行重新战略定位的时候了。索尼在几十年前率先从日本大公司杂货铺式的经营模式中突围，获得了几十年的胜利，面对新的竞争必须进行新的产业取舍和原有产业的突破，也就是说必须进行新的战略定位，任何修修补补都没有用。因为从现在看，索尼实际上在众多对手的围攻下掉进了效率面竞争的陷阱，在这样的环境中索尼是没有任何优势的，因为它的成本是最大障碍。

索尼的战略优势的衰退给信息时代的全球竞争提供了五点启示。

第一是市场已经转变为“不间歇化的市场”。市场创新主体增多，具有技术优势的企业都不可能垄断技术，消费者接受新产品的速度加快。这个新的市场是一个速度的市场也是一个创新的市场，这样的市场不可能给一个企业更多的时间让你一劳永逸，没有，根本就没有了，进入这样一个新的市场就等于开始没有终点的速度与创新的比赛。

第二是永远的有活力的新产品。成功的企业首先是产品的成功，失败的企业也就是产品的失败，索尼的衰落的实质就是其产品竞争力的衰落。优秀的品牌保证不了没有竞争力的产品的胜利，有竞争力的产品却能保证品牌的长盛不衰，一个企业要长盛不衰必须保证自己的产品永远有竞争力，永远不要期待自己的著名品牌会保佑自己的产品什么，品牌对产品的信用担保期限是零秒。因此，我们千万不要认为我们创造了一个好品牌，然后可以在产品创新上休息一下，这已经是历史的陈旧的观念了。

第三是永远的低成本。设定好的战略，找到差异化的市场空间，并不意味着就找到了高成本的理由。即使你有独特的东西，品牌的溢价幅度正在变小，即使你独特，更独特与成本更低的产品已经在一边等着你了。新的市场要求更大的创新与更低的成本，即使是研发的成本难以缩减。但是，索尼以往的高成本高价格的模式肯定已经落后了。

第四是最快的速度。光有创新和低成本是不够的，必须具有超前的速度。速度已经成为像技术、成本等物质要素一样或者说是更为重要的要素。在这样的时代，产品、成本有竞争力，但没有速度所有的活动也都是白搭。优秀的企业不是在市场上与竞争对手搞肉搏战，而是在你还没有反应的时候，我已经行动，在你行动的时候我已经收获了，速度保证了自己永远不跟竞争对手待在一起。索尼到现在为止仍然具有超常的创新能力，但是，这种能力并没有保证自己在很多产品上胜利，缺少的东西就是速度。

第五品牌营销是持续的沟通流，而不是想起来就有忘记了就没有的散打战役。品牌的优势永远是在现在，现在有优势并不等于今后就有优势。索尼就犯了这样的毛病，创造出一个好的品牌，然后停下来期待这块金字招牌照耀未来，现在看是极大的错误。

根据上述案例，请回答以下问题：

1. 索尼品牌套路失败的原因（　　）。

A. 忽视了战略的全局性　　B. 忽视了战略的创新性

C. 忽视了战略的应变性　　D. 忽视了战略的长期性

2. 索尼品牌采用的独特战略是（　　）。

A. 重点集中战略　　B. 市场开发战略

C. 维持战略　　D. 差异化战略

3. 索尼公司摆脱目前困境的重点在于（　　）。

A. 进行新的战略定位　　B. 加强质量管理

C. 降低成本　　D. 提高生产效率

4. 从此案例可以看出索尼应采取的具体措施有（　　）。

A. 不断创新的战略　　B. 永远有活力的新产品

C. 永远低的成本　　D. 最快的反应速度

管理游戏

跨　绳

目的：体会计划的重要性、明了团队合作的作用。

道具：一条长绳、一根棍子。

时间：45 分钟。

程序：

1. 把全班同学分成若干组，每组 8～10 人。

2. 找四位同学，两人把长绳的两头系在树或杆子上，另两人在长绳的两侧分别画起跑线和终点线。

3. 每组同学都要从长绳的一边越到另一边。

规则：

1. 绳子的高度控制在 0.9～1.4 米。

2. 在越绳的过程中，任何人不得触及绳子。

3. 小组最后一位同学要把棍子也带走。

教师任务：

1. 事先寻找一块空地，空地上有两棵树或杆子，两棵树或杆子之间的距离在 4 米之内。

2. 根据两棵树或杆子的距离准备一条长绳，另外再找一根棍子。

3. 秒表计时，每组的用时从起跑线到终点线所花费的时间。

4. 注意活动过程中学生的安全问题。

5. 总结活动的意义。

考核标准： 不违反规则，且用时最少的小组获胜。

学习情境五　设计组织结构

知识目标

1. 了解组织的基本概念、相关理论基础。
2. 清楚组织结构设计的任务与原则。
3. 掌握组织结构的横向、纵向设计与组织结构的形式。
4. 掌握人员配置的基本要求和基本内容。
5. 理解人员配置的过程。

能力目标

1. 能够看懂组织结构图和进行一般的组织结构设计。
2. 根据人员的特点因岗位配备所需人才，掌握岗位人员配备的工作程序。

A、B、C 三人在一起聊各自在公司的工作情况。A 是甲公司开发部的经理，他说："公司本来有个好项目，但因为要得到太多人的批准，项目启动就花了六个月的时间，影响了项目的市场竞争力。" B 是乙公司的工程师，他说："老板经常在我的职责之上增加新的工作内容，而且我的工作职责范围过于扩大，超出了限度，我经常要跨几个区域工作。" C 是丙公司的销售经理，他说："我们公司销售工作很难做，很多时候得不到其他部门的支持，工作很难落实不下去。"

A、B、C 三人的谈话内容，很多公司的管理人员都有类似的经历。企业内部发生了职责不清、职能间缺乏协调、想法不能共享、缓慢的决策系统等问题，问题的根源是企业的组织结构混乱、组织结构不适宜所导致的。正如人类由骨骼确定体形，企业组织也由结构来决定其形状。组织结构是一个组织的载体和支撑。一个组织要能够高效率地正常运转，必须有一个分工明确、责权利清晰，而且能协作配合的组织结构。

在企业组织调整中，企业应从实践出发，对自身的组织结构进行有效的调整，让其既能满足企业战略的要求，又能够使企业的决策能够通过有效的组织更好地贯彻落实下去。

接下来让我们一起通过本学习情境，认知组织结构，分析组织结构的形式，了解企业岗位人员配置的基本要求。

任务一 认知组织结构

任务情境

三株的衰败

三株曾是中国民营企业的一个奇迹。1994 年，三株实业有限公司成立，同时推出三株口服液保健产品。当年，销售额达到 1.25 亿元，1996 年销售收入达到 80 亿元。1997 年销售收入下滑了 10 亿元，原计划 300 亿元仅实现 70 亿元。1998 年市场开始瘫痪，1999 年，两百多个子公司和 2000 多个办事处全部关门。2000 年三株企业网站关闭，三株几乎是从业界消失了。

三株由生到盛，仅仅用了两年的时间，由盛到衰却不到两年的时间。三株人开始以为三株的一场官司拖垮了企业，后来才从组织架构和运行上发现了端倪。

任务分析

三株的组织架构和运行存在五个致命的缺陷。

（1）“集团军式”的集权管理，企业系统功能分配上下严重失衡。各子公司不是一个独立核算的公司，只是一个代理执行总部战略意图的促销单位。市场范围由总部划定，产品由总部统一调拨运输，价格由总部敲定，甚至签订合同和货款回笼都由总部包揽，子公司实际上只是负责与新闻媒介联系登广告，或者把宣传品送到客户手里，实施一些促销活动，把产品卖出去。各级财务人员的工资由总部财务中心统一发放。对子公司是“填鸭式”的管理，各公司只能被动接受命令，无法根据市场实际，发挥自己的主观能动性和创造性。这种管理模式，在 1996 年已暴露出严重的不适应，1997 年年初，他们开始放权。但一放就乱，没有完善的组织规范，许多子公司不会用权，或者滥用权力，这又导致一些新的更严重问题的发生。

（2）组织系统目标功能作用不清，单位、部门自成体系。三株总公司的组织架构，实行的是中央集权管理体制，企业建立了高度统一的指挥体制。吴炳新称之为六统一，“思想统一，组织统一、政策统一、企划统一、行动统一、管理统一”。为了使这种集权体制具体化，又引进了日本企业的“贩卖、人事、总部、制造”四个中心的架构，成立了制造中心、营销中心、财务中心、组织人事中心。集团四个中心，各自独立成为一个体系。各中心之间，画地为牢，互成壁垒，一个个都成了割据分立的诸侯王国。人员各自扩充，职能各自增添，以与其他中心争权夺利。单位、部门之间拉山头，闹独立。单位、部门不是从企业整体利益出发，而是从小集团和个人利益出发。单位、部门负责人利用职权，打击异己，拉帮结派，培植个人势力。对上面的决策，符合自已小团体利益和个人利益的就贯彻；不符合的，听而不闻，视而不见。

（3）组织层次过多，运行效率低下。从集团总裁到基层员工，总共有 18 个层次。过多的等级造成严重的官僚主义，上令难以下达，下情难以上传。市场信息不灵，上下沟通渠道不畅。总部对下属公司无法进行有效控制，对外部环境变化反应迟缓。在组织架构和运行上实行军事化控制：上有市场前线总指挥委员会，其功能相当于国家军委。中有各省市场前线指挥部，相当于敌前委。在总部还设立有政治工作部，各省设政治委员，子公司派党代表，任职人员主要是从部队营级以上的转业干部中选聘的。下有基层作战单位，基层网点执行经理为连长。但这种军事化的管理也无法给三株带来效率，吴炳新亲自批示的报告，并且电告副总裁速办，结果在中间被卡住，理由是手续不全，延误时间十多天，导致良机丧失。

（4）单位、部门和岗位角色职责不清。在公司总部，组织体系大的套小的，重重叠叠。集团下面，大公司又套小公司，业务总部控制，层层叠叠的多级公司，都是跑广告、做广告，发发货，职能雷同。中间层次的公司纯粹变成了行政衙门，业务由下面做，钱交由他们花。管理人员整天坐在办公室发号施令，很少去直接管辖的下级市场，甚至办事处在什么地方都不知道。有一个子公司经理，手下一个办事处主任，上岗 4 个月，他还不认识。尤其是一些中间层次的管理人员，晚上逛歌舞厅，进夜总会，白天睡大觉。放权以后，没有明晰的责任限制，总部对下面控制减弱，问题进一步加剧，责任没人负，工作没人干。有个子公司经理公开说：“子公司经理就是比办事处主任懒，办事处主任就是比业务主办懒。”

（5）干部终身制，能上不能下。三株自己的员工也讲：“我们不是国有企业，但比国有企业还国有企业。有些干部低能，在一个单位混不下去了，再换一个单位照样当官。”

组织架构和运行不规范的问题，也不只是像三株这样的公司存在，国内众多企业都存在，只是在程度轻重上有别罢了。从这个意义上讲，通过一定的科学方法，规范企业的组织架构和运行，相对企业而言，也就直接是关乎企业兴衰存亡的大事。

知识精讲

一、组织与组织结构

1. 组织

很多学者都给“组织”下过定义。路易斯·A. 艾伦（Louis A. Allen）将正式的组织定义为“为了使人们能够最有效地工作去实现目标而进行明确责任、授予权力和建立关系的过程”，罗宾斯将组织定义为“由人组成的，具有明确目的和系统结构的实体”。

组织是指由诸多要素按照一定方式相互联系起来的系统，是具有功能并自成系统的结构。

从现代意义上讲，组织一是指组织活动，二是指组织机构。

从管理学意义上，组织是作为实现某一共同目标，经由分工与合作及不同层次的权力和责任制度而构成，并与外部环境相适应的有机结合体。

2. 组织结构

组织结构是对完成组织目标的人员、工作、技术和信息所作的制度性安排。是组织的基本架构，描述组织的框架体系，就像人类由骨骼确定体形一样，组织也是由结构来决定其形状的。

组织结构表明组织各部分排列顺序、空间位置、聚散状态、联系方式以及各要素之间相互关系的一种模式，是整个管理系统的“框架”。一个组织要能够高效率地正常运转，必须有一个分工明确、责权利清晰、而且能协作配合的组织结构。

3. 组织的类型

组织可以按不同标准分类，按是否自发形成，可以分为正式组织和非正式组织。

（1）正式组织。正式组织是为了有效的实现组织目标，规定组织成员之间职责范围和相互关系的一种结构。其组织制度和规范对成员具有正式约束力。我们通常所说的政府组织、企业组织都属于正式组织。

正式组织具有以下特征：

第一，不是自发形成。它是根据社会的需要，经过设计、规划、组建而成。

第二，有明确的目标。正式组织具有十分明确的目标，并且为实现组织目标制定组织规范，以最经济有效的方式达到目标。

第三，以效率为标准。效率是正式组织的行动标准，为提高效率，组织成员之间保持协作。

第四，具有强制性。正式组织通过方针、政策、制度等组织成员发挥作用，约束成员的行为。

（2）非正式成员。非正式成员是人们在共同工作或活动中，由于抱有共同的社会情感和爱好，以共同的利益和需要为基础而自发形成的团体。比如：在某一个正式组织内部，兴趣爱好相投的组织成员往往经常聚在一起，交流情感，进而形成一个体系，也就是所谓的非正式组织。

非正式组织具有以下特征：

第一，自发性。成员为满足个人需要，自发形成非正式组织。

第二，内聚性。非正式组织没有严格的规章制度约束其成员，他们之所以能集合在一起，是由于他们有相近的价值观或共同的兴趣爱好或切身的利害关系等，这些成员的“团体意识”起着内聚和维系组织存在和发展的作用。

第三，不稳定性。由于非正式是自发产生、自由结合而成，因此呈现出不稳定性，它往往随着环境的变化、观念的更新、新的人际关系的出现、活动范围的改变而发生变动。

任何组织中都有非正式组织的存在，两者常常相伴而存，相促而生。正式组织以共同目标、以提高组织效率为维系纽带，非正式组织则以共同情感为维系纽带。

管理故事

制度决定一切

有七个人曾经住在一起，每天分一大桶粥。要命的是，粥每天都是不够的。

一开始，他们抓阄决定谁来分粥，每天轮一个。于是乎每周下来，他们只有一天是饱的，就是自己分粥的那一天。后来他们开始推选出一个道德高尚的人出来分粥。强权就会产生腐败，大家开始挖空心思去讨好他，贿赂他，搞得整个小团体乌烟瘴气。然后大家开始组成三人的分粥委员会及四人的评选委员会，互相攻击扯皮下来，粥吃到嘴里全是凉的。

最后想出来一个方法：轮流分粥，但分粥的人要等其他人都挑完后拿剩下的最后一碗。为了不让自己吃到最少的，每人都尽量分得平均，就算不平，也只能认了。

大家快快乐乐，和和气气，日子越过越好。

启示：同样是七个人，不同的分配制度，就会有不同的风气。所以，一个单位如果有不好的工作习气，一定是组织机制问题，一定是没有完全公平公正公开，没有严格的奖勤罚懒制。如何制订这样一个制度，是每个企业组织领导需要考虑的问题。

即问即答

你身边有组织吗？你认为它是以何种方式存在的？

二、组织结构的纵向设计——管理幅度与管理层次

进行组织结构设计主要是依据组织目标进行横向管理部门划分和纵向管理层次的设计两个方面，其中有两个关键因素，即管理跨度和管理层次。

（一）管理幅度

管理幅度是指一个主管能够直接有效地指挥下属成员的数目，通常表明管理者管理范围的大小。管理者的研究发现：在机构的高层领导中，通常是4～8人，在机构低层领导中，为8～15人。

一般来说，影响管理幅度的因素主要有以下五个方面。

（1）管理者与其下属双方的素质和能力。主管素质越高、能力越强，管理幅度就越大；同时，如果下级人员素质越高，管理幅度也就越大。

（2）工作本身的性质。工作方式越简单、工作内容区别越小，管理幅度就越大。

（3）组织沟通的类型和方法。上下级沟通要求越低、越小，管理幅度就越大。

（4）组织环境和规模的变化。外部环境改变速度越慢，管理幅度就越大。

（5）管理者的授权明确性。如果管理者授权适宜、明确，管理幅度也越大。

管理幅度设计常用的方法主要有两种。

（1）经验统计法。即先对不同类型组织的管理幅度进行抽样调查，再以调查所得

的统计数据为参照，结合本组织的具体情况去确定管理幅度。经验统计法简便易行，它的局限性是缺少对影响特定组织管理幅度诸因素的具体分析，提出的管理幅度建议难免与特定组织的实际条件不符。

（2）变量测定法。指所影响管理幅度的各种因素作为变量，采用定性分析与定量分析相结合的方法来确定管理幅度。与经验统计法比，由于全面考虑了影响特定组织管理幅度的主要因素，并进行了定量分析，因此，它所规定的管理幅度更为科学、合理。缺点是在选择变更和确定变量时仍受主观判断的影响。

管理故事

摩西和管理幅度的故事

《圣经》中记载着摩西（约公元前1300年，曾被俘虏到埃及，他汲取埃及的管理经验，成为希伯来人的领导者）为摆脱埃及人的奴役率领希伯来人出走。开始，每个人都直接向摩西汇报，遇到大事小事，摩西都要亲自处理。摩西从早到晚整天坐在那里，以色列人在他面前排起了长队，耐心地等着见他，表达自己的愿望和倾诉心中的不满。摩西的岳父杰西对摩西说："你这样做不太好，你和那些等着见你的人都受不了，你们会累坏的。你不应该自己一个人做这件事。"然后杰西摩西在每1000人中选出一位代表，再在其中每100人选出一位代表，每50人及每10人选出一位代表。重大事项仍然由摩西自己来决定，但琐碎的事情就由那些选出的代表来作出裁决。摩西采纳了岳父的建议，顺利地完成了出走的任务。

启示：授权不等于分权，也不是将职责放弃或让渡，是运用有效的管理幅度进行有效管理的体现。

（二）管理层次

管理幅度的确定是组织结构设计中的关键点，也是一个难点。而这个困难的解决，与纵向管理层次的确定息息相关。

所谓管理层次，是指一个组织设立的行政等级的数目。一个组织集中了众多员工，作为组织主管，不可能面对每一个员工直接进行指挥和管理，这就需要设置管理层次，逐级进行指挥和管理。

一般来讲，组织中管理层次的多少，是根据组织工作量的大小和组织规模的大小来确定的。管理层次通常可分为上层、中层、下层，各个层次分工明确。上层的主要职能是从整体利益出发，实行统一指挥和综合管理，制订组织目标、政策方针；中层的主要是为达到组织总体目标，制订并实施各部门具体的管理目标，拟订和选择计划的实施方案，协调各部门之间的关系；下层的主要职能是按照规定的计划和程度，协调基层组织的各项工作和实施生产作业。

管理层次设计的步骤主要是：

（1）根据纵向职能分工，确定基本的管理层次。

（2）按照有效管理幅度推算具体的管理层次。

（3）按照提高组织效率的要求确定具体的管理层次。

（4）按照组织的不同部分的特点，对管理层次作局部调整。

（三）管理幅度与管理层次的关系

在组织规模已确定的条件下，管理层次与管理幅度成反比，即上级直接领导的下属越多，管理层次就越少，反之则越多。这种关系可用下列公式说明：

管理幅度×管理层次＝组织规模

管理层次与管理幅度的关系，如图 5－1 所示。

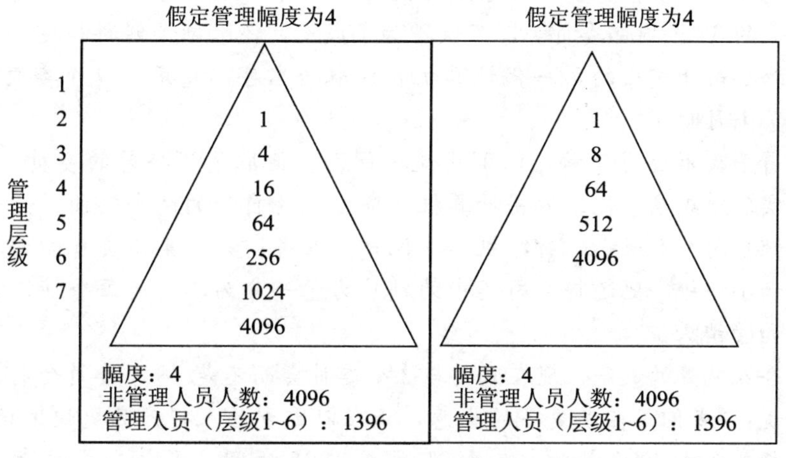

图 5－1　管理幅度与管理层次比较

（四）扁平型与高耸型组织结构

管理层次与管理幅度的反比关系决定了两种基本的组织结构形态：一种是扁平型的组织结构形态，一种是锥型的组织结构形式。

扁平型组织结构的优点是：由于管理层次比较少，信息的沟通和传递速度比较快，信息失真度比较低；同时，上级主管对下属的控制也不会太呆板，这有利于发挥下属人员的积极性和创造性。其缺点是：过大的管理幅度增加了主管对下属的监督和协调控制的难度，同时，下属也缺少了更多的提升机会。

锥型组织结构的优点是：由于管理的层次比较多，管理幅度比较小，每一管理层次上的主管都能对下属进行及时的指导和控制；另外，层次之间的关系也比较紧密，这有利于工作任务的衔接，同时也为下属提供了更多的提升机会。其缺点是：过多的管理层次往往会影响信息的传递速度，信息失真度可能会比较大，这又会增加高层主管与基层之间的沟通和协调成本，增加管理工作的复杂性。

组织究竟采用扁平型组织结构还是锥型组织结构，主要取决于组织规模的大小和组织中管理者的有效管理幅度等因素。随着科技的发展和环境不确定性的增强，组织结构趋向扁平化方向发展。

管理故事

谁说大象不能跳舞

要成功地精简一个公司行政机构的层次，其难度常被比喻为教会一只大象跳舞。但是，惠普公司前首席执行官约翰·A. 杨，却赢得了妙计制胜的声誉。

在1990年年初，杨开始认识到公司的行政机构是如何拖延决策的过程。他听说，公司在开发一组高速计算机工作站时，因为在技术决策问题上无休止地开会，结果是开发进程延期了1年多。惠普公司原先为促进各工作小组之间的沟通和更好地评估各项决策而设立的38个内部委员会，不仅增加了成本，还限制了创新和延缓了决策。比如，仅仅为给公司开发出的第一代计算机软件取个名字，竟用了9个委员会，近100个人讨论了7个月时间。

杨立即着手改革公司结构，以解决这一问题。他取消了公司的委员会机构设置，并采取措施实现组织扁平化。他将计算机业务划分为自治的两个集团：一个集团经营通过代理商销售的个人微机、打印机和其他产品业务；另一集团负责向大客户推销计算机工作站和小型机。他还将公司集中的销售力量一分为二，使每个计算机集团拥有自己的销售和营销队伍。

结果是令人鼓舞的。一位现在只要与3个委员会而不是38个委员会打交道的总经理这样评论说："我们正在做更多的生意，正在以更少的人将产品更快地送出去。"数据也证实了杨重组机构的成功：在1991年至1992年间，惠普公司的季度利润增加了49%。

启示：简单的组织意味着效率、速度，将组织结构简单化，让笨重的大象也能跳舞。

三、组织结构的横向设计——部门划分

部门，是指组织中主管人员为完成规定的任务而有权管辖的一个特殊的领域。进行部门划分的目的在于确定组织中各项任务的分配与责任的归属，同时，类似的活动放在同一领导之下，可以减少摩擦，提高效率。

（一）部门划分原则

在实践中，为了使组织的部门划分具有科学性和可操作性，应该尽量遵循以下原则。

1. 精简高效的部门设计原则

按照这一原则要求，部门划分应当体现局部利益服从整体利益的思想，并将单个部门效率目标与组织整体效率目标有机结合。另外，部门划分应在保证组织目标能够实现的前提下，力求人员配置和部门划分精简合理。

2. 因事设职和因人设职相结合的原则

该原则要求必须将组织活动落实到每一个具体的部门和岗位上，做到"事事有人

做”，且“人人有事做”。使得“人尽其能”，“人尽其用”。

3. 合并与分开的原则

在部门划分时，按照对每个部门、每个岗位进行的工作分析和关系分析，依照分工与协作的要求进行业务活动组织。相似的职能应组织在一起，有联系的相关职能可归并一处，有利害冲突的职能应分开。

（二）部门划分方法

1. 按职能划分

这种方法是把属于同一性质的工作任务或职能编在一起形成一个部门。如企业的主要职能部门有生产、营销、财务、人事等部门。

这种划分方法有利于提高专业化水平，充分发挥专业职能，有利于提高管理人员的技术水平和管理水平，有利于实现组织目标。其缺点是容易形成部门主义，增加部门协调合作的难度。这是当前最普遍采用的一种部门划分方法，方法如图 5－2 所示。

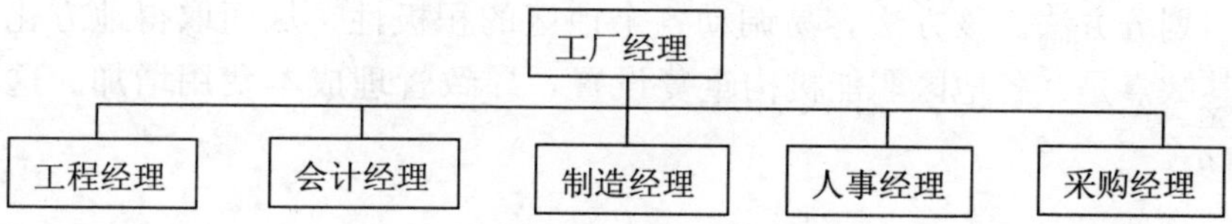

图 5－2 按职能划分的部门化组织

2. 按客户划分

这种部门划分方法就是根据目标客户的不同利益需求来划分组织的业务活动。在激烈的市场竞争中，客户的需求导向越来越明显，组织应当在满足市场客户需求的同时，努力创造客户未来的需求，而这种按客户划分部门的方法正好顺应了市场发展的这种趋势。

这种划分方法的优点是：组织可以通过设立不同的部门满足需求，同时也能有效获得客户真诚的意见反馈，从而有利于组织不断改进工作；另外，组织能够持续有效地发挥自己的核心专长，不断创新客户的需求，从而保持持久的竞争优势。

缺点是：该种部门划分方法需要更多能妥善协调和处理与客户关系问题的管理人员和一般人员；另外，客户需求偏好的转移，可能会造成组织所提供的产品或服务结构的不合理，甚至出现与客户需求不匹配等情况，影响对客户需求的满足。这种方法如图 5－3 所示。

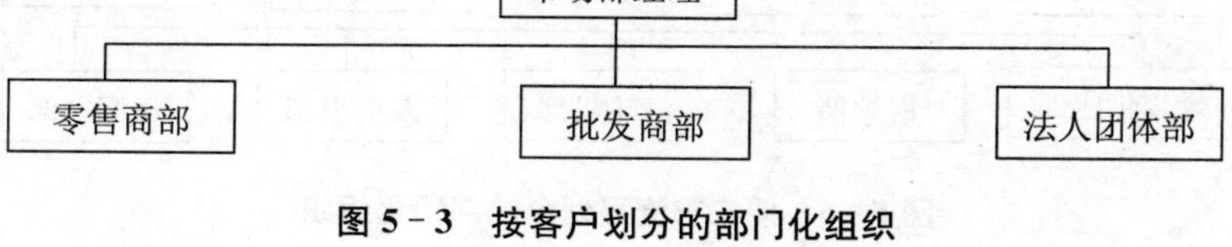

图 5－3 按客户划分的部门化组织

3. 按产品划分

它是按产品或者产品系列来组织业务活动的一种方法。该方法一般能够发挥个人的技能和专长，发挥专用设备的效率，有利于部门内的协调，有利于组织专业化生产和经营，有利于新产品的开发和研制。其缺点是：组织需要更多的“多面手”人才去管理各个产品部门；各个部门容易存在本位主义。这种方法如图 5－4 所示。

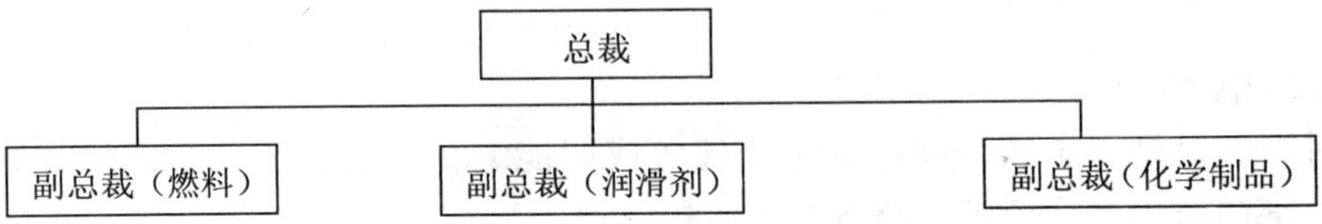

图 5－4　按客户划分的部门化组织

4. 按地域划分

它是按照地域的分散化程度划分组织的业务活动，继而设置管理部门管理其业务活动的部门划分方法。该方法容易调动各个地区的积极性，从而取得地方化经营的优势效益。其缺点是：各地区职能机构重复设置，导致管理成本费用增加。这种方法如图 5－5 所示。

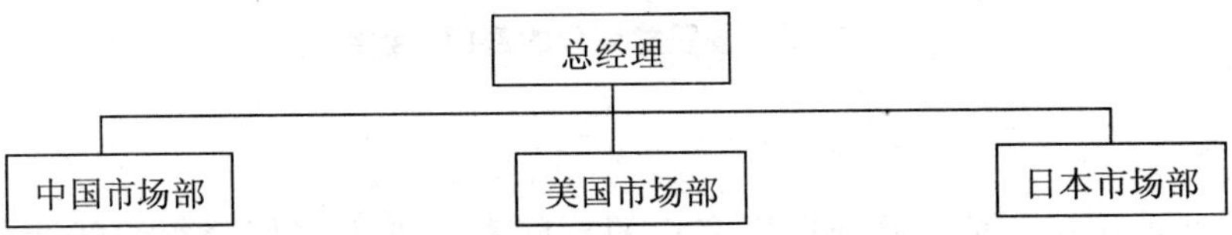

图 5－5　按地域划分的部门化组织

5. 按流程划分

它是按照工作或者业务流程来组织业务活动的部门划分方法。这种部分划分的方法优点是：组织能够充分发挥人员集中的技术优势，易于协调管理，对市场需求变化能够快速反应，容易取得较明显的集合优势；另外也简化了培训，容易在组织内部形成良好的学习氛围。其缺点是：部门之间的协作可能不够紧密；不利于培养复合型人才。这种方法如图 5－6 所示。

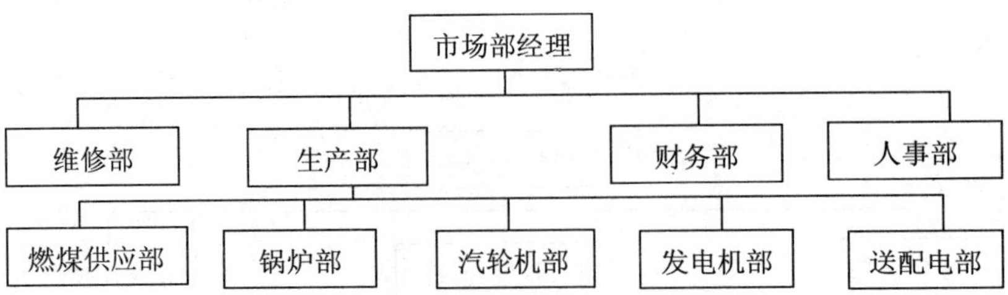

图 5－6　按工艺流程划分的部门化组织

四、组织职权及划分

（一）职权类型

在组织结构设计所包含的内容中，职权的划分很关键。在一个组织内大致有三种职权。

1. 直线职权

它是某项职位或某部门拥有的作决策、命令等权限，也就是通常所指的指挥权。每一管理层的管理人员都具有一定的直线职权，只不过由于每一管理层次的功能不同，其职权大小和范围也各有不同。由于直线职权的存在，在组织结构中，从上至下形成一个权力金字塔。

2. 参谋职权

参谋职权是参谋所拥有的辅助性职权，包括提供咨询、建议等。他没有指挥和命令的权力。参谋和直线之间的界限是模糊的，作为一个主管人员，他既可以是直线人员，也可以是参谋人员。这取决于他所起的作用及行使的职权。

3. 职能职权

职能职权是某职位或某部门所拥有的原属直线主管的那部分权力。职能职权大部分是由业务或参谋部门的负责人来行使的，这些部门一般都是由一些职能管理专家所组成。例如，某公司总经理授权财务部门直接向生产经营部门负责传达关于财务方面的信息和建议。职能职权是组织职权的一个特例。

（二）集权与分权

把权力授给组织的各单位与各部门的程度，是集权与分权的尺度。

所谓集权，是指决策权在组织系统中较高层次上一定程度的集中；分权是指决策权在组织系统中较低层次上一定程度的分散。在组织管理中，集权和分权是相对的，没有绝对的集权和分权。

管理故事

斯隆大改组，通用大起飞

美国通用汽车公司是世界上最大的汽车公司，总部坐落在美国素有“汽车城”之称的第五大城市底特律。

通用汽车公司是由比利·杜兰特创立的。此人有远见，有魄力，胆识过人，对通用汽车的创立起了很大的作用。然而，杜兰特在管理方式上过于集权，他完全把握公司的领导权，事无巨细，大包大揽。因此，哪怕是杜兰特犯了错误，明辨是非的人也没有办法阻止错误的发生，通用汽车也因此多次陷入困境。而且，虽然杜兰特强调集权，但是公司的各个部门却陷入了失控的局面。当杜兰特离开通用时，公司已经危机四伏，大有江河日下之势。

然而，却有一位天才似的人物使通用汽车公司起死回生，走上腾飞之路。此人就是闻名美国的斯隆。斯隆在1923年就任通用汽车公司总经理，1924年任总裁，直到1956年退休。他很早就与杜兰特共事，历经通用的风雨沧桑，因此，斯隆对通用的弊病了如指掌。

斯隆认为，大公司应在集中管理与分散经营之间找到平衡点，充分发挥两者的优点，克服两者的缺点，才能建立较为完善的组织管理体制，取得最佳的经营业绩。因此，掌管通用之后，斯隆进行了大改组。他提出了“分散经营，协调控制”的思想，力图以此建立通用的新的组织体制。根据这一全新的思想，斯隆拟订出改组通用的组织机构的具体计划，并提出事业部制的新概念。

斯隆把公司要解决的任务分为两大类，即决策任务和执行任务。在斯隆的改组计划中，公司的董事会担任决策任务，设立了两个委员会——财务委员会和执行委员会。这一点与杜兰特时代是相似的。执行委员会继续保持对公司各项业务和经营活动的全面控制；而财务委员会也行使过去的权力，即对公司的财务及财务工作人员的总控制权。同时，斯隆建立了直接指挥部门的组织结构，以适应行政管理的需要。在新的组织结构中，设有总公司（公司总经理处）、各事业部、各工厂三级。总公司由总执行经理负责领导，下辖四个事业总部——汽车、零件、配件、杂品。各事业总部由总部执行经理监管。

斯隆成功了。凭借这套管理体制，通用汽车公司在以后的岁月中，渡过了许多难关，取得了惊人的发展。斯隆建立的这套管理体制一直是通用的组织构架，因为它成功地将分散经营与协调控制结合起来，既取得了经营的主动性，又取得了效益。虽然通用也曾有过多次的组织调整，但都是在斯隆模式的框架内进行的，只不过有时分散经营多一些（如经济高涨时期），有时集中管理多一些（如经济低落时期）。

斯隆的改组使通用走上了腾飞之路。1923年，通用的产品在国内的市场占有率仅为12%，然而到1956年，通用在国内的市场占有率跃升为53%。1977年又上升为56%。1977年，它成为美国最大的工业公司，虽然以后在全部工业公司的排名有所下降，但自1928年以来，一直是美国乃至全球第一的汽车公司。

启示： 当集权使公司的各个部门陷入了失控，那组织内部的决定、行动、计划肯定是以一个人或一部分人的意志为导向的，这就是传统意义上的“一言堂”，这只能带来组织的危机。

每个公司应在集中与分散经营之间找到平衡点，充分发挥两者的优点，克服两者的缺点，才能建立较为完善的组织管理体制，取得最佳的经营业绩。

管理案例

富于竞争性的组织——IBM

1974年，美国商业机器公司（IBM）总裁小托马斯·J. 华生在辞职后，把他在任职期间，如何领导机构，完善管理机制，使IBM公司拥有的富有竞争性的管理体系作了如下介绍：

"1956年起，我们开始着手领导机构的问题。直到50年代中期，公司还是一个人说了算，那就是我父亲。这种早在1914年实行的无计划的管理在当时还奏效，但已不能适应现在的经营规模。1956年，经过几个月的研究，我们召集公司100名左右的高级领导在弗吉尼亚的威廉斯堡开了大会。在那儿，我们对每个人的工作作了专门化分工，做到职责分明。采用了一种互相制约，相互配合的方法。这种方法就是以后成为IBM所特有的一种富有竞争性的管理系统。具体经办人员可以向管理人员提出不同意见，如果经办人不同意，就不可作出决定。如果企业主管和经办人员意见无法统一，就由上级管理部门解决。"

"我和一个由8～10人组成的理事会负责公司的管理工作。我对其中好些人十分的尊重，在作结论之前，常常征求他们的意见。如果该理事会已落后于公司的发展步伐，我就会把它解散，然后成立一个新的理事会，留用大部分原来的人才。通过重新重建新理事会，使我有可能补充进更多有用的人员。我对IBM的贡献在于我能通过各种方法挑选出色人员，并使之团结在一起……"

"内部存在着许多的竞争，IBM的管理工作是如何进行的呢？我们很少从企业内部提拔干部，实际上，IBM的每一个管理人员起初都是推销员。由于我们公司发展速度快，所以干部的提升也很快。而对于在工作上不满意的人，我们采取的是一种'门户开放主义'。这一套办法早在20年代就开始实行了，员工首先可以把不满之处向经理诉说，如果还得不到解决，就可以到我办公室来。我平均花费1/5的工作时间来了解情况和接待下属……对于这种'门户开放主义'的政策运用，对于在美国有8万以上从业人员的大企业，究竟适合不适合，应加以反省。相信不久的将来，从业人员的烦恼，将由各事业部门的责任者或经理人员负责处理。不过，从业人员的问题，势必要比产品上的问题耗费更多的时间和精力，这是不言而喻的。尊重从业人员的权利，并设法使其享受应得的权利，将能促进公司有更大的发展。这种权力的存在，正是经营权滥用的最好制衡器——它如同车上的刹车机构。'门户开放主义'所促成的企业内人与人之间的关系，好比是输送血液于大动脉一般，能使整个公司浑然一体。"

讨论：

1. IBM进行组织设计的独特支出在于什么？
2. 在IBM的组织中，是如何处理集权和分权的关系的？

实训巩固

中小企业组织结构调查

1. 实训目的

通过调查一个中小企业，增强对企业组织结构的感性认识，培养学生对企业组织结构分析的初步能力。收集企业制度规范有关资料，为组织结构设计中制订制度的训练提供条件。

2. 实训内容

到一家中小企业，对该企业的组织结构情况及其制度规范进行调查，并运用所学知识进行分析诊断。如时间安排有困难，也可利用网上、资料等途径收集企业相关信息。主要需收集的信息包括：

（1）企业的组织结构系统图；

（2）各主要职位、部门的职责权限及职权关系；

（3）企业主要的制度规范；

（4）由于组织结构、职权关系及制度等问题引起的矛盾。

3. 实训要求

（1）每位学生写出访问报告或小结。

（2）调查后安排一次讨论课，以小组为单位进行交流，每组派出一名代表发言讨论。

（3）教师根据学生的调查报告与发言讨论的表现给予评价打分，纳入学生平时成绩考核之中。

考核评价

考核评价内容如表5-1所示。

表5-1　认知组织结构能力考核评价

内容		评价	
学习目标	评价内容	小组评价（5、4、3、2、1）	教师评价（5、4、3、2、1）
应知应会知识	组织设计的含义		
	组织结构的横向设计		
	组织结构的纵向设计		
专业能力	把握组织设计重点		
	评价组织结构特征		
通用能力	理解组织结构重要性		
	培养组织结构构造意识		
努力方向：		建议：	

任务二　分析组织结构形式

任务情境

单纯的组织更具效率

美国的皇冠牌瓶盖公司创立于1891年，是制造啤酒及清凉饮料的各种瓶盖的工厂，该公司是美国著名的公司之一。

皇冠牌瓶盖公司是由机械工人培恩达创立的，凭借专利权，公司的业务蒸蒸日上，扩展非常迅速。后来，由于专利权期满，又由于第二任总经理杰尔斯·麦克曼扩大太快，以致使该公司陷入困境，连连亏损，市场占有率也降至只有30%。第三任总经理诺克尔力图重振皇冠牌瓶盖公司，但毫无起色，亏损连连。这家公司似乎无药可医，病入膏肓。大人物受命于危难之中，约翰·柯纳利的上台给皇冠牌瓶盖公司带来了无限的希望。

柯纳利是靠不断地收购该公司的股票而上台的，柯纳利知道皇冠牌瓶盖公司的发展潜力和经营管理的动向。他坚信只要由自己经营，公司一定能重振昔日的声威。

柯纳利是一个追求简单化经营组织的人，他力图通过部门的简单化、经营的简单化、计划的简单化和人员的简单化来拯救这家自从推动专利权保护就一蹶不振的公司。柯纳利常说的一句话表明了他对简单化的信念："千万不要装模作样地增加复杂，所谓经营组织，乃是越单纯效率越高的。"为了贯彻其经营理念，他提出了如下五项重建决策，并具体地实施：

(1) 废除事业部制，使管理与销售部门一元化，进而削减冗员，使人人专职专责。

(2) 削减出现赤字的部门，暂停制造塑胶容器及冰箱集中经费。

(3) 使生产计划平衡化，以求得资金的快速周转，促进生产。

(4) 调整各部门的人员，以使员工能做适合于自己的工作，调动他们的积极性。

(5) 对效益好的部门增大投资，促进设备合理化，增加生产和收益。

此外，柯纳利又设法调动员工的责任感和工作积极性，力图一扫过去的那种颓丧不振的氛围，建立一种生气勃勃的企业精神。

柯纳利成功了，在他就任总经理之后几个月的时间内，公司的面貌大为改观：没人玩扑克牌了，劣质产品也大幅度减少，企业呈出现一派生机盎然的新景象。

1967年，皇冠牌瓶盖公司的营业额约4亿美元，是1963年的2倍，短短的四年时间，营业额就增长2倍。这是多么令人惊讶啊！

任务分析

当先进的管理理念和制度被越来越多的管理者所熟知，人们往往会忘掉企业管理的真正目的就是提高组织效率。很多管理者将一些所谓先进的流行的管理组织结构与制度应用起来，但往往不适合自己的企业而产生负面的影响。有时，一些简单的、实用的组织结构与制度会更具效率。

那么企业根据自身的情况可以选择哪种类型的组织结构呢？在选择组织结构形式时需要考虑到哪些要素呢？当现有的组织形式不适合企业时，企业又可以采取什么样的方法呢？接下来的任务内容里面能够让你找到答案。

知识精讲

一、组织结构形式

企业的组织结构形式有很多，既包括直接制、职能制、直接职能制的传统组织结构形式，又有事业部制、矩阵制、网络型等现代组织结构形式。

（一）传统组织结构类型

1. 直线制组织结构

直线制组织结构是最古老、最简单的一种组织结构类型。企业的一切管理工作，均由企业的厂长（或公司经理）直接指挥和管理，是不设专门的职能机构的组织形式。组织结构如图 5－7 所示。

优点是结构简单，命令统一；责权明确、指挥灵活，易于适应环境变化；管理成本低。缺点是管理者负担过重，难以胜任复杂职能；管理工作简单粗放，成员之间和组织之间横向联系差。适用于小型组织，企业初级阶段、环境简单的企业。

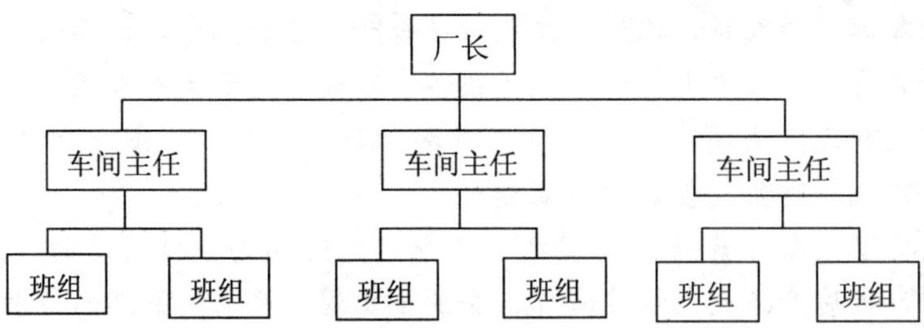

图 5－7　直线制组织结构

2. 职能制组织结构

职能制组织结构是采用按职能分工实行专业化的管理办法来代替直线型的全能管

理者，各职能部门在分管业务范围内直接指挥下属。组织结构如图 5－8 所示。

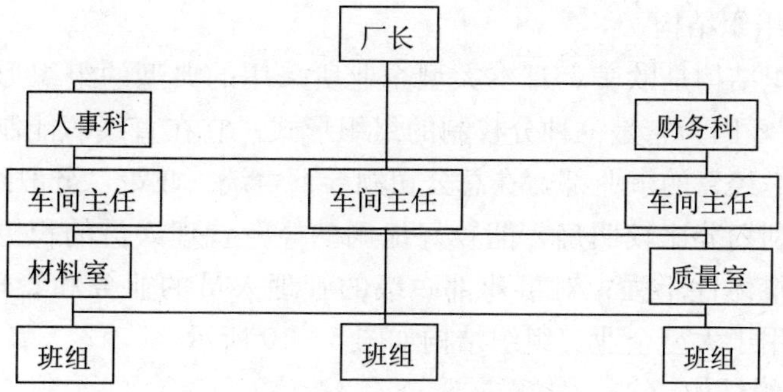

图 5－8　职能制组织结构

优点是管理工作分工较细；由于吸收专家参与管理，可减轻上层管理者的负担。缺点是不利于组织的集中领导和统一指挥；各职能机构往往不能很好配合。由于这种组织结构形式的明显的缺陷，现代企业一般都不采用职能制。

3. 直线职能制组织结构

直线职能制组织结构综合了直线型结构和职能型结构的优缺点。这种组织结构形式是把企业管理机构和人员分为两类，一类是直线领导机构和人员，按命令统一原则对各级组织行使指挥权；另一类是职能机构和人员，按专业化原则，从事组织的各项职能管理工作。组织结构如图 5－9 所示。

优点是既保证了集中统一的指挥，又能发挥各种专家业务管理的作用。缺点是缺乏信息的横向沟通，职能部门之间的协作和配合性较差。适用于一般性的企业。

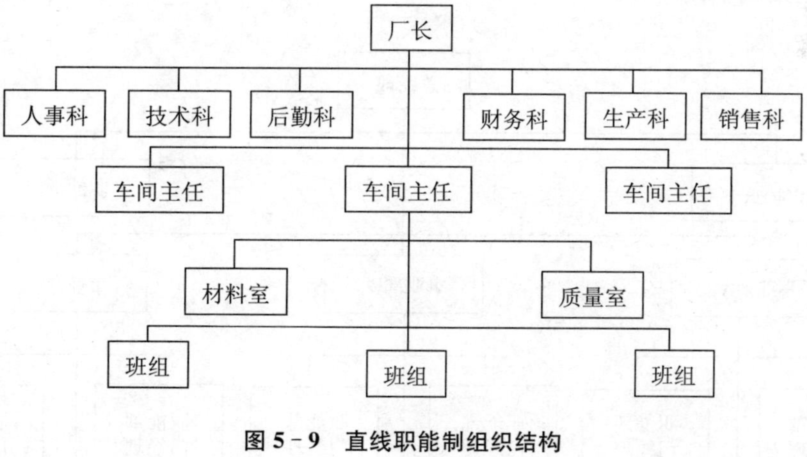

图 5－9　直线职能制组织结构

（二）现代组织结构

1. 事业部制组织结构

事业部制组织结构是欧美、日本大型企业所采用的典型的组织形式。有时也称之为“联邦分权化”，因为它是一种分权制的组织形式。它在直线职能制框架基础上，设置独立核算、自主经营的事业部，在总公司领导下，统一政策，分散经营。

优点是责权利划分比较明确，能较好地调动经营管理人员的积极性。缺点是各事业部独立经营，整体性不强；对事业部一级的管理人员的业务和管理水平要求较高；管理成本高。适用于大型企业。组织结构如图 5－10 所示。

2. 矩阵制组织结构

在组织结构上，把既有按职能划分的垂直领导系统，又有按产品（项目）划分的横向领导关系的结构，称为矩阵组织结构。矩阵制组织结构是为了改进直线职能制横向联系差，缺乏弹性的缺点而形成的一种组织形式。组织结构如图 5－11 所示。

优点是加强了横向联系，克服了职能部门各自为政的现象，各方面有专长的人都有备而来；具有较大的机动性、灵活性，任务完成，组织即解体；各种专业人员同在一个组织共同工作，相互激发，思路开阔，相得益彰；缺点是双重领导，管理困难；成员易导致责任不清。适用于需要集中各方面专业人员完成的工作项目。

3. 委员会组织结构

委员会组织结构是一种特殊类型，它是执行某方面管理职能并以集体活动为主要特征的组织形式。实际中的委员会常与上述组织结构相结合，可以起决策、咨询、合作和协调作用。

优点是可以集思广益，利于集体审议与判断，利于沟通与协调。缺点是责任较容易分散，决策成本偏高等。

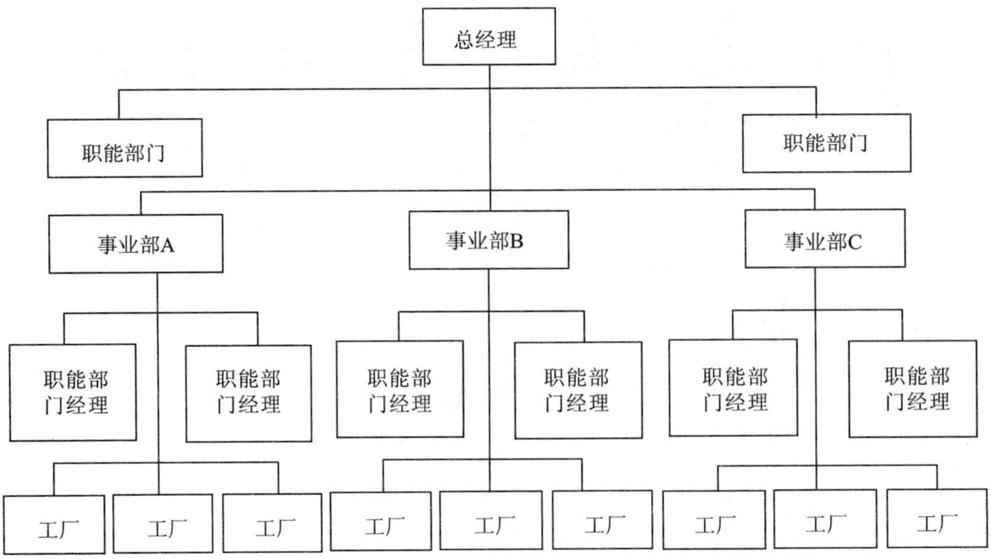

图 5－10 事业部制组织结构

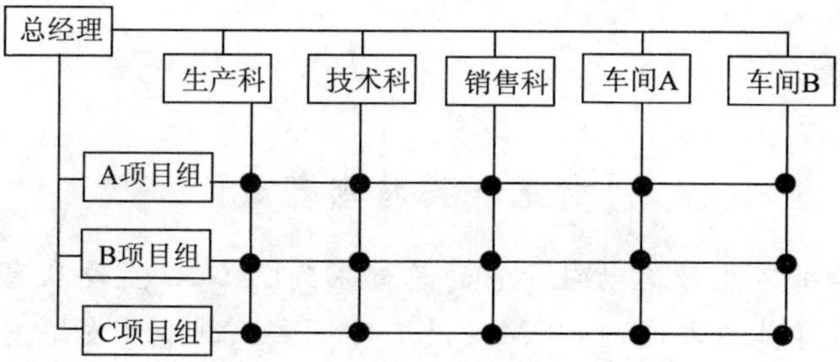

图 5－11　矩阵制组织结构

4. 集团控股型组织结构

这是在非相关领域开展多种经营的企业常用的一种组织形式，已超越了企业边界的范围。这种结构的公司往往独立性过强，缺乏必要的战略联系和协调，因此，公司整体资源战略运用存在一定难度。组织结构如图 5－12 所示。

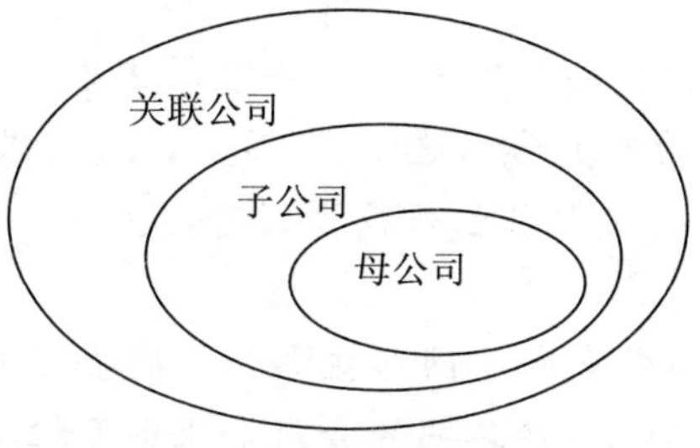

图 5－12　集团控股型组织结构

5. 网络型组织结构

这是一种只有精干中心机构，以契约关系建立和维持为基础，依靠外部组织进行业务经营活动的组织结构形式。这种组织结构具有较大的灵活性，组织成员可以共享组织的核心能力，但是组织成员在合作中必须建立良好的信任关系，否则成员无法从中协调合作获得成功。结构比较适合玩具、服装制造企业，出版公司以及一些大型跨国公司也采用这种组织结构。结构结构如图 5－13 所示。

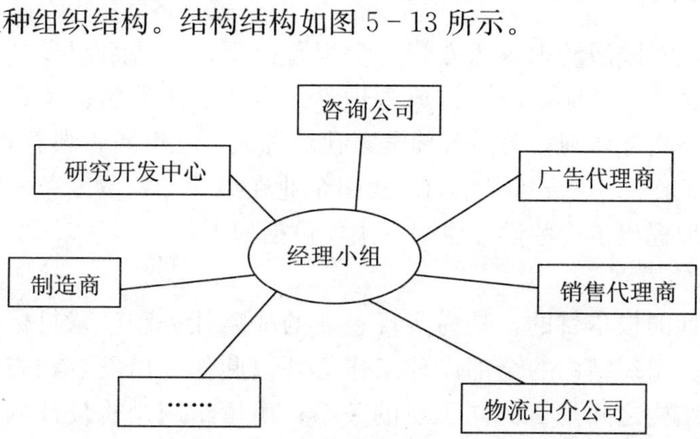

图 5－13　网络型组织结构

管理故事

耐克和美特斯邦威

耐克公司本身并不生产运动鞋，它的总部不到70人，主要从事产品设计与营销，加强自身的核心竞争能力，通过OEM（代工）把生产制造外发给发展中国家的企业，韩国、中国是它最大的生产基地。当时，耐克公司通过在爱尔兰设厂进入了欧洲市场并以此躲过高关税，又在日本联合设厂打入了日本市场，在20世纪70年代末能有这种巧妙构思，不能不令人钦佩。

如同美国耐克公司一样，美特斯邦威采取了这种被称作“哑铃式结构”的虚拟经营模式：把产品交给了劳动力价格、成本更低、更利于运输与销售的国外企业制造，把产品销售交给了加盟耐克的各地经销商，自己则将全部精力用于设计产品与开拓市场。即选择厂家将生产外包，借助特许经营搭建销售网络，集中优势资源打造设计、品牌等价值链的核心环节。

如今，与美特斯邦威合作的厂家有300多家，这些企业具有年生产近5000万件（套）的生产能力，在全国的专卖店已达1800多家，除去很少部分直营店外，其余都是特许连锁经营专卖店。“这些由自己来投资经营，至少需要超过15亿元的成本。周成建估计。”

启示：耐克和美特斯邦威采取了网络型组织，将企业内部各项工作（包括生产、销售、财务等），通过承包合同交给不同的专门企业去承担，而总公司只保留为数有限的职员，它的主要工作是制定政策及协调各承包公司的关系。这种结构可使企业减少行政开支，具有较强的应变能力。

即问即答

谈谈网络型组织结构的优点与缺点。

二、组织结构设计的原则

在长期的管理实践活动中，西方管理学家曾提出过一些组织设计基本原则，如管理学家厄威克曾比较系统地归纳了古典管理学派泰罗、法约尔、马克斯·韦伯等人的观点，提出了8条指导原则；美国管理学家孔茨等人，在继承古典管理学派的基础上，提出了健全组织工作的15条基本原则。我国企业在组织结构的变革实践中积累了丰富的经验，也相应地提出了一些设计原则，主要包括如下。

1. 战略目标的原则

企业组织设计的根本目的，是为实现企业的战略任务和经营目标服务的，这是一条最基本的原则。组织结构的全部设计工作必须以此作为出发点和归宿点，即企业战略、目标同组织结构之间是目的同手段的关系；衡量组织结构设计的优劣，要以是否有利于实现企业战略目标作为最终的标准。从这一原则出发，当企业的任务、目标发生重大变化时，例如，从单纯生产型向生产经营型、从内向型向外向型转变时，组织结构必须作相应的调整和变革，以适应任务、目标变化的需要。

2. 专业化分工与协调原则

现代企业的管理，工作量大，专业性强，分别设置不同的专业部门，有利于提高管理工作的质量与效率。分工是把组织的目标和任务分解到各个层次，各部门以及每个人，通过分工，人们可以专心从事某一工作，能提高工作效率。有分工就必须有协调，有合作，很多工作不是一个人，甚至一个部门能够独立完成的，所以目标的完成还必须建立在相互配合的基础上。分工与协作是相辅相成的，只有分工没有协作，分工就失去意义；而没有分工就谈不上协作。

3. 统一指挥原则

最早由法约尔提出来。法约尔认为，无论什么工作，一个下级只能接受一个上级的指挥，如果两个或者两个以上领导人同时对一个下级或一件工作行使权力，就会出现混乱局面。后人对法约尔的提法加以发展：一个人只能接受同一的命令。数名领导需要协商后才能下达的命令，由领导协商一致后，再行下达。

4. 有效管理幅度与管理层次的原则

由于受个人精力、知识、经验条件的限制，一名领导人能够有效领导的直属下级人数是有一定限度的。有效管理幅度不是一个固定值，它受管理者和被管理者的工作能力、工作内容、工作条件与工作环境等因素的影响。一个组织集中了众多的员工，作为组织主管，不可能面对每一个员工直接进行指挥和管理，这就需要设置管理层次，逐级进行指挥和管理。

5. 集分权原则

企业组织设计时，既要有必要的权力集中，又要有必要的权力分散，两者不可偏废。集权与分权是相辅相成的，是矛盾的统一。企业在确定内部上下级管理权力分工时，主要应考虑的因素有：企业规模的大小，企业生产技术特点，各项专业工作的性质，各单位的管理水平和人员素质的要求等。

6. 责权对等原则。

职权是指在规定的职位上具有指挥和行事的能力。职责是在接受职位、职务时所应尽的义务。当一个人被授予一定的职权，他也应承担相应的职责。如果有责无权，不仅束缚人的积极性和主动性，而且也不能承担起相应的责任；相反，有权无责，必然造成滥用权力，助长瞎指挥和官僚主义。所以，必须实现权责的统一。

管理故事

牛转弯

父子俩住山上，每天都要赶牛车下山卖柴。老父较有经验，坐镇驾车，山路崎岖，弯道特多，儿子眼神较好，总是在要转弯时提醒道："爹，转弯啦！"有一次父亲因病没有下山，儿子一人驾车。到了弯道，牛怎么也不肯转弯，儿子用尽各种方法，下车又推又拉，用青草诱之，牛一动不动。到底是怎么回事？儿子百思不得其解。最后只有一个办法了，他左右看看无人，贴近牛的耳朵大声叫道："爹，转弯啦！"牛应声而动。

启示：当组织机构建立起来以后，在运转的过程中，一个下级不能同时接受两个上级的指令。

李离判案

春秋晋国有一名叫李离的狱官，他在审理一件案子时，由于听从了下属的一面之词，致使一个人冤死。真相大白后，李离准备以死赎罪，晋文公说：官有贵贱，罚有轻重，况且这件案子主要错在下面的办事人员，又不是你的罪过。李离说："我平常没有跟下面的人说我们一起来当这个官，拿的俸禄也没有与下面的人一起分享。现在犯了错误，如果将责任推到下面的办事人员身上，我又怎么做得出来。"他拒绝听从晋文公的劝说，伏剑而死。

启示：正人先正己，做事先做人。组织中的管理者在赋予了权力的同时也必须认清自己的责任，必须以身作则。不但要像先人李离那样勇于替下属承担责任，而且要事事为先、严格要求自己，做到"己所不欲，勿施于人"。一旦通过表率树立起在员工中的威望，将会上下同心，大大提高组织的整体战斗力。

三、组织结构变革

1. 组织变革结构的含义

组织结构变革是指组织综合运用组织和其他相关管理原理的基础理论，研究群体动力、领导、职权和组织再设计等问题，通过对组织中的要素进行结构性变革使之适应环境变化和组织发展需要的活动过程。

组织是一个开放的系统，发展到一定的阶段进行变革，一方面是组织不断与环境发生作用的结果，另一方面客户的需求发生着变化。因此，必须以客户的需求和满意度为目标，对企业现有的组织结构进行根本性的再思考和彻底重建，利用先进的制造技术、信息技术以及现代化的管理手段，最大限度地实现技术上的功能集成和管理上的职能集成，建立全新的过程型组织结构，从而实现企业经营成本、质量、服务和效率的巨大改善，以更好地适应以顾客、竞争、变化为特征的现代企业经营环境。

2. 组织结构变革的程序

组织结构变革的具体内容如表 5-2 所示。

表 5－2　　组织结构变革程序

阶段	步骤	工作内容
诊断 ↓ 规划 ↓ 执行 ↓ 评估 ↓	1. 确定问题	提出组织现有问题和变革的目标
	2. 进行诊断	收集资料，系统调查，进行组织诊断
	3. 提出变革方案	制订几个可行的总体改革方案，供领导决策
	4. 系统设计	对各环节进行系统设计规划
	5. 制订推动方针	确定变革的指导原则，方式和策略
	6. 制订推动计划	制订各方案推动的步骤，组织力量
	7. 实施	全面动员，大量培训，方案逐步实施
	8. 评估	检查、分析、评价推进效果和存在的问题
	9. 改进	及时反馈，对系统运行作相应调整

组织结构变革是一个破旧立新的过程，必然又会遇到各种的抵制和阻力，组织结构变革工作是一个系统工程，必须遵循一定的程序开始工作。组织变革的程序包括四个阶段：①通过组织诊断，发现变革征兆；②分析变革因素，制订组织改革方案；③选择正确方案，实施组织变革计划；④评价变革效果，及时进行反馈。

管理故事

变革需要勇气与决心

老鹰是世界上寿命最长的鸟类，它可以活到 70 岁。但是老鹰到 40 岁时，它的双爪开始老化，无法获取食物。它的喙变得又长又弯，几乎碰到胸膛。它的翅膀变得十分沉重，因为它的羽毛长得又浓又厚，使得飞翔十分吃力。此时，老鹰面临两种选择：或等死，或经过一个非常痛苦的过程让生命获得新生。

于是老鹰必须经受充满危险和挑战的 150 天的漫长更新过程，必须努力飞到任何鸟兽都无法上去的陡峭悬崖，筑巢停留。然后先用它的喙打击岩石，直到喙完全脱落；静静地等候新的喙长出来，再用它把趾甲一根一根地拔掉；等新的趾甲长出来以后，再把羽毛也一根一根地拔掉，直到新的羽毛也长出来后，它才能够自由翱翔，重获搏击长空 30 年的生机。

40 岁左右的老鹰为了获得新生，作出痛苦的选择，重新对自己身体进行包装改变自己，让自己雄鹰展翅东山再起，重新在天空中自由翱翔。

启示：利爪变得尖锐、羽毛变得轻松、尖喙更加锐利，唯一的办法只有在痛苦中磨炼，老鹰才能在天空中自由翱翔，重获搏击长空的生机。企业组织结构变革也是如此。只有改革，才有出路；只有改革，才有活力；只有改革，才有发展；只有改革，才能走出去，创出一片新天地，只有“再生”的决心和勇气，才会创造出更宽广的天地，促进企业更好的发展。

3. 组织结构的发展趋势

事情是变化发展的，在每一个时期里，只有随着时间和环境的需要而变化才能丰富自身，顺应时代的发展和新形式的需要。企业的组织结构也呈现出重心两极化、外形扁平化、结构动态化等多方面的特点，新型的组织结构形式相继涌现，具体来说，具有这些特点的新型组织结构形态有：

（1）横向型组织。横向型的组织结构，弱化了纵向的层级，打破刻板的部门边界，注重横向的合作与协调。组织结构围绕工作流程建立，组织结构少了纵向的组织层级，使组织结构扁平化；体现顾客和市场导向，围绕顾客和市场的需求，组织工作流程，建立相应的横向联系。

（2）无边界组织。这种组织结构寻求的是削减命令链，成员的等级秩序降到最低点，拥有无限的控制跨度，取消各种职能部门，取而代之的是授权的工作团队。无边界是指打破企业内部和外部边界，打破企业内部边界，主要是在企业内部形成多功能团队；打破企业外部边界，则是与外部的供应商、客户包括竞争对手进行战略合作，建立合作联盟。

（3）组织的网络化和虚拟化。无边界组织和虚拟组织是组织网络化和虚拟化的具体形式，组织的虚拟化，既可以是虚拟经营，也可以是虚拟的办公空间。

管理故事

驴子过河

可怜的驴子背着几袋沉甸甸的盐，累得呼呼直喘气。可是不得不迈着艰难的脚步向前。

突然眼前出现了一条小河。驴子走到河边冲了冲脸，喝了两口水，这才觉得有了力气，它准备过河了，河水清澈见底，河床上形状各异的鹅卵石光光的，看得清清楚楚，驴子只顾欣赏美景，一不留神蹄子一滑，“扑通”一声，摔倒在小河里，好在河水不深，驴子赶紧站了起来，奇怪！它觉得背上的分量轻了不少，走起来再也不感到吃力了。驴子很高兴：“看来，这河水是魔水，我得记住：在河里摔一跤，背上的东西便会轻了许多！”

不久，又运东西了，这次驴子驮的是棉花。装棉花的口袋看起来很大很大，可分量并不重，驴子驮着几大袋棉花，走起来显得很轻松。啊！前边又是那条小河了，驴子想起了上次那件开心的事，心里真是高兴：“背上的几袋虽说不重，可再轻一些不是更好吗?”于是，它喝了几口水，向河里走去。到了河心，它故意一滑，“扑通”一声，又摔倒在小河里。这次驴子可不着急，它故意慢腾腾地站了起来。哎呀，太可怕了，背上的棉花变得好沉呀！比那可怕的盐袋还沉几倍。

驴子好不容易走上岸，却不明白为什么河水能让重的变轻，也能让轻的变重。

启示：没有一成不变的事物，也没有放之四海而皆准的真理，必须变化地去看事物，抱着旧观念、旧框框去看待新情况，必然是行不通的。同样，现代企业组织结构也需要在不同的环境下进行创新、变革。

管理案例

巴恩斯医院

10月的某一天，产科护士长戴安娜给巴恩斯医院的院长戴维斯博士打来电话，要求立即作出一项新的人事安排。从戴安娜的急切声音中，院长感觉到一定发生了什么事情，因此要她立即到办公室来。

5分钟后，戴安娜递给院长一封辞职信。

“戴维斯博士，我再也干不下去了。”她开始申述，“我在产科当护士长已经快四个月了，我实在干不下去了。我怎么能干得了这项工作呢？我有两三个上司，每个人都有不同的要求，都要求优先处理。要知道，我只是一个凡人。我已经尽最大的努力适应这种工作了，但看来这是不可能的。让我给你举个例子吧，请相信我，这是一件平平常常的事。像这样的事情，每天都在发生。”

“昨天早上7：45，我来到办公室就发现桌上有张纸条，是杰克逊（医院的主任护士）给我的。她告诉我，她上午10点钟需要一份床位利用情况报告，供她下午向董事长会作汇报时用。我知道，这样一份报告至少要花一个半小时才能写出来，30分钟以后，乔伊斯（戴安娜的直接主管，基层护士监督员）走进来质问我为什么我的两名护士不在上班。我告诉她雷诺兹医生（外科主任）从我们这要走了他们，说是急诊外科手术正缺人手。需要借用一下。我告诉她我也反对过，但雷诺兹坚持说只能这么办。你猜，乔伊斯说什么？她叫我立即让这两名护士回到产科部。她还说，一个小时以后，她会回来检查我是否把这事办好了！我跟你说，戴维斯博士，这种事情每天都发生好几次。一家医院就只能这样运作吗?”

讨论：

1. 根据护士长戴安娜反映的问题，你觉得巴恩斯医院的组织结构存在什么问题?
2. 你认为院长戴维斯博士应该怎么解决组织中存在的问题?

实训巩固

组织结构设计

1. 实训目的

通过案例与身边的实例，增强对企业组织结构设计的理性认识，培养学生对企业组织结构设计的能力。

2. 实训内容

X媒体的组织结构

早上8：30，当一般的上班族拎着早点走进公司的时候，X媒体资讯科技公司的经营团队队员，早已坐在会议室和董事长翁女士一起开会了。“人才是公司最重要的资产。”翁女士说。

技术研究和营销是公司的两大支柱。总经理施先生负责带领技术研发团队，翁女士十分倚重他对于网络未来趋势的分析和软件技术的研发；负责营销的是副总经理柯女士，翁女士对她十分倚重。另外，翁女士相当依赖的幕僚包括技术研发执行长施先生、负责财务的副总经理陈先生和担任公关及发言人的副总经理李女士，这三个人被称为公司的“铁三角”。翁女士尊重他们的工作，也善用他们的专长。如何使科技人员了解营销，营销人员理解科技，使二者结合发挥乘数效应，“最大的秘密就是建立共同愿景”，翁女士说。

对于互联网未来的发展，她充满信心地表示：“我告诉他们，相信我，一定会成功。”翁女士最大的愿景就是结合互联网路、销售渠道与广告媒体，使××媒体成为亚太地区电子通路应用服务商的领导品牌，成为这项愿景最重要的就是人才和资金。

思考题：

（1）X 媒体的组织结构属于哪种形式？请画出组织结构图。

（2）对于日新月异、竞争激烈的网络行业，你认为 X 媒体的组织结构应如何调整，才能适应市场发展？

3. 实训任务

请调研你学校组织设置的基本情况，画出你学院的组织结构图，并说明它属于哪一个类型？你认为这种组织结构适合学校的现状和发展吗？说明理由。

4. 实训要求

（1）每位学生写出实训报告，内容包括实例案例的练习与实训任务的要求。

（2）任务完成后安排一次讨论课，以小组为单位进行交流，每组派出一名代表发言讨论。

（3）教师根据学生的调查报告与发言讨论的表现给予评价打分，纳入学生平时成绩考核之中。

考核评价

考核评价内容如表 5－3 所示。

表 5－3　认知组织结构能力考核评价

内容		评价	
学习目标	评价内容	小组评价 （5、4、3、2、1）	教师评价 （5、4、3、2、1）
应知应会知识	组织结构的形式		
	组织结构设计的原则		
	组织结构变革		

续　表

内容		评价	
专业能力	分析组织结构		
	设计组织结构		
通用能力	培养组织设计的意识		
	具备组织变革能力		
努力方向：		建议：	

任务三　配备岗位人员

任务情境

让每个人都发挥优势

一匹骏马经过长途跋涉后停在草地上休息。闲得无事时，马腿想出个话题对马尾巴说：“你真快活，整天摇来晃去，什么事儿都不干，你看我，整天四处奔波，都快累死了。”

马尾巴说：“话可不能这么说。你的用处固然很大，但我也有我的用处。”“什么，你也有用处？我可看不出来。”

这时，一群蚊子飞到马腿上，咬得马腿又痒又疼，十分难受。马腿踢来踢去，累得浑身冒汗，还是没有办法赶走蚊子。

马尾巴对马腿说：“看我的。”马尾巴两边一甩，“啪啪”两下，几只蚊子被打死了。

任务分析

尺有所短，寸有所长，每个人都有属于自己的位置，都有属于自己的职责。但能够最大程度地发挥优势，要看他们的协调能力，发挥长处、弥补不足，才能使企业长远地发展而不至于出现漏洞。

组织设计为企业管理系统的运行提供了依托框架。但是，组织职能作用的发挥必须依靠具体的人员完成。因此，在设计合理组织机构和结构的基础上，需要选拔适合各种岗位的工作人员。人员的配备是管理有效性的前提，也是组织设计的逻辑延续。

知识精讲

一、人员配备的概述

1. 人员配备的含义

人员配备，是对组织中全体人员的配备，既包括主管人员的配备，也包括非主管人员的配备。管理学中的人员配备是指对主管人员进行恰当而有效地选拔、培训和考评，不但要包括选人、评人、育人，而且还包括如何使用人员，以及如何增强组织凝聚力来留住人员，这又同指导与领导工作紧密联系起来。

在管理的五大职能中，人员配备主要涉及的问题是人，它在整个管理过程中占有极为重要的地位。从组织需要的角度看，通过人员配备去充实组织机构中所规定的各项职务，以保证组织活动的正常进行，进而实现组织的既定目标。从组织成员配置的角度看，通过人员配备，使每个人的知识和能力得到公正的评价、承认和运用，为每个岗位配置适当的人员。

2. 人员配备的内容

（1）确定人员需要量。人员需要量的确定主要以设计出的职务数量和类型为依据。职务类型指出了需要什么样的人，职务数量告诉我们每种类型的职务需要多少人。确定人员需要量时需要考虑到组织现有的规模与组织发展的需要。

（2）选配人员。为了保证担任职务的人员具备职务要求的知识和技能，必须对组织内外的候选人进行筛选，做出最恰当的选择。对候选人的筛选是一项非常困难的工作，必须谨慎、认真、细致地进行人员配备。

（3）制订和实施人员培训计划。组织成员在明天的工作中表现出的技术和能力需要在今天培训，组织发展所需的干部要求现在就开始准备培训，这既是为了适应组织技术变革、规模扩大的需要，也是为了实现成员个人的充分发展。

管理故事

无为而治

郭翁种树的手艺很好，远近闻名。有人向郭翁请教种树的技艺，郭翁说："我并没有什么超人之处特别能使树木活得长久，果子结得多，我只是顺应树木成长的天性，让树木随着本性发展罢了。种树的规律是：树根要舒展，培土要平整，要用原土，把土砸实，种完之后，不要动它，也不要担心，离开它不要管它。栽树的时候，要像抚育苗子一样精心，栽好以后，就要像抛弃它一样，这样树木的天性可以保全，它的本质得到自然的发展。因此，我没有什么特殊的本事，只是不妨害它而已。"

请教的人听了郭翁这番话，不解地问："那为什么别人种的树总不如你呢？区别在哪里呢？"

郭翁说："有区别。其他种树的人不了解树木的本性，种植时令树根卷曲，不知用原土而换用新土，培土不是超过限度，就是不足。有的种树人，对树木过分爱抚，过多地担忧，早晨看看，晚上摸摸，已经离开又要回头看一看，甚至还用指甲划破树皮来检验它活着还是枯死了，摇动树干来看一看栽得是松还是紧。这样做树木无法顺着自身的天性生长，不死也长得不好。这些人种树就不如我。他们虽说是爱树，其实是害它；虽说是关心树，其实是破坏它。”

启示：顺着树木的本性任其生长，既不能草率从事，也不必过分折腾。这包含着道家“无为而治”的思想，要求管理者要顺应人的本性来管理，明白员工适合什么？需要什么？才能达到最好的用人效果。

二、人员的选聘

人员选聘是人员配备职能中最关键的一个步骤，不仅直接影响其他方面，而且对整个管理过程的进行乃至整个组织的活动，也都有着极其重要和深远的影响。

1. 人员选聘的来源

（1）内部提升。内部提升是指组织成员的能力增强并得到充分的证实后，被委以承担更大责任的更高职务。内部提升能够有利于鼓舞士气、提高员工的积极性，有利于选聘者迅速开展工作。但是如果组织需要变革创新时，内部提升人员会倾向于维持现状，不利于企业的长远发展。

（2）外部招聘。外部招聘是指根据一定的标准和程序，从组织外部的众多候选人中选拔符合空缺职位工作要求的管理人员。外部招聘人员来源广泛，有较多的选择余地，有可能找到组织所需要的潜质人才，也带给组织新鲜空气，不过外部招聘人员需要一段时间适应才能进行有效的工作。

管理故事

新加坡航空公司的继任计划

2007年12月，新加坡航空公司（SIA）发布了关于几个副总裁的公告。从表面上看，这只是一个很平常的通知。但是仔细揣摩，这里面大有深意。这是一次严肃的行动，主要是为了新加坡航空公司高层领导的换届工作做准备，SIA现有的地位和巨大的成就绝非偶然，而是来自深思熟虑和高瞻远瞩的规划，继任计划即在其中。

启示：为了保持实力，好的公司必须管理好继任计划。这样做是为了确保有才能的年轻人能够得到机会晋升到重要的岗位上去，才能在更大的责任中得到锻炼，同时在新的任命中他们也才可以更多地展现自己并有机会证明自己的能力。

2. 选聘标准

（1）必须符合职位本身的要求。为了有效地选聘主管人员，首先必须对拟派去担任主管职位的性质和目的有清楚的了解，即要明确这个职务的性质，职务需要具备的知识和技能等。

（2）必须具备管理人员所需要的素质与能力。一是具备相应的个人素质，主要包括身体、道德、文化知识、经验和从事管理工作的欲望；二是具备相应的管理能力，主要包括合作精神、决策能力、组织能力、精干授权、善于应变、勇于负责、敢于求新等。

3. 员工招聘的程序与方法

(1) 制订并落实招聘计划。当组织中出现需要填补的工作职位空缺时，有必要根据职位的类型、数量、时间等要求确定招聘计划，同时成立相应的迁出工作委员会或小组。

(2) 对应聘者进行初选。内部候选人的初选可以根据以往的人事考评记录来进行；对外部应聘者则需要通过简短的初步面谈，尽可能多地了解每个申请人的工作经历及其他情况。

(3) 对初选合格者进行知识与能力的考核。在初选的基础上，需要对余下的应聘者材料审查和背景调查，并在确认之后进行细致的测试与评估，其内容包括智力与知识测试、案例分析与候选人实际能力考核等。

(4) 选定录用员工。在上述各项工作完成的基础上，需要利用加权的方法，算出每个候选人知识、智力和能力的综合得分，并根据待聘职务的类型和具体要求决定取舍。

(5) 评价和反馈招聘效果。最后要对整个选聘工作的程序进行全面的检查和评价，总结招聘过程中的成功与过失，以便改进和修正。

三、人员培训

培训是指组织通过对员工有计划、有针对性的教育和训练，使其能够改进目前知识和能力的一项连续而有效的工作。人员培训，不仅可以为组织的发展准备干部，而且使管理人员得到发展，增加管理人员在职业方面的安全感，有利于管理人员对组织的忠诚，促进管理队伍的稳定。

(一) 培训的方法

1. 工作轮换

工作轮换包括管理工作轮换与非管理工作轮换。非管理工作轮换是根据受培训者的个人经历，让他们轮流在公司生产经营的不同部门和岗位上工作一段时间，以熟悉公司的各种业务。管理工作轮换是在提拔某个管理人员担任较高层次的职务以前，让他先在一些较低层次的部门工作，以积累不同部门的管理经验，了解各管理部门在整个公司中的地位、作用及其相互关系。

2. 设置助理职务

设置助理职务，可以减轻主要负责人的负担，而且有助于培训待提拔管理人员。助理可以很好地观察主管工作，学习主管处理问题的方法，吸收他的优秀管理经验，从而促进助理成长；培训管理者能更好地了解助理的管理能力，通过让他单独担任重要工作，观察他的管理能力，决定是否有可能予以提升。

3. 临时职务与彼得原理

当组织中某个主管由于出差等的原因而使某个职务出现暂时空缺时，可以暂时让受培训者临时担任这项工作。设定临时职务可以使受培训者进一步体验高层管理工作，并在暂代中充分展示或迅速弥补他所缺乏的管理能力。设立临时职务不仅是一种培训管理人员的方法，而且可帮忙组织进行正确的提供，防止“彼得现象”的产生。

彼得原理是彼得根据千百个有关组织中不能胜任的失败实例的分析而归纳出来的。其具体内容是：“在一个等级制度中，每个职工趋向于上升到他所不能胜任的地位。”彼得指出，每一个职工由于在原有职位上工作成绩表现好（胜任），就将被提升到更高一级职位；其后，如果继续胜任则将进一步被提升，直到到达他所不能用途的职位。由此导出的彼得推论是，“每一个职位最终都将被一个不能胜任其工作的职工所占据。层级组织的工作任务多半是由尚未达到不胜任阶层的员工完成的。”每一个职工最终都将达到彼得高度，在该处他的提升可能为零。

至于如何加速提升到这个高度，有两种方法，其一是靠上面的“拉动”，即依靠裙带关系和熟人等从上面拉动；其二是自我的“推动”，即自我训练和进步等。两种方法前者被普遍采用。

彼得认为，由于彼得原理的推出，使他“无意间”创设了一门新的科学——层级组织学。该科学是解开所有阶层制度之谜的钥匙，因此也是了解整个文明结构的关键所在。凡是置身于商业、工业、政治、行政、军事、宗教、教育各界的每个人都和层级组织息息相关，亦都受彼得原理的控制。

(二) 培训的流程

整个培训流程中有五个步骤，如图 5－14 所示。

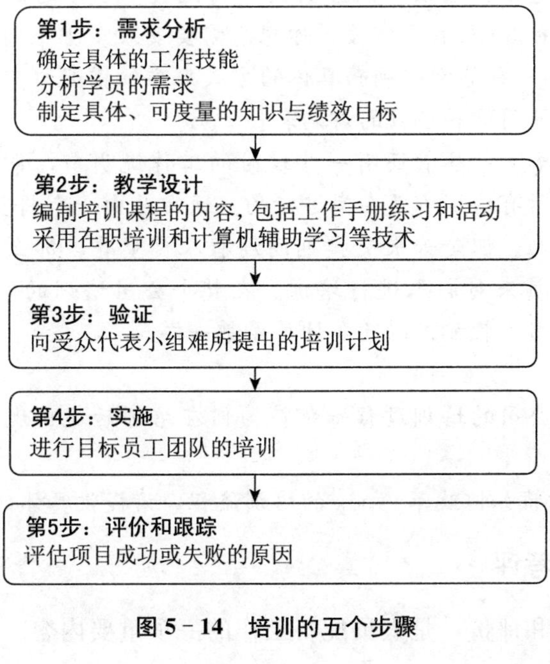

图 5－14　培训的五个步骤

管理故事

培训是最好的投资

有一个年轻的伐木工人，他身强力壮，干起活来精神抖擞。第一天，他拿着一把新斧头砍树，一天下来，砍了十棵树。

第二天，他一样地努力工作，事实上，他觉得自己比第一天工作更努力，但是只砍了八棵树。这位年轻人觉得不解，他想：明天，我要早一点开始。所以他提早上床睡觉。

到了第三天，他尽全力地工作，但是只砍了七棵树；又过了一天，数目减少为五棵树。到了第五天，他只能砍倒三棵树，而且在黄昏之前就觉得筋疲力尽。

隔天早上，他正在费力砍树的时候，一个老人经过，问他："你为什么不停下来磨一磨斧头呢?"他回答："没时间，我正忙着砍树。"可是，忙了一天，他只砍了一棵树。年轻人于是照老人说的磨了磨斧头，结果第二天毫不费力地砍了十棵树。

启示：企业应重视对员工的培训，因为培训带来的收益远大于付出。

管理案例

Apex 门业公司轮子的再造

Apex 门业公司总经理 Jin Du 有一个问题。按他的说法就是，无论他怎样不断地告诉雇员如何工作，他们都总是"决定按他们自己的方式做"，继而在 Jin、雇员以及雇员的上级之间发生了争论。比如，门设计部门希望建筑师和设计师一起设计出符合规格的门，但是设计师总是犯错误。设计的门用的铁太多了，这让公司多花费数十万美元的成本，假如是一栋 30 层的写字楼，你想想需要安装多少个门。订单处理部门也是一个例子。Jin 希望用一种非常明确而具体的方式来详细描述订单，但是大多数订单处理员不理解如何实际使用这种多页的订购表。

目前的培训过程如下：尽管还有一些过时的工作说明书，每项工作都没有系统的培训手册。对新人的所有培训都是在岗进行的。通常是由一个将要离职的人用 1～2 周的交接时间来培训新人。但是如果交接期间没有人员重叠，那么就可能由以往偶然做过这个工作的其他雇员来对新人进行培训。在整个公司培训的做法基本上是一样的，例如，对机械工、秘书、装配工以及会计员等都一样。

讨论：

1. 你认为 Apex 公司的培训过程如何？为何在培训后还出现雇员"以自己的方式做事"的现象？

2. 详细地说明你将如何改革 Apex 的培训流程，请提供具体的建议。

四、人员绩效考评

管理人员的考核和评价，是人员配备工作的一项重要内容。通过考评，可以了解一个管理人员在计划、组织、人员配备、指导与领导、控制等方面的工作情况，从而确知其是否在有效地进行着管理工作；只有通过考评，才能为选拔、培训和奖惩主管人员提供依据；只有通过考评，才能完善组织工作和有效地协调主管人员。

1. 考评方式

通常，都是由上级主管人员对他们的直接下发进行考评，但也存在一些其他方式，并且这些做法正越来越多地被采用，如图 5－15 所示。

这六种方式中，360 度绩效反馈所收集的信息来源于一个员工所面对的各方面的人，包括其上级、下属、同事以及内部或外部客户。

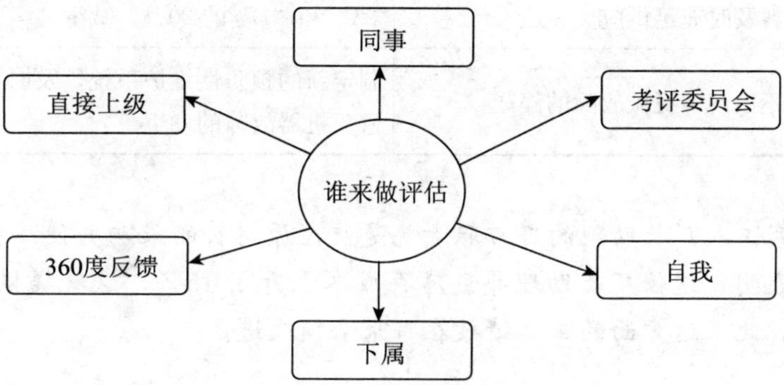

图 5－15 评估方式

2. 考评方法

（1）图尺度评价法。这是一种最简单和运用最普通的绩效评价技术。图尺度评价法列出一些绩效特征要素（比如“质量”和“可靠性”等），同时分别为每个绩效特征要素列出取值范围（从“不令人满意”到“优异”）。主管人员在最能反映下属员工在某一项绩效特征要素的分数上画圈或打分，然后再将员工在所有要素上的得分加总。

这种方法在运用时要注意需要衡量哪些绩效。可以选择一般绩效标准，如沟通能力、团队合作能力与工作数量等；也可以选择基于能力的评价标准，这种方法关注员工在多大程度上表现出了职位所要求的能力。

（2）关键事件法。在采用关键事件法时，主管人员将一位下属在工作活动中所表现出的非常好的行为和非常不好的行为（关键事件）记录下来，然后在每六个月左右的时间里，主管人员与其下属面对面地以所记录的事件为例，来共同讨论后者的工作绩效。

这种方法为管理人员提供了一些关于员工的优良绩效和不良绩效的确切事实，从而便于管理人员向下属解释绩效评价的结果。但是必须有量化的评价结果，否则评价的有效性会下降。

（3）交替排序法。交替排序法是根据某一种或多种绩效特征要素将员工排序，排出从绩效最好的人一直到差的人。通常，从员工中挑出绩效最好的和绩效最差的人往往比较容易，因此是一种运用最为普遍的绩效评估方法。

管理故事

表 5-4　一名厂长助理的关键事件例证

持续的职责	目标	关键事件
安排生产	安排生产人员 90%的利用率；订单准时交货	制定新的生产调度系统；上月下旬减少了 10%的订单，提高机器利用率 20%
监督采购原材料和库存控制	库存成本最小化，同时保持原材料及时充足供应	让存货储存成本比上个月上升 15%；订货超出“A”和“B”的 20%，减少“C”的 30%
机械维修监督	不出现因机械故障的停产	制定新的预防性维护系统，及时发现零件缺陷而避免机器故障的发生

启示： 这家工人厂长助理的日常职责就是监控原材料的采购并使库存成本最小化。关键事件记录表明，这位厂长助理导致库存成本上升了 15%，这就提供了一个很具体的实例来证明，此人这方面的工作绩效在将来必须改进。

管理案例

壳版公司评估潜能的方式

荷兰皇家壳牌公司组织开发了考核系统，应用于其所有子公司。这个考核系统包含四个核心的个人潜能指标，如图 5-16 所示。

（1）分析能力：能够把复杂的问题分解到可行的条目，并迅速和彻底地解决问题。

（2）想象力：能够找到有用的替代物的能力。

（3）现实感：通过分析可获得的信息，有正确的行动方针直觉。

（4）高瞻性：可以从更高的层面和角度注意有关的细节问题，看问题更深、更广。精通自己的专业领域，但与此同时，善于从其他领域专家那里汲取有用信息，重新组织资源来处理新情况。

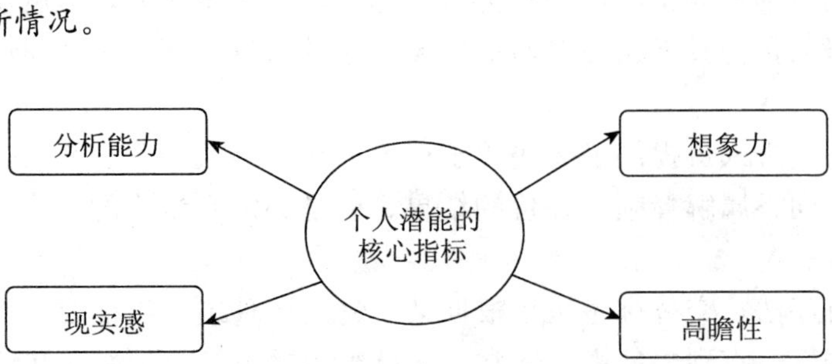

图 5-16　个人潜能的核心指标

领导力

对一个人的评价也需要从领导力方面考察。不仅是在工作中，还是在其他任何环境中，有效的领导力可以促进信任感并激励员工。他们也是诚实、坦率的卓越沟通者，他们善于倾听，而且明白需要沟通什么。

职业生涯开发

壳牌公司用这些标准识别其员工的潜能，并帮助他们进行职业生涯开发；同时通过提供正式及非正式的培训、跨职能和专业课程以及工作轮换，以帮助员工认识到他们自己的才能。

实训巩固

教师紧缺

1. 实训目的

通过实训任务的完成，让学生在人员配备中体验创建招聘项目的经历。

2. 实训内容

假定你所在的学校新开设了人力资源管理、电子信息工程等本科专业，需要招聘专业教师。要求学生4～5人为一小组，每个小组单独工作并且不跟其他小组交流，每个小组需要完成的任务如下：

（1）根据学校网站上所提供的信息，为学校撰写一份可以放在当地人才市场的招聘广告；

（2）讨论学校网站上目前的教师招聘广告，你们打算如何改进？

（3）以纲要的形式为该校准备一个教师招聘项目，包括小组可能采用的所有招募来源。

3. 实训要求

（1）每位学生写出任务小结。

（2）调查后安排一次讨论课，以小组为单位进行交流，每组派出一名代表发言讨论。

（3）教师根据学生的调查报告与发言讨论的表现给予评价打分，纳入学生平时成绩考核之中。

考核评价

考核评价内容如表5-5所示。

表 5－5　　认知组织结构能力考核评价

内容		评价	
学习目标	评价内容	小组评价（5、4、3、2、1）	教师评价（5、4、3、2、1）
应知应会知识	人员配备的内容		
	选聘的方法		
	培训的方法		
	考评的方法		
专业能力	认知人员配备的要求		
	理解人员配备过程		
通用能力	辨识人员配备误区		
	实现有效人员配备		
努力方向：		建议：	

知识巩固

一、判断题

1. 组织就是两个或两个以上人组合成的人群集合体。（　　）
2. 规模越小的企业其管理幅度也就越小。（　　）
3. 组织层次过多，不利于组织内部的沟通。（　　）
4. 环境变化剧烈时，组织结构弹性应该大一些。（　　）
5. 参谋人员的职责不仅仅是建议，在很多场合还具有指挥与协调的作用。（　　）
6. 支持组织集权的正当理由是维护政策的统一性与提高行政效率。（　　）
7. 事业部制的主要不足在于易造成事业部之间无效的内部竞争。（　　）
8. “理解，执行；不理解，执行中理解”，这是在管理活动中具有分权化倾向的管理者的表述。（　　）
9. “三个和尚没水吃”的典故，反映了要素组合的低效方式，使得整体的力量反而削减。（　　）
10. 人员外部招聘能够有利于鼓舞士气、提高员工的积极性，有利于选聘者迅速开展工作。（　　）

二、选择题

1. 企业冗员繁杂，这违背了组织设计中的（　　）原则。

A. 因事设人　　B. 按产品设人　　C. 命令统一　　D. 协调原则

2. 考察一个组织分权程度的关键在于（　　）。

A. 按地域设立部门　　　　　　　　　　　　B. 按职能设立部门

C. 按顾客设立部门　　　　　　　　　　　　D. 决策权或命令权是保留还是下放

3. 以下哪一种做法不是较为分权的做法（　　）?

A. 组织中较低层次决策设计的频度和数目度很大

B. 组织中较低层次决策涉及的职能较多

C. 组织中采取了减低上级领导工作负担的措施

D. 高层对较低层次的决策不加控制

4. 矩阵结构这种组织形式适用于（　　）。

A. 工作内容变动频繁的组织

B. 工作内容比较稳定的组织

C. 每项工作的完成需要技术知识比较单一的组织

D. 每项工作的完成需要人手较多的情况

5. 下面四种情形中，最能体现集权的组织形式是（　　）。

A. 公司总经理电话通知销售部经理：把这批产品尽快发到深圳可龙公司，我刚刚与他们联系好

B. 面对激烈的竞争市场，总经理在高层管理会议上讲道：截至昨天为止，我全面审查了各部门上个月的工作情况，发现生产和销售都没能完成当月指标；而其他部门也出现各种各样的问题。现在，我命令每个部门必须严格按照公司规定的各项指标开展工作。凡是上个月没完成目标的部门，礼拜五必须拿出整改方案

C. 陈经理是一个严肃认真的人，员工很难看到他露出笑容。一旦出现差错总会受到严厉的批评。因此，员工都感觉到公司的气氛非常紧张，有些员工甚至因此而退出了公司

D. 总经理每天在上班开始之前，都微笑着在公司大门迎接员工的到来；每逢员工过生日，他也总要亲自向员工本人道一声“生日快乐”

6. 日本松下电器公司的创始人松下幸之助曾有一段名言：当你仅有 100 人时，你必须站在第一线，即使你叫喊甚至打他们。如果发展到 1000 人，你就不可能留在第一线，而是身居其中。当企业增至 10000 名职工时，你就必须退居到后面，并对职工们表示敬意和谢意。这段话说明（　　）。

A. 企业规模扩大之后，管理者的地位逐渐上升，高层管理者无须事必躬亲

B. 企业规模的扩大是全体同人共同努力的结果，对此老板应心存感激

C. 企业规模扩大之后，管理的复杂性随之增大，管理者也应有所分工

D. 管理规模越大，管理者越需注意自己对下属的态度

7. 戴立在改革开放初期创办了一家小型私营食品企业。由于产品口味好、价格面向一般大众，很快就确立了消费者认可的品牌，销路非常好。在此情况下，戴立企业的员工人数也随之增加：由原来的 6 名家族成员增加到现有的 120 名，工厂规模也扩大了很多。在感受成功喜悦的同时，戴立也意识到前所未有的困扰，他越来越感觉到工作得力不从心。每天疲于奔命于处理各种各样的琐事。但是，尽管如此，工厂的管理还是给人以很混乱的感觉。为此，戴立请教了许多人，具有代表性的建议有以下四

种，哪个最有效（　　）?

A. 戴立应抽出时间去某著名商学院接受管理方面的培训

B. 应聘请一位顾问，帮他出谋划策

C. 对于企业的组织结构进行改组，在戴立和一线工人之间增加一个管理层

D. 应招聘一位能干的助理，帮助他处理各种琐事

8. 某总经理把产品销售的责任委派给一位市场经营的副总经理，由其负责所有地区的经销办事处，但同时总经理又要求各地区经销办事处的经理们直接向总会计师汇报每天的销售数字，而总会计师也可以直接向各经销办事处经理们下指令。总经理的这种做法违反了什么原则（　　）?

A. 权责对等原则　　B. 命令统一原则

C. 集权化原则　　D. 职务提高、职能分散原则

9. 一位新上任的领导，面对经营状况严重恶化和管理的无效率状态，用大刀阔斧的方式对组织机械和人员进行调整。这属于组织的（　　）。

A. 渐进式变革　　B. 革命性变革　　C. 计划性变革　　D. 冲突性变革

10. 采取工作轮换的方式来培养管理人员，其最大的优点是有助于（　　）。

A. 提高受训者的业务专精能力　　B. 减轻上级领导的工作压力

C. 增强受训者的综合管理能力　　D. 考察受训者的高层管理能力

三、问答题

1. 组织结构设计的原则。

2. 影响组织结构设计的因素。

3. 列举几种常见的组织结构形式。

4. 组织应该如何变革?

5. 岗位人员配备的内容。

四、案例分析

UPS的作业

联合邮包服务公司（UPS）雇用了15万名员工，平均每天将900万件包裹发送到美国各地和180个国家。为了实现他们的宗旨“在邮运业中办理最快捷的运送”，UPS的管理当局系统地培训他们的员工，使他们以尽可能高的效率从事工作。UPS的工业工程师们对每一位司机的行驶路线都进行了时间研究，并对其中运货、暂停和取货活动都设立了标准。这些工程师记录了红灯、通行、按门铃、穿过院子、上楼梯、中间休息喝咖啡的时间，甚至上厕所的时间，将这些数据输入计算机中，从而给出每一位司机每天中工作的详细时间标准。为了完成每天取送130件包裹的目标，司机们必须严格遵循工程师设计的程序。当他们接近发送站时，他们松开安全带，按喇叭，关发动机，拉起紧急制动，把变速器推到1挡上，为送货完毕的启动离开做好准备，这一系列动作严丝合缝。然后，司机从驾驶室出溜到地面上，右臂夹着文件夹，左手拿着包裹，右手拿着车钥匙。他们看一眼包裹上的地址把它记在脑子里，然后以每秒钟3英尺的速度快步走到顾客的门前，先敲一下门以免浪费时间找门铃。送货完毕后，他

们在回到卡车上的路途中完成登录工作。

思考题：

1. 案例主要体现了什么管理理论？

2. UPS 公司如果想变成学习型组织，该怎样做？

管理游戏

向前传递

游戏目的：通过游戏使学生明白扁平式组织结构能够减少信息的失真。

游戏道具：每组一张小纸片，上面写着一条“消息”（见附注）。

游戏时间：30 分钟。

游戏程序：

1. 将全班同学分成若干小组，确定每小组传递消息的第一人和最后一人。

2. 把纸片发给每小组的第一人，第一人看完后，将纸片交给老师。

3. 消息由每小组的第一人依次向小组其他成员传递，直至最后一人。

4. 最后一人将听到的消息写在纸上交给老师。如果只有 2～3 个小组，可以让每小组最后一人在黑板上写上听到的消息，然后再叫小组其他 1～2 位小组成员在黑板上写上自己听到的消息，最后让每组第一人修改距他位置最近的小组成员所写的消息。

5. 如果是纸条，则老师念完纸条的内容，再念正确的答案；如果是写在黑板上，可以大声说出每小组相同消息的不同版本。

游戏规则：

1. 每次传递时只允许将消息说一遍。

2. 轻轻地将自己理解的消息告诉你旁边的人，并依次传递下去，只有当轮到小组某个成员时，他才可以听。

3. 听到消息后，必须完全按照自己的理解告诉下一名成员。

教师任务：

1. 在上课前，为每个小组准备一份“附注”的复印件，然后将每条消息剪开。

2. 宣布完规则后，发放纸片，给每小组第一人 3～4 分钟时间，然后收回纸片。

3. 监控传递人员，他们只能将消息说一遍，防止说数遍或防止同学一点一点传递。

4. 监督最后一人上交他写的纸条，或者组织学生上黑板写下所听到的。

考核标准：

在规定时间内传递消息最准确者获胜。时间依人数的多少自定。

附注：

消息一

我将于 7 月 2 日到 8 月 4 日外出度假，因此我希望这段时间能够停送报纸。我记得你们可以在周六晚上送出周日的报纸，因此我也希望为我安排提早投递周日的报纸。

消息二

我想将我的私人账户转为两人共有，我还想知道你们对小额商业贷款的新规定。此外，少于 50000 元的短期商业贷款的利率是多少?

消息三

我有意于 7 月 6 日带队参观博物馆，成员包括十名儿童，三位老人和四个年龄超过 18 岁的成年人，这四个成年人中有一人是学生。请问分别买票享受老年人和学生折扣同购买团体票相比较，哪种方法更划算呢?

消息四

我想订购两束玫瑰，分别送往两个地方。一束送给我的母亲，她居住在红谷滩新区；另一束送给我的姐姐，她则住在象湖新城。玫瑰一定要新鲜——甜心玫瑰送给我的母亲，纯银玫瑰送给我的姐姐。

学习情境六　领导艺术

知识目标

1. 了解领导的含义及领导工作的重要性，理解领导权力的性质与来源。
2. 掌握领导的特性理论、行为理论与情境理论。
3. 掌握提高领导艺术的方法。

能力目标

1. 培养提升领导者的特性与素质。
2. 能够在不同的领导环境下选择合适的领导方式。
3. 运用领导艺术解决管理实践中的员工冲突等问题。

“一头绵羊带领的一群狮子，敌不过一头狮子带领的一群绵羊”，一个组织的成败往往取决于组织的领导，领袖的魅力、魄力、预见力指引组织正确的目标和方向，而领袖的一个错误决断很可能就将组织带入困境，举步维艰。传统观念里动物世界甄选头领的唯一指标就是力量，然而实际的情况却不尽然，对于人类而言，更有不少有益的启示。我们一起去看看关于领头羊的故事。

故事的起因是一位农场主，农场主为了解决某块草皮过于茂盛又无暇修剪的困扰，从朋友的牧场买来了两头羊。其中一头体型较大，农场主管它叫麦克，另一头比较瘦小，叫佩蒂。刚来农场的时候，麦克和佩蒂被关在笼子里，笼子是用钢管焊起来的，整个白天，麦克都不停地撞击铁栏杆，直到晚上筋疲力尽了，才稍稍收敛；而佩蒂，只在起初撞了几下后就伏在了一边，再也没撞过。

过了几天后，麦克和佩蒂开始被散放在外面，小狗欧迪负责看护它们，欧迪的个头比它们小得多，但却异常凶悍，总喜欢追着麦克和佩蒂玩。起初，麦克和佩蒂只顾埋头四窜，直到有一次，佩蒂停下来朝欧迪冲来的方向顶了回去，欧迪立刻停了下来，和佩蒂对视了一会儿后悻悻地走开了，于是麦克和佩蒂发现，欧迪也不是看上去的那么可怕，经历了这件事后，欧迪从此都只远远地待在麦克和佩蒂附近。

麦克和佩蒂对事情的反应也有很大的不同。第一次喂它们吃蔬菜，佩蒂犹豫了会儿，过来闻了闻，就吃了，而麦克看到佩蒂吃了，闻也不闻就开始吃了；把它俩拴在链子上，有人靠近时，佩蒂从起初的抵制然后渐渐接受，而麦克一直都是死命地往后躲。渐渐地，农场主发现，大个的麦克总是跟在小个的佩蒂身后，佩蒂去哪里，麦克也去哪里，而到了一个新地方，先吃草的一定是佩蒂，麦克都是在佩蒂吃过之后才开始，看来，佩蒂已经成了麦克佩蒂“羊群”的领头羊了。

为什么小个的佩蒂最后反而成了领头羊，佩蒂是靠什么让麦克按照自己的行为开展活动呢？接下来本学习情境就带你认识领导，了解领导是什么？领导必须具备哪些特质？领导应该如何发挥领导艺术达到领导的目的？

任务一　识别领导权力

任务情境

唐僧凭什么是领导

李明小时候读《西游记》时就有一个疑问：唐僧那么无能，为什么孙悟空非要带着他去取经呢？如果孙悟空自己去取经，麻烦不就少多了吗？后来长大了，工作了，先被人领导，之后又领导别人，总算明白了，原来唐僧领导孙悟空是有道理的。如果不是这样，取经这项伟大的事业就不能成功了。

任务分析

唐僧究竟有什么东西，是孙悟空没有的呢？究竟是什么因素让唐僧是一个领导，而孙悟空只是一个打工者呢？

1. “崇高信念”

第一个东西，唐僧有，而孙悟空没有的是“崇高信念”。唐僧在自己的崇高信念面前，丢掉性命都不会眨眼，而孙悟空就不会了，他能力很强，但是他没有坚定不移的信念，多次打退堂鼓。没有信念的人，就不能给别人以信心，就不能给别人以动力，遇到困难就容易退缩。领导者都胆怯了，退缩了，团队就会散掉。而信念不够崇高也不行，自私自利的信念，小富即安的信念，都会让别人离你而去。我们对比一下水浒里的宋江，一个没有崇高信念的人，最后被招安了，他的最高理想就是这样，所以他就葬送了他的团队。

2. “无能”

第二个东西，唐僧有，而孙悟空没有的是“无能”。“无能”也是一种领导者的财富。唐僧因为“无能”，于是他就会欣赏有本事的人，能够包容“能人”们的其他缺点，才能找到三个有本事的徒弟来保护自己。如果唐僧神通广大，依孙悟空的个性，就不会愿意跟着他了。正是因为唐僧无能，所以孙悟空才有了用武之地，他也才有机会在取经途中充分实现自己的价值。

我们看看能力很强的孙悟空，他本人在花果山的徒子徒孙，全部都是饭桶，没一个有用的。他本事太大，瞧不起其他有本事的人，于是其他有本事的人也就不喜欢跟着他。他自己太强，他的团队就变成了一群饭桶。《西游记》有一章中写道，孙悟空和唐僧闹翻了，自己搞了一个假团队打算去取经——幸好没去，要不然见到厉害的妖怪，把孙悟空捉住，谁去救他呢？谁去搬救兵呢？他自己的团队都是饭桶，只好看着自己的领导送死。而唐僧就不会，别看他什么都不会，但是他却很安全。当年司马懿抓住蜀国的小兵，问他诸葛亮每天都干些什么，小兵想这个不算情报吧，就说丞相凡是责罚 20 杖以上的军法事宜，都要亲自监督。司马懿就知道了，诸葛亮肯定会被累死。——太能干的领导，敌人没来，自己就累死了，而唐僧这个无能的“长生肉”，却还能一直很安全。

开始创业的时候，为了生存，有一个非常能干的老板是必需的。但是一旦生存问题解决了，企业家就要考虑怎么给员工搭建让他们发挥自己价值的平台，同时去寻找那些能弥补自己不足的员工，而不是事必躬亲，甚至在一些专业问题上不懂装懂，这样一方面自己筋疲力尽，忙于应付，自然没有发展的余力；另一方面员工也被矮化成“手脚”，企业就陷入了发展瓶颈。

3. “仁德”

第三个东西，唐僧有，而孙悟空没有的是“仁德”。唐僧的仁德之心对妖怪都会怜悯性命，自然不会恶意算计自己的下属。唐僧虽然利用三个徒弟保护自己，但是又绝对没有恶意剥削他们的意思，而是带领他们一同努力，共同成长，一起成功。最后，唐僧的三个徒弟也都有了自己的成就，唐僧也没有像赵匡胤一样，“杯酒释兵权”，或者“飞鸟死，走狗烹”。相比之下，孙悟空的这种意识就差远了，他后来成了斗战胜佛，而他花果山的猴子们呢？还是一群猴子罢了。

日本有一家企业，把员工的父亲们都请到公司里来和管理者座谈，企业老板对所有管理者说，当你们不知道该怎么对待自己的下属的时候，就回想一下今天，这些员工的父亲把孩子托付给你们，是希望你们可以教他们成长，带领他们成功。你们要想一想自己是否对得起这样的托付。

4. “人际关系”

第四个东西，唐僧有，而孙悟空没有的是——“人际关系”。唐僧的前生是释迦牟尼佛的弟子，而孙悟空天生地造的一个没有任何关系网络的石猴子，虽然也拜了一个师父，但是和师兄弟关系都不好，还被师父赶走了；和牛魔王拜把子，后来又闹翻了；和东海龙王是邻居，却抢了人家的东西；和二郎神等一些天官天将是同事，可是不给人家面子，后来还大闹天宫。总之，孙悟空的人际关系不大好。

而唐僧就不同了。他见到神仙就磕头，没有任何仇家。他不仅是如来佛的弟子，还是唐王李世民的拜把兄弟。人神两届的高层关系他都有了，这样的人做老板，自然顺风顺水。

社会是由人构成的，这个地球如果没有了人，一切财富、一切物质都没有任何意义。人是这个世界上最本质的资源，是所有财富的创造者。一个老板，如果懂得对外创造人际关系资源，对内创造优质人才资源，他一定是一个成功的老板。

综上所述，唐僧比孙悟空多了哪些东西呢？那就是有崇高的信念，无能但是懂得用人，有仁德之心，具有良好的人际关系。所以，唐僧可以做领导，来领导孙悟空，而孙悟空虽然是我们心目中的英雄，但是他自己做不成伟大的事业，他必须要依靠一个唐僧一样的领导来带领。从这个意义上看，唐僧才是真正的英雄。

知识精讲

一、领导

1. 领导的概念

领导有两种词性含义，一种是名词属性，是指领导人或领导者；一种是动词属性，是指领导活动。管理学研究中多指后者。

管理学界对“领导”有各种不同的认识和表达，且各有其特点。

罗伯特：领导是在某种条件下，经由意见交流的过程所实行出来的一种达到某种目标的影响力。

戴维斯：领导是一种说服他人热心于一定目标的能力。

斯托格狄：领导是对组织内群体或个人施加影响的活动过程。

许庆瑞主编的《管理学》：领导是通过人际关系，借助某一种或几种力量来对他人行使影响，并使被影响者的行为和态度发生变化，以达到组织或团体的特定目标。

以上观点都是从不同侧面反映了领导的本质，它们之间并不矛盾，而且彼此完善。本书认为领导的本质是一种影响力，即通过其影响力来影响追随者的行为以达到组织目标的活动过程。

在这一定义中，有三个要点需要特别关注：①领导是一个过程，是对他人施加影响的过程，而且亦是一种艺术；②领导的本质是影响力，因此，只有拥有影响力的人才是真正的领导者；③领导的目的在于使人们情愿地、热心地为实现组织或群体目标而努力。

2. 领导与管理

领导和管理有着密切的关系，从表面上看，两者似乎没有什么差别，人们通常将它们混为一谈。但实际上，两者既有紧密联系，又有很大差异。

领导与管理的共同之处在于：从行为方式看，两者都是一种在组织内部通过影响他人的协调活动，实现组织目标的过程。从权力的构成看，两者也都与组织层级的岗位设置有关。

关于领导与管理的差异有许多学者进行过长期研究，如 Bennis、约翰·科特等。综合各人研究的结果，领导者与管理者的关注点有以下差异，如表 6 - 1 所示。

就组织中的个人而言，可能既是领导者，又是管理者；也可能只是领导者，而不是管理者；也可能是管理者，而不是真正的领导者。两者分离的原因在于，管理者的本质是依赖被上级任命而拥有某种职位所赋予的合法权力而进行管理。被管理者往往因追求奖励或害怕处罚而服从管理。而领导者的本质就是被领导者的追随和服从，它完全取决于追随者的意愿，而并不完全取决于领导者的职位与合法权力。因此，并非所有的领导者都要管理者，也不是所有的管理者都是领导者，但管理者应该成为领导者。

表 6-1　　管理与领导的区别

	管理	领导
确定目标进程	编制计划与预算： 为达成目标，制订出详细的步骤和计划进度 为达到预期目标，进行资源分配	指明方向、给出战略： 展现未来的远景与目标 指出达到远景与目标的战略
开发实现目标所需的人力和网络结构	组织和配备人员： 组建所需组织结构及配备人员 规定权责关系 制定具体政策和规程指导行动 建立系统和方法监督完工状况	指导人们： 同协作者沟通，指明方向、路线 让人们更好理解目标、战略及实现目标后的效益 指引人们据需要组建工作组、建立合作伙伴关系
执行计划	控制和解决问题： 通过具体详细的计划监督进程和结果	鼓动和激励： 动员克服改革中的障碍 鼓动在初具条件的情况下，努力克服人力与资源的不足，实现改革
结　果	具有一定程度的预见并建立良好的秩序 得出各利益所有者如用户、股东期望的关键效果	取得较大进展的改革 具备进一步改革如用户期望的新产品的潜力

管理故事

三只鹦鹉

一个人去买鹦鹉，看到一只鹦鹉前标道：此鹦鹉会两门语言，售价两百元。另一只鹦鹉前则标道：此鹦鹉会四门语言，售价四百元。该买哪只呢？两只都毛色光鲜，非常灵活可爱。这人转啊转，拿不定主意。结果突然发现一只老掉了牙的鹦鹉，毛色暗淡散乱，标价八百元。这人赶紧将老板叫来：这只鹦鹉是不是会说八门语言？店主说：不。这人奇怪了：那为什么又老又丑，又没有能力，会值这个数呢？店主回答：因为另外两只鹦鹉叫这只鹦鹉老板。

启示：印象中的优秀管理者好像一定要是能力非常全面的人，其实不然，真正的领导人，不一定自己能力有多强，只要懂信任、懂放权、懂珍惜、懂选择，管理并团结自己的下级，就能更好地利用在某些方面比自己强的人，从而自身的价值也通过他们得到了提升。相反，许多能力非常强的人却因为过于完美主义，事必躬亲，什么人都不如自己，最后只能做最好的攻关人员，销售代表，成不了优秀的领导人。管理就是你不做事，让人做事，让别人去做自己想做的事情，怎么样让别人去做，并且别人愿意去做。

即问即答

如何让管理者成为领导者?

二、领导者职能

美国哈佛大学的约翰·科特教授根据前人的理论精华和长期的考察心得总结出领导者必须具有三方面的职能。

1. 确定经营方向

领导者的首要职责是确定企业的经营方向，也就是为企业树立一个远景目标。常言道：大海航行靠舵手。领导者作为企业的领头人，就要担负起舵手的职责，为企业的未来发展指明方向。领导者要像舵手一样，密切关注周围形势，不断协调各种因素，同时保证企业的前进方向。

2. 联合群众

通用电器公司的总裁曾坦言：“毫无疑问，远景目标和围绕远景目标的氛围进行沟通一直是、并将继续是最艰巨的工作。”领导者确定了企业的经营方向后，接下来就要发动群众、联合群众，汇集力量来实现目标。为此，他必须与形形色色的人进行沟通、交流。

3. 促动和激励他人

企业进行重大变革时，即使沿最合理的目标方向联盟起来的群体也总会遇到严重障碍。要战胜障碍，实现远景目标，就需要不时激发非凡的力量。这种力量只有某些激励和鼓动才能带来。激励和鼓动过程要达到激励效果，需要不断满足日益增长的需要。

管理故事

激励是有效的管理手段

有位来自监狱的犯人在信中这样写道：

小时候，有一天妈妈拿来几个苹果，红红的，大小各不同。我一眼就看见中间一个又红又大的，十分喜欢，非常想要。这时，妈妈把苹果放在桌上，问我和弟弟：“你们想要哪个?”我刚想说想要最大最红的一个，这时弟弟抢先说出我想说的话。妈妈听了，瞪了一眼，责备他说：“好孩子要学会把好东西让给别人，不能总想着自己。”于是，我灵机一动，改口说：“妈妈，我想要那个最小的，把大的留给弟弟吧。”妈妈听了，非常高兴，在我的脸上亲了一下，并把那个又红又大的苹果奖励给我。我得到了我想要的东西，从此，我学会了说谎。以后，我又学会了打架、偷、抢，为了得到想要得到的东西，我不择手段。直到现在，我被送进监狱。

有位来自白宫的著名人士是这样写的：

小时候，有一天妈妈拿来几个苹果，红红的，大小各不同。我和弟弟们都争着要大的，妈妈把那个最大最红的苹果举在手中，对我们说：“这个苹果最大最红最好吃，谁都想要得到它。很好，现在，让我们来做个比赛，我把门前的草坪分成三块，你们三人一人一块，负责修剪好，谁干得最快最好，谁就有权得到它!”我们三人比赛锄草，结果，我赢了那个最大的苹果。

我非常感谢母亲，她让我明白一个最简单也最重要的道理：想要得到最好的，就必须努力争第一。她一直都是这样教育我们，也是这样做的。在我们家里，你想要什么好东西要通过比赛来赢得，这很公平，你想要什么，想要多少，就必须为此付出多少努力和代价!

启示：不同的方法，会产生不同的结果，有时候，激励是最好的，也是最有效的管理手段。比尔·盖茨说：“激励是调动人们积极性、创造性的一种好方法，激励在管理活动中具有积极的意义。对群体成员的激励，是提高群体活动效率的根本前提。”管理者想要下属拿出最大的工作积极性，最好的方法莫过于对下属的工作做认真的考评，并以此作为工资和提拔的依据，换言之，就是把下属的工作成绩和他所获得的回报完全挂钩，这样才能最大限度地激发下属的积极性。

三、领导权力

1. 领导与权力

权力的本质就是一个人影响他人的能力，这种影响力使得人们做了在其他情况下不可能做的事。权力的基础是依赖性，一方对另一方的依赖程度越高，则另一方对一方拥有的权力就越大。

权力与领导存在着区别，它们的区别在于目标的相容性。权力不要求构成权力关系的双方有着一致的目标，而领导则要求领导者与被领导者有着相互一致的方向。

但是，权力对于领导工作是极为重要的。首先，领导过程中影响他人的基础是权力；其次，组织中权力的配置决定了领导的工作方式；最后，正确地对待权力是领导工作成功的保证。

2. 领导权力

领导过程中影响他的基础是权力，人类社会总是凭借权力维护秩序与稳定。

领导权力是领导者（权力所有人），遵循相关的法律法规，运用多种方法与手段，在实现特定目标的过程中，对被领导者（权力相对人）做出一定行为与施行一定影响的能力。

领导权利的本质就是指影响他的能力，在组织中就是指排除各种障碍完成任务，达到目标的能力。

管理故事

赏罚分明，以理服人

美国可口可乐公司的产品在国际市场上长盛不衰，畅销全球。该公司总裁韦恩·卡洛韦在谈到他如何取得这一成绩时，他肯定地回答只有一个字：人。

韦恩·卡洛韦对他属下的550名管理人员的情况大多数了如指掌。他用自己40%的时间去研究人的问题。

他坚持优胜劣汰的用人原则，亲自制定了各类人员能力标准，每年至少一次与他的属下共同评价他们的工作。如果一个属下不够标准，韦恩·卡洛韦会给他一段时间学习提高，以观后效；如果已达到标准，第二年就会习惯性地提高要求。经过评估，公司的管理人员被分为四类：第一类，最优秀者将得到晋升；第二类，可以晋升，但目前尚不能安排；第三类，需要在现有的岗位上多工作一段时间，或者需要接受专门培训；第四类，最差者将被淘汰。

启示：赏与罚，曾被古人称为管人的两把利剑，是领导者统御部属，使用人才的重要手段。孙武把“法令孰行”“赏罚分明”，作为判明胜负的两个重要条件。曹操也说：“明君不赏无功之臣，不赏不战之士。”赏罚分明，是古今中外一切用人者的根本原则。领导者一定要正确使用赏罚，切莫随心所欲，无原则赏罚。

四、领导权力的来源

按照约翰·弗伦奇和伯特伦·雷温（Bertram Raven）的划分方法，领导权力来源有五种，分别是为法定性权力、奖赏性权力、惩罚性权力、感召性权力和专长性权力。

1. 法定性权力

法定性权力是由个人在组织中的职位决定的。个人由于被任命担任某一职位，因而获得了相应的法定权力。例如，公司经理比副经理有更多的权力；教练有权决定谁上场和比赛的策略，队员必须服务；裁判有权判定是否犯规是否得分，并有权用出示黄牌或红牌提出对某一队员的警告或处罚，队员必须服从。

但拥有法定权的权威，并不等于就是领导，这些负责人可能是有效的领导者，也可能不是。因为有的上级没有自愿的追随者，只是凭借手中的权力，并不是真正的领导者。同时应当充分认识到下级拥有劳动法、合同法等法律和规章制度赋予的权力，下级也可以有效地影响和抵制上级的领导行为。

2. 奖赏性权力

奖赏性权力是指个人控制着对方所重视的资源而对其施加影响的能力。例如上级在其职权范围内可以决定或影响下级的薪水、晋升、提拔、表扬或分配有利可图的任务、职位，或给予下属所希望得到的其他物质或精神上的安抚、亲近、信任等，从而有效地影响他人的态度和行为。

奖赏性权力是否有效，关键在于领导者要确切了解对方的真实需要。人们的需要是多方面的，也可能各不相同，不一定都是金钱或职位，所以必须采用适当方式针对性地才能取得良好的效果。

3. 惩罚性权力

惩罚性权力是指通过强制性的处罚或剥夺而影响他人的能力。例如，批评、罚款、降职、降薪、撤职、除名、辞退、起诉等，或调离到偏远、劳苦、无权的岗位上去。这是建立在惧怕之上的权力。

应当注意，惩罚权虽然十分必要，见效也很快，但毕竟是一种消极性的权力，更不是万能的，因此务必慎用。如果使用不当，可能产生严重的消极后果。

4. 感召性权力

感召性权力是领导者由于拥有吸引别人的个性、品德、作风而引起人们的认同、赞赏、钦佩、羡慕，使人民自愿地追随和服从的能力。例如，无私工作、刚正不阿、清正廉洁、思路敏捷、有魄力、关心群众疾苦、保护下属利益、倾听不同意见、结交下层朋友等行为，会引来大批追随者，形成巨大的影响力。这种权力是建立在一位下属对一位领导的认可上的。领导或许由于具有一种或更多的个人好品质而受到敬佩，或许是由于领导过去的成就得到下属的认可和敬佩。正是出于这种敬佩，下属能够接受其影响。

5. 专长性权力

专长性权力是指因为某人在某一领域所特有的专长而影响他人的能力。医术精湛的医生在医院中具有较大的影响力，一位大牌教授因他的专业知识而在其他教师和学生中具有较大的影响力。具有这种权力的人是具有某些专门知识、特殊技能或知识的人。具有一种或更多种这样的能力就会赢得同事和下属的尊重和服从。

任何领导者绝对不可能在所有领域内都具有专长权，所以对组织中正式职位的领导者而言只要在他的工作职责范围内具有一定的专长权就可，而不必要求一定是某一领域的专家。

在上述各项权力中，法定、奖赏权、惩罚权主要源于企业组织中的职位，它们是职位和责任结合在一起的制度化权力。这种由职位赋予的权力具有外在性质，故又称外在性权力。而感召权和专长权是一种无须外界授予，完全来自于领导者自身的因素，故也称内在性权力。无论外在性权力或内在性权力都是领导权力不可缺少的组成部分，其中外在性权力构成领导权力的基础，内在性权力则是提高领导效能的重要方面。

管理故事

批评的艺术

齐景公爱打猎养鹰，有一次仆人弄丢了一只猎鹰，景公极为生气，要杀了他。这时晏子请求等他公布完仆人的罪状后再杀。景公同意了。晏子当面责骂仆人说：“为大王养鹰却养丢一只这是第一罪，你使大王为一只鹰而杀人是第二罪，杀了你使天下人知道大王重鹰轻人是第三罪。大王，我说完了，你下令杀他吧。”这就是一个成功的含蓄的批评，景公认识到自己重鸟轻人的错误行为，就放了仆人。

在批评时，可以运动多种方法。如通过列举分析历史人物是非，烘托其错误；通过列举和分析现实中人物的是非，暗喻其错误；通过分析正确的事物，比较其错误；还可采用故事暗示法，用生动的形象增加对他的感染力；笑话暗示法，通过一个笑话，使他认识错误，既有幽默感，又使他不致感到尴尬；轶闻暗示法，通过轶闻趣事，使他听批评时，受到点影射，也易于接受。总之，通过提供多角度、多内容的比较，使人反思领悟，从而自觉愉快地接受批评，改正错误，这才是我们所关心的问题。

对于十分敏感的人，批评可采取不露锋芒法，即先承认自己有错，再批评他的缺点。态度要谦虚，谦虚的态度可以使对方的抵触情绪很容易消除，使他乐于接受批评。

例如，可以对人这样批评："这件事，你办得不对，以后要注意了。不过我年轻时也不行，经验少，也出过很多问题，你比我那时强多了。"

有时一些问题一时未搞清，涉及面大或被批评者尚未能知理明悟，则批评更要委婉含蓄。先表明自己的态度，让下属从模糊的语言中发现自己的错误。但是，也不能一概而论，对严重的错误，应当严厉批评。另外对于执迷不悟者和经常犯错误者，都应作例外处理，要么是他们改正错误，要么是你不用他们。

启示：用好"批评"这项领导特有的工具，可以事半功倍。

实训巩固

走访成功的企业家

1. 实训目的

通过走访企业的领导者，使学生对领导有一定的感性认识。培养学生的领导组织能力，培养学生应用领导的方式与方法的能力，培养学生的领导艺术水平。

2. 实训内容

学生自愿组成小组，每组 5～8 人，利用课余时间，自行联系一位企业领导者进行访谈。访谈内容如下：

(1) 听取企业领导者工作方式方法的情况介绍。

(2) 通过与企业领导者交谈，了解他在领导工作中所遵循的原理。

(3) 了解领导工作中采用的领导方法和领导艺术技巧。

(4) 访谈领导工作中所遇到的问题和解决方法。

3. 实训要求

(1) 走访之前，要进行精心准备。如何打开交流场面、和企业领导者交谈的内容要做到心中有数。

(2) 和企业领导者交流中，要表现得自信、真诚、热情。

(3) 走访结束后，写一份实训报告。

(4) 调查后安排一次讨论课，以小组为单位，每组派出一名代表发言讨论。

考核评价

考核评价内容如表 6-2 所示。

表 6-2　　识别领导权力能力考核评价

内容		评价	
学习目标	评价内容	小组评价 (5、4、3、2、1)	教师评价 (5、4、3、2、1)
应知应会知识	领导与领导权力的含义		
	领导的职责		
	领导权力的来源		
专业能力	区别领导与管理		
	培养领导权利本质		
通用能力	理解领导工作的重要性		
	理解领导权力的形成		
	识别领导能力		
努力方向：		建议：	

任务二　善用领导理论

任务情境

领头羊

在学习情境导入任务前，我们介绍了领头羊的故事。为什么小个的佩蒂最后反而成了领头羊，让我们来看看佩蒂身上优于麦克的一些特质。

1. 冷静和准确的判断力

当被带离自己熟悉的领域，动物的本能反应就是慌乱和不安，在这一点上，麦克和佩蒂并无本质区别。但面对钢制的笼子，麦克一味地乱冲乱撞，反观佩蒂，只在最初尝试了几次就放弃了，可见佩蒂有优于麦克的冷静以及准确的判断力。

现代组织所要面对的环境纷繁复杂、瞬息万变。这就要求作为组织舵手的领导者必须具备优良的心理素质和准确的判断力，正确的航道是组织存活的基础，试想，一个目标都是错误的组织又怎么能够生存、发展和壮大呢？而一旦因为一点风浪，舵手就慌了手脚不知所措，或者干脆就盲目判断，驶向错误的航道，那么组织离覆灭也就不远了。

2. 勇于接受挑战和反抗精神

面对小狗欧迪的追逐，佩蒂从起初的逃窜到最后的反抗正体现了一个作为组织领导者极为重要的特质——勇于接受挑战和反抗精神。

正如本文开篇提到的，一头绵羊带领的一群狮子，敌不过一头狮子带领的一群绵羊。事实上，在正常条件下，狮子是不甘于被绵羊带领的，这样的组织从存在伊始即是不合理的，换言之，在合理化的组织中，一个没有挑战和反抗精神的人是不会被推举为领导的。那么，这句谚语实际上就引申为一个不合理的组织同一个合理组织之间的对抗，结果显而易见。

3. 纳新和开拓能力

成为领导也许只是一个瞬间，但被认可为领导无疑必须是一个过程。动物世界甄选领导相对更为纯粹，佩蒂向同伴显示出了更强的纳新和开拓能力，勇于尝试从未吃过的蔬菜，于是麦克不得不遵从甚至愿意遵从佩蒂，因为遵从一个自己认可的，比自己更具纳新和开拓能力的领导会比自己不知所措可靠得多。

4. 懂得妥协和善于交际

佩蒂对待不怀好意的欧迪显示了强硬的一面，但在对待掌握它命运的人类时则表现出了愿意妥协，可见，对于一个领导者而言，勇于低头比一味强硬更重要。任何组织都不可能是独立的，否则也就没有了组织存在的意义，于是决定了组织必须同外界沟通和交际。或者强硬，或者妥协，这些都必须是组织的领导者权衡下决定的。如果该强硬的没有强硬，该妥协的又没有妥协，不光会影响组织的短期利益，甚至会影响组织的存亡。所以作为一个组织的领导必须懂得妥协和善于交际。

5. 把握机遇

俗话说，时势造英雄，麦克和佩蒂在原先的羊群中都不是领头羊，而如果没有把他们从羊群中带出来，佩蒂到死都不会成为领头羊，同时，如果麦克表现出比佩蒂更强的判断力、开拓能力等领导者素质，那么最终成为领头羊的就是麦克了。可见，能把握住机遇也是领导者必不可少的特质。

任务分析

以上五点特质，正是佩蒂区别于麦克的特质，同时也是决定佩蒂领导麦克的关键。当然，人类组织的种类繁多，内部结构和面临的环境也更为复杂，但以上的领导力素质应该是共通的，人类组织也是从最初的“羊群”一类的原始组织发展起来的，而且，不得不承认的是，以原始组织的方式“自然”推选组织的领导者才是最为合理的甄选领导者的方式，对组织的发展和壮大也最为有利。

知识精讲

在影响人的过程中，领导者对权力的运用方式称为领导方式或领导风格。自 20 世纪 30 年代起，西方学即开始着手研究领导者的行为，并对领导行为的基本倾向提出了许多不同的理论模式。按形成时间的先后，大致可分为领导特质理论、领导行为理论与领导权变理论。

一、领导特质理论

领导特质理论也称伟人理论，侧重研究领导者个人特性对领导有效性的影响，最初是心理学家开始研究的。领导特质理论认定优秀的领导者具备某些特质，组织可以通过对这些特质的识别来选拔正确的领导。

领导特质理论的发展经过了两个阶段。第一阶段是传统领导特质理论。这种观点认为领导者的品质和性格是天生的、超人的，是遗传因素决定的，他们天生就具有一些特性，这些特性会使他们成为伟大的领导者，如林肯、毛泽东等。第二阶段是现代领导特质理论，这种观点认为领导者的品质和性格是后天的，他们都是经过非常勤奋的努力学习和在实践中逐步形成的，可以通过教育训练加以培养和改造。

有效的领导者具有的共同特性，包括六个方面，如表 6－3 所示。

表 6－3　　领导者的六项特质

进取心	领导者表现出高努力水平，拥有较高的成就渴望，他们进取心强，精力充沛，对自己所从事的活动坚持不懈，并有高度的主动精神
领导愿望	领导者有强烈的愿望去影响和领导别人，他们表现为乐于承担责任并在领导过程中获得满足和利益
诚实与正直	领导者通过真诚与无欺以及言行高度一致而在他们与下属之间建立相互信赖的关系
自信	下属觉得领导者从没缺乏过自信。领导者为了使下属相信他的目标和决策的正确性，必须表现出高度的自信
智慧	领导者需要具备足够的智慧来收集、整理和解释大量的信息，并能够确立目标、解决问题和作出正确的决策
业务知识	有效的领导者对于公司、行业和技术事项拥有较高的知识水平。广博的知识能够使他们作出富有远见的决策，并能理解这种决策的意义

虽然具备领导特质能提高领导者成功的可能性，但领导特质理论也存在着不足的地方：首先它忽视了下属的需要；其次它没有指明各种特质之间的相对重要性，再次它没有对因与果进行区分；最后它忽视了情境因素。这些方面的欠缺使得研究的注意力转到了其他方面。

管理故事

韦尔奇认为的领导力“八条准则”

世界卓越管理大师、前通用电气公司首席执行官杰克·韦尔奇关于企业领导力曾列出了“八条准则”，具体内容是：

一、坚持不懈地提升团队，把同员工的每一次邂逅都作为评估、指导和帮助他们树立自信心的机会；

二、不但要让员工抱有梦想，而且还要拥抱它、实践它；

三、深入到员工中间，向他们传递积极的活力和乐观精神；

四、以坦诚精神、透明度和声望，建立别人对自己的信赖感；

五、有勇气，敢于做出不受欢迎的决定，说出得罪人的话；

六、以好奇心、甚至怀疑精神来监督和推进业务，要保证自己提出的问题能带来员工们的实际行动；

七、用于承担风险、勤奋学习，亲自成为表率；

八、懂得欢庆。

启示：从这“八条准则”中，我们可以得出这样一个结论，但凡一些非常著名领导者都有其出众品格和非凡才干。如毛泽东的远见、周恩来的忘我、李嘉诚的深谋远虑、比尔·盖茨的出类拔萃等。这些不同时代、不同国度、不同地位、不同行业的领导者，在他们各自的领导活动中，都充分显示了他们非凡的领导能力。他们借助这种非凡的领导能力，创立并领导着伟大的组织，成就了伟大的基业。

妙用“餐桌面谈法”

西诺普提克斯通信公司，专门生产配套计算机系统。在四年的时间内，这家公司的雇员由11人增至425人。企业的规模不断扩大，五个职能部门之间的彼此沟通就显得越来越重要。而在实际中，各部之间的沟通存在不少的障碍。

有一次，生产部门的主管实在是难以忍受其他部门的不配合，就对组装一种新型电路耗费工时过多连连抱怨。这引起了公司总裁的注意。时任该公司总裁的是安德鲁·拉德威克。他为了解决这位主管的抱怨，专门请来这位主管和一位工程师，和他们一起用餐。在就餐时，让他们就如何加快组装的问题进行协商。两人的协商是很有效的。最终，他们找到了一个简单的加快组装的办法：只需要换一种更小、更便宜的部件，就能大大缩短工时。受这次用餐协商成果的启发，拉德威克想出了“餐桌面谈法”，并认为这是解决实际问题，增进部门间沟通的非常简便的方法。

每个季度，这家公司都会在总部所在地举行一次午餐会。总部位于加利福尼亚州的蒙顿维尔。在这里，每次摆上五张餐桌，请来两个相关部门的要员共享丰盛的午餐。当然，用餐并不是目的，目的在于让他们找出解决问题的办法，席间，都要提出一些有待解决的特定问题。针对这某一特定问题，每位用餐者都要想出自己的解决办法，向大家陈述之后，用餐者就进行评价，直到找出最佳的解决办法。

餐桌面谈法是富有成效的，这家公司已经用它解决了很多复杂的问题。

启示：随着企业的发展壮大，企业中的雇员会大为增加，组织机构的设置也会越来越复杂。在这种情况下，经理人颇感头痛的问题就会增多，比如各职能部门之间的协调与沟通问题。当管理过程中沟通遭遇障碍，餐桌旁常常就是解决障碍的最佳地点。

二、领导行为理论

许多学者在研究领导艺术时，从研究领导者的内在特征转移到外在行为上，即对领导者的各种领导行为进行研究，以找出何种领导行为、领导方式最为有效，这就是领导者的行为理论。领导行为研究的理论模式很多，归纳起来大致分两类。

（一）按不同作风，以权力定位为基本变量划分

这种划分可以分为专制型、民主型、放任型三种基本类型。

专制型是指领导者发号施令，要求他人依从，为人教条而独断，凭借实施奖惩的权力进行领导；民主型或参与型，是指领导者就拟议的行动和决策同下属磋商，并且鼓励下属参与进来，一般得不到下属的一致同意就不采取行动；放任型是指领导者极少运用权力，给下属高度的独立性，甚至是自由放任，这类领导者主要依靠下属来确定他们的目标，以及实现目标的方法，他们认为，自己的任务就是为下属提供信息，充当下属与外界的联系人。

这一理论的代表人物是美国心理学家勒温。勒温通过大量的实验研究得出：民主型的领导效果最令人满意。专制型次之，虽通过严格管理达到工作目标，但成员的消极抵抗情绪在不断增长。放任型工作效率最低，工作中只达到社交的目标，而没有达到工作目标。但是上述结论不能绝对化，必须根据管理目标、任务、管理环境、条件，通过管理者自身因素灵活选择领导方式。最适应的领导方式才是最好的领导方式。

（二）按生产导向和员工导向两个维度来划分

1. 密执安大学的研究

美国密执安大学李克特及其同事从 1947 年开始，试图比较群体效率如何随领导者的行为的变化而变化。这项研究的目的是打算建立实现预期的绩效和满意水平的基本原理，以及有效的领导方式类型，结果发现了两种不同的领导方式。

一是工作（生产）导向型的领导行为。这种领导者强调工作的技术或任务，关心群体任务完成情况，把群体成员视为达到目标的手段。

二是员工导向型的领导行为。这种领导者重视人际关系，注意考虑下属的需要，承认人与人之间的不同。

根据广泛的调查，实行员工导向型领导的企业生产效率比一般企业高出 10%～40%，能充分发挥每一员工的潜能。另外，这两种群体的态度和行为也根本不同。在员工导向型的生产单位中，员工的满意度高，离职率和缺勤率都较低。在工作导向型的生产单位中，产量虽然不低，但员工的满意度低，离职率和缺勤率较高。

2. 俄亥俄州立大学的研究

美国俄亥俄州立大学的研究者弗莱西曼和他的同事从 1945 年起，对领导问题进行了广泛的研究，研究结果将领导方式分为关怀维度、定规维度两个维度或构面加以描述。

关怀维度指位领导者尊重和关心下属的看法与情感并与下属建立相互信任的程度。

定规维度指为了达到组织的目标，领导者界定和构造自己与下属角色的程度。包括设立工作、界定工作关系和明确目标的行为。

根据两个维度，领导者类型可以分成四个基本类型即高关怀—高定规、高关怀—低定规、低关怀—高定规、低关怀—低定规。领导行为四分图具体如图 6－1 所示。

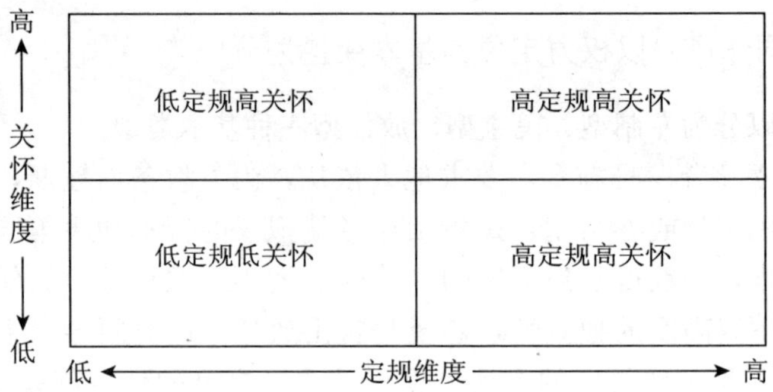

图 6－1　领导行为四分图

高—高型的领导者一般更能使下属达到高绩效和高满意度，但高—高型风格并不总是产生积极效果。在生产部门内，工作绩效评定结果往往与定规程度呈正相关，与关怀程度呈负相关，而在非生产部门，则相反。其他三种类型的领导行为普遍与较多的缺勤、事故、抱怨及离职有关系。

一般来说，中国企业的领导者采取的是高关怀、低定规的领导方式；而西方国家的领导者采取的是一种高关怀、高定规的领导方式。

3. 管理方格论

在领导行为四分图理论基础上，美国得克萨斯大学的布莱克和穆顿对理想的领导方式加以分析综合，于 1964 年提出了管理方格理论，它们充分概括了俄亥俄州立大学的关怀与结构维度以及密歇根大学的员工导向和生产导向维度。

在这种领导理论中，首先把管理人员按他们的绩效按照导向行为（称为生产的关心）和维护导向行为（称为对人员的关心）进行评估，给出等级分值。然后以此为基础，把分值标注在两个维度坐标界面上，并在这两个维度坐标轴上分别划 9 个等级，从而生成 81 种不同的领导类型。具体如图 6－2 所示。

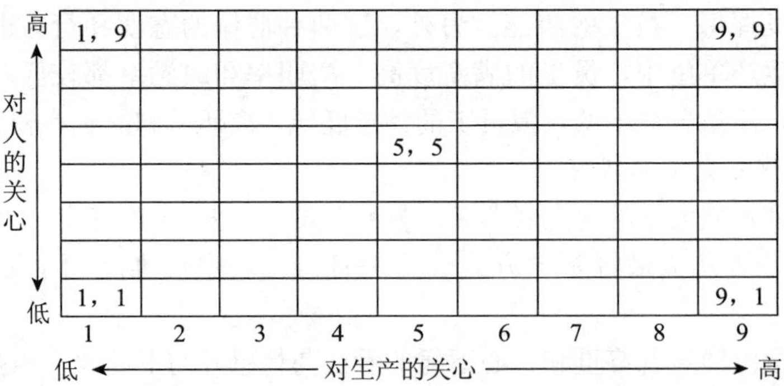

图 6－2　管理方格

图中，有代表性的领导行为有五种：

（1，1）型（贫乏型管理）。表示领导者付出最小的努力完成工作。只做一些维持自己职务的最低限度的工作，庸庸碌碌，只要不出差错，多一事不如少一事。也称贫乏型管理。其结果是创造性受到抑制，下属只求较好的生存下去。逃避做出决定，当意见发生冲突时持中立态度；造成一种冷漠的组织气氛，对下属很少予以激励；对工作结果很少给予反馈。

(9，1) 型（任务型管理）。只注重任务的完成，是一种专权式的领导，下属只能奉命行事，可能会失去创造性或进取精神。也称任务型管理。其结果是下属变得与组织对立，一有可能就试图打击这种体制。

(1，9) 型（乡村俱乐部型管理）。特别关心员工，持这种方式的领导者认为，只要员工精神愉快，生产自然会好。这种管理的结果可能很脆弱，一旦和谐的人际关系受到破坏，生产业绩会随之下降。其结果是职工对组织的责任感主要限于社会活动，如参加正式集会等。

(5，5) 型（中庸之道型管理）。既不过分重视人的因素，也不过于重视任务因素，努力保持和谐与妥协。也称中庸之道型管理。其结果是下属的创造性只限于通过建议和出主意，而且只注意维持现状。

(9，9) 型（战斗集体型管理）。表示领导者对生产和员工都很关心，研究者认为这是最有效的领导方式。也称团队型管理或战斗集体型。其结果是下属以创造性的方式共同承担各种问题，并将他们的工作目标与领导人和组织的工作和目标密切联系起来。

布莱克和穆顿根据自己的研究得出结论，(9，9) 风格的管理者工作效率最佳，(1，9) 或 (9，1) 风格的领导者工作效率最差。但管理方格也存在不足的地方，它只是对领导风格这一概念提供了框架，并未回答如何使管理者成为有效的领导者这一问题。并且，也没有足够的研究证据支持 (9，9) 型风格在所有情境下都是最有效的。

管理故事

子贱放权

孔子的学生子贱有一次奉命担任某地方的官吏。当他到任以后，却时常弹琴自娱，不管政事，可是他所管辖的地方却治理得井井有条，民兴业旺。这使那位卸任的官吏百思不得其解，因为他每天即使起早摸黑，从早忙到晚，也没有把地方治好。于是他请教子贱："为什么你能治理得这么好?" 子贱回答说："你只靠自己的力量去进行，所以十分辛苦；而我却是借助别人的力量来完成任务。"

启示： 现代企业中的领导人，喜欢把一切事揽在身上，事必躬亲，管这管那，从来不放心把一件事交给手下人去做，这样，使得他整天忙忙碌碌不说，还会被公司的大小事务搞得焦头烂额。其实，一个聪明的领导人，应该像子贱一样，正确地利用部属的力量，发挥团队协作精神，不仅能使团队很快成熟起来，同时，也能减轻管理者的负担。

在公司的管理方面，要相信少就是多的道理：你抓得少些，反而收获就多了。管理者，要管头管脚（指人和资源），但不能从头管到脚。

管理案例

副总家失火以后

一家公司的销售副总，在外出差时家里失火了。他接到妻子电话后，火速连夜赶回家。第二天一早去公司向老总请假，说家里失火要请几天假安排一下。按理说，也不过分，但老总却说："谁让你回来的？你要马上出差，如果你下午还不走，我就免你的职。"这位副总很有情绪。无可奈何地从老总办公室里走了出来并马上又出差走了。

老总听说副总已走，马上把党、政、工团负责人都叫了过来，要求他们分头行动，在最短的时间内，不计代价把副总家里的损失弥补回来，把家属安顿好。

讨论：

1. 从管理方格理论分析这位老总属于哪一种领导风格？
2. 从管理的角度而言，从本案例中可以获得哪些启迪？

即问即答

分析某位授课老师的领导风格，是否有效？如果并不有效，你认为应采用什么样的风格更为有效？

三、领导情境论

情境理论是在考察领导者的特性、行为之后，进一步增加一个环境因素，认为不存在一种"普遍适用"的领导方式，强调领导的有效性取决于领导者特性、被领导者特性及两者所处的特定环境三个因素的相互作用。

1. 菲德勒权变模型

美国当代著名心理学家和管理学家菲德勒提出的权变理论认为领导工作是一个过程。在这个过程中，领导者施加影响的能力取决于群体的工作环境、领导者的风格和个性及领导方法对群体的适合程度。用公式表示为：

$$S=f(L, F, E)$$

其中，S 为领导方式；L 为领导者特征；F 为被领导者特征；E 为环境特征。即领导方式是领导者特征、追随者特征和环境的函数。

领导者特征主要是指领导者的个人品质、价值观和工作经历。追随者特征指追随者的个人品质、工作能力、价值观等。环境主要是指工作特征、组织特征、社会状况、文化影响、心理因素等。工作是具有创造性还是简单重复，组织的规章制度是比较严密还是宽松，社会时尚是倾向于追随服从还是崇拜个人英雄，都会对领导方式产生影响。菲德勒主要强调的是领导个人的个性与情境的匹配。

首先，菲德勒相信领导成功的关键因素之一是个体的基本领导风格：任务导向型和关系导向型。为此，他设计了一种问卷 LPC（最不喜欢的同事，Least Preferred Co-worker Questionnaire）量表，借以判断人们最基本的领导风格。该量表主要内容是询问领导者对最不与自己合作的同事的评价。如果领导者对最不喜欢的同事批评得一无是处，则被认为惯于命令和指挥，是只关心生产的领导（低 LPC 型领导方式）；如果能对最不喜欢的同事给予好的评价，则被认为注重人际关系和个人声望，是以人为主的领导。（高 LPC 型领导方式）

根据菲德勒的研究认为：低 LPC 型领导比较注重任务的完成，如果环境较差，他将首先保证完成任务，环境改善后，任务能够较好地完成，这时其目标将是搞好人际关系。对高 LPC 型领导来说，比较重视人际关系。如果环境较差，他将首先将人际关系放在首位，如果环境较好，人际关系也比较融洽，这时他将追求工作任务。

其次，菲德勒分析了环境因素，他认为影响领导效果的“情境因素”主要有三个。

（1）职位权力。职位权力是指领导者所处的职位具有的权威和权力的大小，或者说领导的法定权、惩罚权、奖励权的大小。权力越大，群体成员遵从指导的程度越高，领导的环境也就越好；反之，则越差。

（2）任务结构。任务结构是指任务的明确程度和部下对这些任务的负责程度。任务越明确，部下责任心越强，则领导环境越好。

（3）领导者与上下级的关系。上下级关系是指下级乐于追随的程度，如果下级对上级越尊重，并乐于追随，则上下级关系越好，领导环境也越好。

第三，菲德勒将三种主要的环境因素加以组合，得出八种不同的环境类型，并在广泛调查的基础上，找出了不同环境类型下最适应、最有效的领导类型，如图 6－3 所示。

上下级关系	好				坏			
任务结构	明确		不明确		明确		不明确	
职位权力	强	弱	强	弱	强	弱	强	弱
情境类型	1	2	3	4	5	6	7	8
领导所处环境	有利			中间状态				不利
有效的领导方式	任务型			关系型				任务型

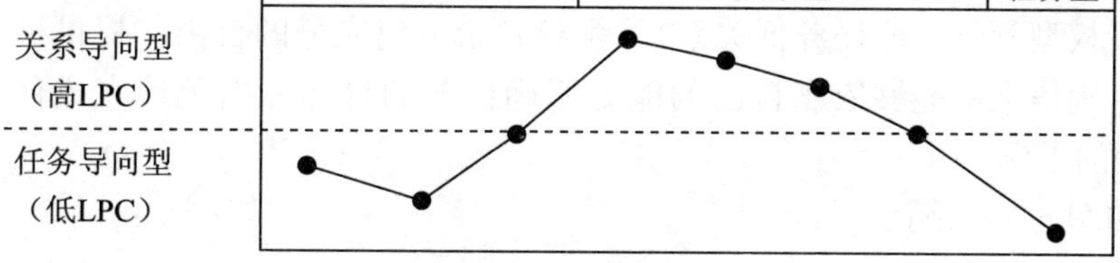

图 6－3　菲德勒模型

根据菲德勒的研究，在有利和不利的环境类型下，采用任务导向型效果较好；而在环境条件一般时，采用关系导向型较有效。另外，由于个体的领导风格是领导者的个性决定的，基本无法改变，因此，提高领导有效性的基本途径实际上只有两条：一是替换领导者以适应环境；二是改变环境以适应领导者。

2. 领导生命周期理论

美国管理学者保罗·赫塞和肯·布兰查德提出了情境领导理论，他们认为，成功的领导者要根据下属的成熟度来选择恰当的领导方式。由于被领导者是否接受领导者最终影响领导的效果，因此，研究领导者的有效形式必须重视被领导者的成熟度。

所谓成熟度，指的是个体能够并愿意完成某项具体任务的程度。下属的成熟度由心理成熟度和工作成熟度两方面构成，心理成熟度指个体做某事的意愿和动机，工作成熟度是指个体的知识和技能。心理成熟度和工作成熟度均高的人不需要太多的外部刺激，有强烈的工作意愿，拥有完成工作任务足够的技能。心理成熟度与工作成熟度均低的人，情况则恰好相反。

赫塞与布兰查德将下属的成熟度由低到高分成了四类。

M_1：这些人既缺乏工作的热情，又不具备完成工作任务所需的技能，他们既不能胜任工作，又不能被信任。

M_2：这些人有较高的工作热情，愿意从事必要的工作任务，但目前缺乏完成工作所需要具备的技能。

M_3：这些人具备完成工作所需要的技能，但缺乏工作热情，不愿意承担领导所交予的任务。

M_4：这些人既具有高度的工作热情，愿意承担工作任务，又具有完成工作所需要的知识和技能。

四种领导类型以及其对应的下属类型。

S_1：指导型领导（高任务低关系），领导者界定工作任务和角色，通过发号施令，明确告知下属完成任务的详细规则与程序，重视任务的完成情况，不过多的考虑下属的满意度。其对应的是 M_1 型的下属。

S_2：推销型领导（高任务高关系），领导者的指导行为与支持行为并重，既关注员工的满意度，保持并提高员工的工作热情，又在指导和支持的过程中锻炼下属的能力，提高他们的工作技能。其对应的是 M_2 型的下属。

S_3：参与型领导（低任务高关系），领导者鼓励下属共同决策，为下属提供良好的工作条件和沟通渠道，从而提高下属的工作满意度，培养下属的工作热情。其对应的是 M_3 型的下属。

S_4：授权型领导（低任务低关系），领导者给下属充分的自由，提供极少的指导与支持行为，确信下属能够依靠自己的能力明确任务的目标并出色地完成任务。其对应的是 M_4 型的下属。

具体如图 6-4 所示。

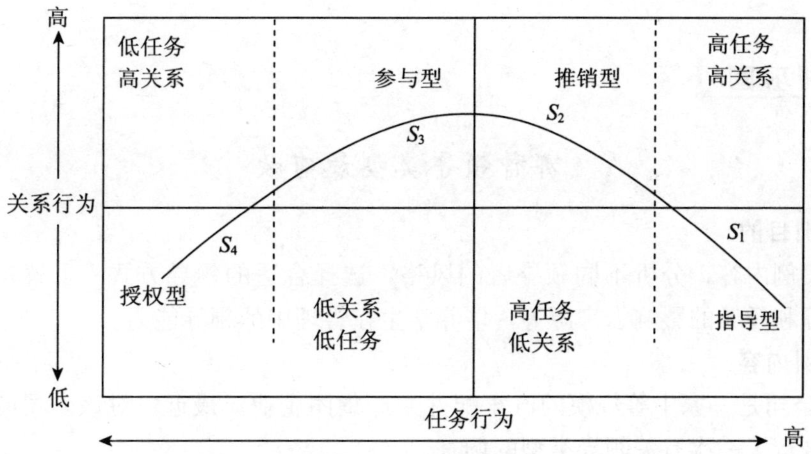

高	中		低
M_1	M_2	M_3	M_4

图 6－4 领导方式生命周期理论

管理案例

应管不应管

某学校的李校长，他因为要经常参加社交活动而不能每天都到学校，但学校的工作却井然有序。在校时，他经常与教师和学生接触，对他们反映的许多具体要求他总是让各分管的副校长、教务长、总务主任解决。

一次教职工大会上，李校长念了一张一位教师递给他的条子：“你是校长，为什么遇到问题不表态，是权不在手，还是处理不了？”念完条子，李校长感谢这位老师的关心，然后明确表示：“我是有职有权的。学校重大决定都是我主持做出的，这就是权力！至于执行过程中的具体问题的处理，领导成员各有分工。因此我不能随意表态。”对于李校长的解释，一些教职工仍不赞同。他们认为，领导成员多，应是校长说了算，否则，校长不成“无为而治”了吗？

由于有这样一些议论，李校长不在学校时，个别领导成员把一些能处理的事也搁了下来。面对这些情况，李校长除了在领导班子内统一认识外，又在教职工中通过各种方式，谈了他的看法：校长负责人不是按校长个人的意志办事，特别是有关改革的事，更不能由校长一个人决定。校长应该为他所应该管，而不应该为他所不应该管。如果学校中的所有事都由校长决定，这不是有职权，而是个人专权。这不但不能调动每个人的积极主动性，还会养成一些教职工的依赖性。李校长的看法得到领导成员的赞同和教师的理解。但是仍然有不少教职工不能理解。

讨论：

1. 李校长的说法与做法对吗？
2. 试用领导权变理论解释李校长的领导风格。

实训巩固

哪种领导类型最有效

1. 实训目的

通过案例内容，分析不同领导者的风格，选择合适的领导方式。了解领导工作应遵循的原理和领导的影响力来源等，培养学生在管理中的领导能力。

2. 实训内容

ABC公司是一家中等规模的汽车配件生产集团企业。最近，对该公司的三个重要部门经理进行了一次有关领导类型的调查。

（1）安西。

安西对他本部门的产出感到自豪。他总是强调对生产过程、产量控制的必要性，坚持下属人员必须很好地理解生产指令以得到迅速、完整、准确的反馈。当遇到小问题时，安西会放手交给下级去处理。当问题很严重时，他则委派几个有能力的下属人员去解决问题。通常情况下，他只是大致规定下属人员的工作方针、完成怎样的报告及完成期限。安西认为只有这样才能有更好的合作，避免重复工作。

安西认为对下属人员采用敬而远之的态度对一个经理来说是最好的行为方式，所谓的“亲密无间”会松懈纪律。他不主张公开谴责或表扬某个员工，相信他的每一个下属人员都有自知之明。

据安西说，在管理中最大的问题是下级不愿意接受责任。他讲到，他的下属人员可以有机会做许多事情，但他们并不是很努力地去做。他表示不能理解他的下属人员如何能与一个毫无能力的前任经理相处，他说，他的上司对他们现在的工作运转情况非常满意。

（2）鲍伯。

鲍伯认为每个员工都有人权，他倾向于管理者有义务和责任去满足员工需要的学说。他说，他常为他的员工做一些小事，如给员工两张下月在伽利略城举行的艺术展览的入场券。他认为，每张门票15美元，但对员工和他的妻子来说却远远超过15美元。通过这种方式，也是对员工过去几个月工作的肯定。

鲍伯说，他每天都要到工场去一趟，与至少25%的员工交谈，鲍伯不愿意为难别人，他认为安西的管理方式过于死板，安西的员工也许并不那么满意，但除了忍耐别无他法。

鲍伯说，他已经意识到管理中有不利因素，但大都由于生产压力造成的。他的想法是以一个友好、粗线条的管理方式对待员工。他承认在生产率上必定不如其他单位，但他相信他的雇员有高度的忠诚与士气，并坚信他们会因他的开明领导而努力工作。

（3）查理。

查理说他面临的基本问题是与其他部门的职责分工不清。他认为不论是否属于他们的任务都安排在他的部门，似乎上级并不清楚这些工作应该谁做。

查理承认他没有提出异议，他说这样做会使其他部门的经理产生反感。他们把查理看成是朋友，而查里却不这样认为。

查理说过去在不平等的分工会议上，他感到很窘迫，但现在适应了，其他部门的领导也不以为然了。查理认为纪律就是使每个员工不停地工作，预测各种问题的发生。他认为作为一个好的管理者，没有时间像鲍伯那样握紧每一个员工的手，告诉他们正在从事一项伟大的工作。他相信如果一个经理声称为了决定将来的提薪与晋职而对员工的工作进行考核，那么，员工则会更多地考虑他们自己分配的工作，由此而产生很多问题。

他主张，一旦给一个员工分配了工作，就让他以自己的方式去做，取消工作检查。他相信大多数员工应该知道自己把工作做得怎样。如果说存在问题，那就是他的工作范围和职责在生产过程中发生的混淆。查理的确想过，希望公司领导叫他到办公室听听他对某些工作的意见。然而，他并不能保证这样做不会引起风波而使事情有所改变。他说他正在考虑这些问题。

思考题：

（1）你认为这三个部门经理各采取什么领导方式？试预测他们各自将产生什么结果？

（2）是否这些领导方式在特定的环境中都有效？

3. 实训要求

（1）学会运用领导行为理论、品质理论、权变理论和领导艺术。

（2）把情境分析和理论相结合，努力学会怎样当领导。

考核评价

考核评价内容如表 6－4 所示。

表 6－4　　走进管理能力考核评价

内容		评价	
学习目标	评价内容	小组评价（5、4、3、2、1）	教师评价（5、4、3、2、1）
应知应会知识	领导特质论		
	领导行为论		
	领导情景论		
专业能力	领悟领导理论		
	运用领导理论		
通用能力	培养领导特质		
	有效选择领导方式		
努力方向：		建议：	

任务三　发挥领导艺术

任务情境

老板是自己人

左洪君是湖南美佳制革有限公司的老板，他成功地将一个十几个人的小厂在3年内经营成一个享誉全国的大企业。

左洪君信奉三不原则：不摆排场；不求全责备；不乱发脾气。

左洪君深谙“难得糊涂”的道理，他知道激发员工更好地工作的方法是领导通过自己做每一件事，自己每一天的工作态度，使员工相信，老板是自己人。

在美佳制革有限公司里，没有复杂的监管体制，没有苛刻的职员检查和复查，更没有等级森严的上下级关系，所有的管理都模糊淡化，被无形的企业文化所替代。员工们从心底里确信，自己不是在为老板工作，而是在为自己工作，老板不过是职工中的一员，只是比大家更辛苦一些罢了。

作为一个上千人大企业的负责人，左洪君一点高人一等、胜人一筹的意识都没有，即使是搞清洁的女工、守门的门卫，他也会像对待家人一样，该尊敬的尊敬，该招呼的招呼。

左洪君的办公室始终大门敞开，找他办事的人任何时候都可以直出直入。他的秘书只是处理日常文件，没有替他挡驾、通报的责任。办公室里没有宽大豪华的老板桌，只有一张普通的写字台和几张沙发。左洪君从不隔着桌子与来访者谈话，而是像对待老朋友一样与其坐在沙发上促膝谈心。

基层职工向他反映问题，左洪君不仅不反感，反而比对待中层干部更亲热，嘘寒问暖，耐心倾听。他认为，来自生产第一线的声音更接近事实真相。

左洪君平易近人、和蔼可亲，得到了员工的普遍认同，他们上下一心，就是在公司遇到材料价格上扬，成品受进口产品打压的艰难时刻，也没有职工弃公司而走，而是积极主动地参与到公司的恢复与复兴当中，不计报酬地为公司加班加点的工作。

每个人都期望得到尊重，希望获得平等的与人交流的机会，谁给他这个机会，谁就能得到他丰厚的报答。

左洪君给员工这个机会，所以得到了员工们一致拥护。

任务分析

“忘了”自己是老板身份，与下属打成一片，以个人魅力影响而不是靠权术统御下属的管理者，是成功的管理者。因此，领导者充分发挥带头作用，处处平易近人，得到员工的认同，这也是领导艺术的体现。

一、领导者素质

1. 领导失效

任何一个几乎全力以赴工作的人们所组成的群体，都有某个具有领导艺术才能的人作为他们的领导。领导是一种特殊形式的社会活动。如同企业的生产经营和各项管理活动一样领导活动也必须有效。但在现实生活中，领导却常常失效。

引起领导失效的原因包括三方面，首先是领导人自身的领导能力有限，未具备企业所需要的领导素质；其次领导人不能为企业员工所认可，领导人无法有效地融入组织；最后是领导人未能真正发挥领导的作用，他们只是一味遵循群体已有的行为准则和标准，而不能适应瞬息万变的外部世界。

2. 领导者素质

（1）政治素质。领导者需要具备正确的世界观、价值观与人生观，领导者需要有强烈的事业心、高度的责任感、正直的品质和民主的作风，领导者需要实事求是，有现代化的管理思想，勇于创新。

（2）知识素质。领导者应懂得马克思主义政治经济学的基本原理，掌握社会主义基本经济理论；领导者应懂得组织管理的基本原理、方法和各项专业管理的基本知识；领导者应懂得思想工作、心理学、人才学、行为科学等方面的知识，以便做好政治思想工作，激发员工的士气，调动员工的工作积极性。

（3）能力素质。领导者需要有较强的分析、判断和概括能力，需要有较强的决策分析能力、组织控制能力，需要有沟通、协调组织内外各种关系的能力；需要有知人善任的能力、不断探索和创新的能力。

（4）身体、心理素质。领导者的指挥、协调、组织活动，不仅需要足够心智，而且工作消耗大量体力，因此，必须有强健的体魄、充沛的精力与积极乐观的心理素质。

管理案例

拿破仑替哨兵站岗

拿破仑带领他的部队进攻意大利。在途中部队感染了瘟疫，减员严重，长途跋涉，极其辛苦。晚上拿破仑出来查岗，发现哨兵睡着了，请判断这时候拿破仑怎么办？拿破仑站在哨兵的旁边帮他站岗，半个小时以后，哨兵醒了，哨兵发现元帅在帮自己站岗，腿一软跪下了，腰也弯曲了，磕头请求饶命，拿破仑说没有关系，太辛苦了，可以谅解，下不为例，饶了他。

讨论：

1. 你觉得拿破仑这样做对吗？为什么？

2. 如果你是一个连长在查岗发现哨兵睡着了，你应该怎么办？

分析：这就是领导者在管理中的艺术性。领导有情，可以灵活。制度是领导制订的，破坏制度的权力在于领导者。但是基层管理者没有破坏制度的灵活性，他必须执行制度。这就是管理的科学性。如果你是连长，你必须把哨兵叫醒，然后找来另外一个哨兵帮他站岗，再把这个哨兵送到拿破仑那里，如果连长像拿破仑一样饶了这个哨兵，连长将和哨兵同罪处治。

即问即答

从这个小故事中，你体悟到了哪些道理？

二、领导结构构成

领导结构是指领导群在年龄、知识、专业、智能等方面的布局和搭配情况，是一个多系列、多层次、多类型的动态结合体。最佳的领导结构应该是梯形的年龄结构、合理的专业结构、较高的智能结构、协调的素质结构等。合理的领导结构，可以通过成员间的有效组合，提高领导群的工作效率，最大限度地发挥领导成员的个体能力，产生领导的群体效能，使领导整体效能大于个体效能之和。优化的领导群体结构主要包括五项内容。

1. 年龄结构

领导年龄结构，是指一个领导群体中不同年龄成员的比例构成及其相互关系。每个年龄的人都有不同的优势，同时也有不同的劣势，结合可以使不同的人扬长避短、优势互补。

2. 专业结构

领导专业结构是指领导群体内有不同专业知识和经验的领导成员的数量配备及组合方式。现代领导工作是建立在社会化大生产和科学技术高度发达的基础上，具有很强的专业知识特点，这就要求领导班子成员之间应该具有合理的专业。

3. 知识结构

领导知识结构，是指在一个领导群体中，不同知识积累和背景的成员之间的搭配组合状态。每个领导的文化知识和专业水平，通过合理组织、相互补充，使整个领导群体的综合业务领导能力保持良好状态。

4. 智能结构

领导智能结构，是指一个领导群体中，不同智能优势的人才个体的构成比例及其相互关系。就是整个领导群体拥有的各种能力的组成比例，每个领导者都应有与工作职务相适应的较高智能。

5. 气质结构

领导气质结构，主要是指一个领导群体中，不同气质、性格的成员的构成比例及其相互关系。领导气质结构把具有不同类型气质的人协调组合在一起，形成一种气质互补，以保证领导班子的活力和有效性。

管理故事

信任是领导的基石

一说到先进的管理方式，人们马上联想到打卡机，那铁面无私的严格，迟到一分钟就要被警告、扣工资，实际情况并非如此。

全球500强企业，美国菲利普斯（中国）石油公司人事主任吴卫东女士说，不尽然。员工迟到肯定有他的原因，菲利普照斯讲究对员工充分信任，上班什么时间到办公室关系并不大。

菲利普斯对员工的尊重与信任体现在各个方面。上班没有迟到之说，公司推崇“安全第一”，如果某一天天气很坏，员工认为上班途中有危险，他可以自己决定不上班。在工作中，某个员工如果发现危险，比如油库区有明火出现，他可以作出决定拉闸断电，因此而造成巨大损失也不要紧，公司对员工充分信任，鼓励他们负责任。

启示：其实，一味追求效率，反而得不到期望的效率，正所谓欲速则不达。速度是通过信任关系达到的，必须让大家相信所采取的行动符合大家的共同利益。

管理案例

建设卓越领导班子的关键

Hay（合益）集团与哈佛大学合作对世界上众多卓越的领导班子进行了深入研究，以探索他们成功的关键原因，并且找到了建设卓越的领导班子的系统方法。研究发现，卓越的领导班子是真正的团队。卓越的领导班子成员并不比别人更聪明，而是拥有更好的情商。

三、领导艺术

黑格尔说过“世界上没有完全相同的两片叶子”，同样也没有完全相同的两个人，没有完全相同的领导者和领导模式。有多少个领导者就有多少种领导模式。领导艺术是一个过程，通过实践验证可以从四方面提高领导的艺术。

（一）领导决策艺术

尼克松在《领导者》一书中指出：“一个领导者不是看他在办公室待多长时间，而在于他是否善于作出了重大的决策。”领导决策的艺术是领导决策者基于丰富的知识与领导决策工作经验之上的、非规范化、富有创造性的、给人以美感的各种领导决策技能技巧之总和。决策艺术是领导艺术的一个方面，是整个领导过程成败的关键，领导决策的艺术建立在三个方面的基础之上。

1. 获取、加工和利用信息的艺术

决策的产生离不开信息的获取和利用，信息是思维决策的基础，没有信息就没有决策。所以首先要通过多种渠道获取信息，再运用领导的经验智慧对获取的信息进行加工处理，进行创造性的思维，最后做出及时准确的决策。

2. 不同的决策问题采取不同决策方法的艺术

这部分内容请参考本书学习情境三的科学决策。

3. 实现经营决策的程序化与非程序化。

遵循决策的程序，是正确决策的重要条件。一些常规的、反复发生的问题决策，可以实施程序化决策；一些偶然发生的非重复决策，进行非程序化决策时需要考虑环境的影响，采取定量分析，领导者需要发挥个人的领导决策能力。

管理故事

决策近视症

20 世纪 70 年代后期，面对日本的激烈竞争，美国三大汽车企业之一的克莱斯勒，出现严重的财务困难，到了濒临破产的地步，从本质上讲，克莱斯勒是为其短视而付出了沉重的代价。1970 年，克莱斯勒决策者做出一项决定：不建新工厂和生产线。对一个缺乏资金的企业来说，这个决定是有道理，但缺乏远见。1970 年，微型车只占了美国汽车市场的 3%，克莱斯勒认为当大力发展有利可图的大型车，于是投入了 2.5 亿美元资金进行大型车换型。但仅仅几个月之后，阿拉伯国家实行石油禁运，耗油量巨大的豪华车顿时滞销，而此时克莱斯勒也没有生产微型车的生产线，于是在 1974 年以后销量大幅下滑，用于研究开发的资金也大大削减。

从克莱斯勒公司的失误中，我们可以发现克莱斯勒的决策是短视的。在每个企业发展的过程中，任何时候，都要面临许多关于企业命运的决策。这些不仅涉及企业长期利益与短期利益、收益与风险的关系，也往往关乎企业家个人的成败。这个时候对于掌握企业命运的企业家来说，最需要的就是高瞻远瞩地进行思考，并做出正确的战略决策，有效地指导企业的发展。然而多数企业家普遍存在着急功近利心理，从而导致了短视行为。

启示：短视的决策也反映出企业决策系统和制度的不成熟。的确，影响企业家做出决策的因素有很多。有的企业家尽管细致地作了关于经济环境、社会环境和技术环境的投入产出分析，但这些理性分析与不确定的臆断，再加上急功近利和制度等因素连在一起，最终还是促使企业家做出在市场上短期盈利的决策。

在决策时，缺乏长远的目光，走一步看一步，仅凭自己个体的判断，见势头好就继续下去，势头不好则鸣金收兵。殊不知商场如战场，机会稍纵即逝。对于一个成功的决策者来说，应该能够预见到的不仅仅是一年、两年，而是五年、十年后的变化。

因此，做一个成功的决策，需要收集完备的情报，仔细地分析和预测，结合社会变化趋势制订周密的计划，然后按照目标扎扎实实地稳步发展。具有长远目光的决策，不是信手拈来的臆想之作，而是在科学分析基础之上为个人或组织明确未来的发展方向。

（二）用人的艺术

1. 科学用人的艺术

（1）人尽其才，物尽其用。对于人才管理，领导者首先必须做到“人尽其人，物尽其用”，要对人才有合理分配和调度艺术。面对更复杂化的环境，领导者只有广泛地汇集各方面的人才才是制胜之道。“集合众智，无往不利”，一个人的才干再高，也是有限的，而将众才为我所用，将许多偏才融合为一体，就能组成无所不能的全才，发挥出无限巨大的力量。

（2）用人不“疑”与用人也“疑”相结合。俗语说“用人不疑，疑人不用”，当你对一个人的德与才有了相当的了解，认为他适合从事这项工作时，你就应该用而不疑，信任他、支持他，让他大胆地开展工作、充分施展自身才华。但现代企业由于面临着复杂多变的内外部环境，却不得不“用人也疑”了。当然，这并不是对员工人格的怀疑。这里的“疑”是指必要的约束和监督。

2. 有效激励人的艺术

这部分内容请参考本书学习情境八的有效激励。

3. 适度治人的艺术

治人的艺术除了包括上述的用人和激励人之外，还包括批评人、指责人，帮助人克服错误行为以及做好人的发动工作。表扬奖励职工是治人、管理人的艺术，而批评或指责人，也需要良好的技巧。

领导批评员工，首先需要弄清批评的原因，确保批评的准确性。接着选择合适的批评时机与方式，比如批评要及时、批评与奖励相结合，以免不良行为的蔓延。最后要讲求批评的态度，批评者要对人真诚、公正，帮助被批评者认识过失，并指出改正方向。

管理故事

用人不疑，疑人不用

从前有一个人遗失了一把斧头，他怀疑被隔壁的小孩偷走了。于是，他就暗中观察小孩的行动，不论是言语与动作，或是神态与举止，怎么看，都觉得小孩像是偷斧头的人。由于没有证据，所以也就没有办法揭发。隔了几天，他在后山找到了遗失的斧头，原来是自己弄丢了。从此之后，他再去观察隔壁的小孩，再怎么看也不像是会偷斧头的人。

启示：大家都有过这样的感受，当你的上司怀疑你的能力或人品时，你定会火冒三丈，要找他理论一番，脾气稍微温和者因此会士气大消，更有毒辣者，会暗中使坏。因此，身为管理者，一定要引以为戒，切记，疑人不用，用人不疑。

（三）正确处理人际关系的艺术

正确处理人际关系这是一个很根本的能力。处理好与上级的关系，有利于工作的汇报及工作的顺利开展；处理好与下级的关系，才可以形成一个核心团队，大家共同朝着组织目标努力前进。

1. 影响组织人际关系的因素

（1）人际吸引力。比如人员兴趣爱好的一致性，态度的相似性及需求的互补性，都会影响人与人的相处。

(2) 时空接近性。人员在空间位置上越接近，越容易形成彼此间的亲密关系。空间距离的接近使双方相互交往、相互接触的频率不断增加，彼此间更容易熟悉。

(3) 员工工作特性。比如员工的权责是否对等，员工收入分配是否公平，员工结构是否良好，都会影响组织内人员的关系。

2. 调适人际关系的艺术应当多样化

(1) 经营目标调适法。每个职工都是为了实现具体的目标而来到企业的，用企业发展的总目标把所有职工组织起来，是一种很好的处理人际关系的技巧。

(2) 制度规则调适法。建立健全企业内部各种生产技术、经营管理活动的标准、流程和制度，使领导和职工、职工和职工之间都能依规按制进行自我约束、自我调整，有利于减少职工之间的摩擦和冲突。

(3) 心理冲突调适法。职工之间的心理冲突对影响人际关系，往往是看不见，摸不到，潜在性强，又不易很快消除，因此，必须注意职工心理的调适艺术。

(4) 正确利用隐性组织的润滑作用。利用企业中的隐性组织（或称非正式组织），这些组织在疏通人际关系，贯彻企业目标等方面，有可利用之处。

(5) 随机处理技巧法。作为一个企业管理者，工作繁纷复杂，在处理事情时，要做到积极又稳妥，需要有随机处理的技巧，这有利于正确调适领导者与职工之间的关系。这些技巧包括换位法、转移法等。

管理故事

与员工合作

一个叫胥强的老板，他拥有一家广告公司。胥强善于与人沟通，他能了解别人的态度、信念和想法，能用对方的观点，说服对方。他尽可能地让员工参与和他们相关的事，这使员工备受鼓舞，心中充满了受到嘉许的喜悦，很愿意说出自己的真实想法。他还善于发现员工的动机和需求；他能准确地预知各种拟订的行动方案会带来什么影响和结果，所以，他能采取能给公司带来最佳影响和产生最好效果的行动方案。因为胥强能和员工合作无间，员工也能群策群力，所以，公司很快就取得巨大成就。在20世纪80年代，他的公司取得了年均35%的净利润增长率。

然而另一位才干、知识和精力都不亚于胥强的老板，却因缺乏交际能力，而使业绩相当好的广告公司关门大吉。

他名叫夏海泉，20世纪80年代初，担任海泉广告策划公司的老板。夏海泉才华横溢，精明过人，也很有经商头脑，但是却不善于处理与部下的关系。他十分专断，对部下无理施压，在公司内部造成了人人自危的局面，各部门之间也摩擦不断。部下在接受任务时，不是思考如何创造性地完成，而是如何去讨好他，花费了大量时间去揣测老板的意图。结果，4年之后，这家公司退出了商界。一家在其父亲经营下原本业绩较佳、同行无法相比的公司从此倒闭了。

一个有远见卓识的创业者应当清楚如何发挥每位员工的作用，形成集体的合力开创企业美好未来。一个老板能否成功关键在于他能否使下属、员工贡献出尽力、构想和创意。而这些都要依靠创业者高超的人际交往技巧。胥强的成功，夏海泉的失败都说明了这一点。

启示：一家公司的老板如果具有高超的人际交往技巧，就会对自己经营企业有很大的帮助，甚至有时会给企业带来成功。

（四）科学利用时间的艺术

一寸光阴一寸金，寸金难买寸光阴。时间就是生命，时间就是金钱，时间就是效率。时间在现代社会已成为一种有限的资源，对于领导者而言，就应该像对待土地、矿产、资金、人才一样做好时间的使用规划。

1. 科学分配时间的艺术

（1）采取重点管理法，把有限的时间分配给最重要的工作。

（2）采取最佳时间法，把最重要的工作安排在效率最高的时间。

（3）采取可控措施法，把不可控的时间转化为可控时间。

2. 合理节约时间的艺术

（1）采取时间记录分析。作为领导者要树立时间是一种资源的意识，在工作中应该增强时间成本的观念，养成核算时间成本的思维习惯。比如一项工作可以半天完成的就不要花一天时间。

（2）采取科学召开会议。领导者要意识到让“会议缩水”，节约的不仅仅是自己的时间，而是大家的时间。比如一些领导开会长篇累牍的讲话，召开“马拉松”式的会议，需要注意可以开短会解决的事情，就不要开长会。

（3）采取有效时间规划。领导者一要注意统筹兼顾，保持时间上的弹性，合理分配时间。二要善于使用零星的时间，通过工作规划的调整，把零星时间集中起来使用。

管理案例

拒绝的艺术

有个野心勃勃的军官一再请求狄斯雷利加封他为男爵。首相知道此人才能超群，也很想跟他搞好关系，但军官不够加封条件，因此狄斯雷利无法满足他的要求。一天首相把军官单独请到办公室，对他说：“亲爱的朋友，很抱歉我不能给你男爵的封号，但我可以给你一件更好的东西。”狄斯雷利放低声音说：“我会告诉所有人，我曾多次请你接受男爵的封号，但都被你拒绝了。”

消息付出，众人都称赞军官谦虚无私、淡泊名利，对他的礼遇和尊敬远超过任何一位男爵。军官由衷感激狄斯雷利，后来成了首相最忠实的伙伴和军事后盾。

讨论：狄斯雷利为什么可以让军官欣然接受拒绝？

实训巩固

如果我是领导

1. 实训目的

通过模拟领导者的身份，培养领导者的素质，分析解决管理一般与复杂问题的能力。培养运用领导理论、领导艺术，调动员工积极性的能力。培养学生演讲口才、应变能力和锻炼胆识。

2. 实训内容

教师模拟建立公司并模拟公司的领导者身份，向班级公布该公司现有的领导岗位。学生争取模拟公司的领导者岗位，通过争取领导者岗位的过程达到掌握领导理论和领导艺术的目的，具体内容如下：

（1）学生在课下对模拟公司情况进行深入的了解，然后撰写演讲稿。

（2）以模拟公司组织演讲，学生进行演讲竞聘领导者。

（3）教师与非演讲的学生对演讲学生提问，了解演讲学生对领导行为及过程的看法。

（4）以学生的演讲和回答问题的情况选举产生领导者。

3. 实训要求

（1）整个实践过程一定要贯穿领导理论和领导艺术的主要内容。

（2）深入研究模拟公司成员的情况及目前公司存在的问题。

（3）演讲稿必须包括领导者应具备的素质和能力，以及本公司存在的问题和解决方法，采取的领导方式，给企业带来的效益等。

（4）演讲与回答领导相关问题后，教师组织学生评论和小结。

考核评价

考核评价内容如表 6-5 所示。

表 6-5　发挥领导艺术能力考核评价

内容		评价	
学习目标	评价内容	小组评价（5、4、3、2、1）	教师评价（5、4、3、2、1）
应知应会知识	领导者的素质		
	领导结构构成		
	领导艺术		

续　表

内容		评价	
专业能力	理解领导结构的优化		
	感悟领导的艺术性		
通用能力	培养领导者能力		
	加强领导能力		
	实现有效领导		
努力方向：		建议：	

知识巩固

一、判断题

1. 领导工作是组织结构中一种特殊的人与人的关系，其实质是影响。（　　）

2. 领导者只要拥有职权，就会对下属有激励力和鼓舞力。（　　）

3. 根据激励理论，增加职工的工资就能提高他们的工作积极性。（　　）

4. 一个优秀的领导通常是以一种领导方式为主。（　　）

5. 专长权属于领导者权力。（　　）

6. 在非德勒模型中，人际关系差，工作结构复杂，职位权力强属于较好的领导环境。（　　）

7. 依据领导生命周期理论，适合于低成熟度情况的领导方式是命令型领导。（　　）

8. 有效的领导方式与环境和个性无关。（　　）

9. 一个企业中的管理者为了提高自己对下属的领导效果，他应当采取严厉的惩罚措施。（　　）

10. 非正式沟通是指通过正式组织途径以外的信息流通，这类沟通经常会给组织带来负面影响，因此应杜绝非正式沟通。（　　）

二、选择题

1. 菲德勒认为从领导的角度看，最重要的是（　　）。

A. 职位权力　　　　B. 任务结构

C. 工作效率　　　　D. 上下级关系

2. 管理方格图中，（9，1）型对应的是（　　）领导方式。

A. 任务型　　　　B. 乡村俱乐部

C. 中庸之道型　　　　D. 贫乏型

3. 一个企业中的管理者为了提高自己对下属的领导效果，他应当（　　）。

A. 提高在下属中的威信性影响力

B. 尽量升到更高的位置

C. 采取严厉的惩罚措施

D. 增加对下属的物质刺激，因为每个员工都是“经济人”

4. 有些领导事必躬亲、劳累不堪，但管理的效果不理想，这可能主要是因为他忽视了（　　）。

A. 提高自己的领导能力

B. 运用现代的办公设施

C. 过分集权的弊端和分权的重要性

D. 锻炼身体的重要性

5. “士为知己者死”这一古训反映了有效的领导始于（　　）。

A. 上下级之间的友情

B. 为下属设定崇高的目标

C. 为下属的利益不惜牺牲自己

D. 了解下属的欲望和需要

6. 如果有一新入厂的员工工作热情饱满，进步明显，你将（　　）。

A. 表扬他的成绩，询问他打算如何进一步提高

B. 不加干涉，相信他不断能够提高自己的绩效

C. 指导他采取正确的工作方法和工作程序

D. 表扬他已取得的成绩，并告诉他如何进一步提高自己的工作成绩

7. 如果你是某公司总经理，一位下属找你汇报工作，这位下属比较啰唆，在汇报工作之时讲许多与工作无关的理论、教条，而你此时正有其他下属在等待汇报工作。在这种情况下，你应该（　　）。

A. 任其讲下去，让其他下属耐心等待

B. 不客气地打断其讲话，让其他下属开始汇报工作

C. 情绪急躁地让其别啰唆，挑主要的讲

D. 有策略地打断其讲话，指出时间宝贵，别人还等着呢

8. 南方某厂订立有严格的上、下班制度并一直遵照执行。一天深夜突降大雪，给交通带来极大不便，次日早晨便有许多同志上班迟到了，厂长决定对此日的迟到者免于惩罚。对此，企业内部职工议论纷纷。在下列议论中，你认为哪种说法最有道理（　　）？

A. 厂长滥用职权

B. 厂长执行管理制度应征询大部分职工的意见

C. 治厂制度又不是厂长一人订的，厂长无权随便变动

D. 规章制度应有一定的灵活性，特殊情况可以特殊处理

9. 某公司总经理安排其助手去洽谈一个重要的工程项目合同，结果由于助手工作中的考虑欠周全，致使合同最终被另一家公司接走。由于此合同对公司经营关系重大，董事会在讨论其中失误的责任时，存在以下几种说法，你认为哪一种说法最为合理（　　）？

A. 总经理至少应该承担领导用人不当与督促检查失职的责任

B. 总经理的助手既然承接了该谈判的任务，就应对谈判承担完全的责任

C. 若总经理助手又进一步将任务委托给其下属，则也可不必承担谈判失败责任

D. 公司总经理已将此事委托给助手，所以对谈判的失败完全没有责任

10. 某技术专家，原来从事专业工作，业务精通，绩效显著，近来被提拔到所在科

室负责人的岗位。随着工作性质的转变，他今后应当注意把自己的工作重点调整到(　　)。

A. 放弃技术工作，全力以赴，抓好管理工作

B. 重点仍以技术工作为主，以自身为榜样带动下级

C. 以抓管理工作为主，同时参与部分技术工作，以增强与下级的沟通和理解

D. 在抓好技术工作的同时，做好管理工作

三、简答题

1. 领导和管理是一回事吗？
2. 领导权力的来源。
3. 列举几种典型的领导行为理论。
4. 列举几种典型的领导情景论。
5. 领导工作具有很强的艺术性，你认为领导者在领导过程中主要应注意哪些方面？
6. 三国的刘备虽不具有文、武等专业能力，却具有当蜀国皇帝的能力，为什么？

四、案例分析

神奇的基因“猎手”

托尼·怀持在巴斯特国际公司干了26年之后终于发现，他在这里已穷途末路，另辟蹊径成为他唯一的出路。令人费解的是，辞职后不久他却选择了濒临倒闭，惨淡经营多年的实验仪器制造企业——帕金艾默公司。帕金艾默公司创办于20世纪30年代，曾为美军研制生产轰炸机监视镜、望远镜、侦察窥视镜和早期计算机芯片设备，“第二次世界大战”后，该公司转型为实验设备生产企业。

怀特入主帕金艾默首先面临的是公司董事们一致的请问：“世界上有这么多前景看好的公司你不去，怎么选择了帕金艾默?”的确，帕金艾默已每况愈下，产品造价高昂，利润下滑十分严重，销售已成为最大的难题。然而，怀特看好这家公司，理由是：帕金艾默拥有极具开发价值的聚合酶链反应技术专利，这是一种已广泛应用于法医鉴定和研究领域的DNA复制技术，此外，基因分析仪器在生物制药领域正得到越来越广泛的应用。在其他企业家都没有看到生物技术正处于方兴未艾，是一个潜力巨大的朝阳行业时，怀特使公司悄无声息地进入了这一领域并从另一破产的公司手中买下一实验设备厂。

1. “两匹战马”并驾齐驱

怀特开始大刀阔斧地改革。他首先招兵买马，笼络生物技术领域的人才。为降低费用，他聘用退休技术人员，辞退80%的非研究人员。他甚至将帕金艾默的商标卖掉，以补足急需的项目资金。他将总公司更名为“PE生物技术控股公司”，对企业内部进行了改组和资产置换，筹集到大笔资金，然后把帕金艾默一分为二，即PEBio和塞雷拉公司，使其双双上市筹集资金。消息不胫而走，投资者蜂拥而来，他们如发现新大陆一样看好其发展前景。PEBio和塞雷拉公司的股票开始双双攀升，许多职员一夜之间成为百万富翁。1998年，公司的年销售额超过10亿美元，是3年前的3倍。

塞雷拉公司与PEBio就像两匹战马一样并驾齐驱。塞雷拉以绘制基因编码图谱为

主，向所有的生物制药企业提供基因编码信息；PEBio 生物系统仪器公司为塞雷拉提供绘制所需的成套设备，它号称拥有世界上运行最快，能绘制所有生物共生群种基因图谱的 BE13700 系统。不仅如此，它还能为多种类基因编码排序，因此受到众多生物公司的青睐。这两匹战马相辅相成，共同完成绘制基因编码图谱的任务。

2. 创造“新经济”的奇迹

美国总统克林顿和英国首相布莱尔先后宣布，他们将无偿支持塞雷拉公司的研究工作，后来，塞雷拉公司宣布，基因组的编码已接近完成，其意义如人类登月成功一样重大。但是，塞雷拉所取得的成就远非股市中的淘金游戏那样简单，30 亿个基因编码或化学单位的排序和破译也非一蹴而就。从人类的性别差异到所有疾病的治疗，实际医学和商业意义也远末被人们真正发现。并且，如何申请基因技术专利也正在成为摆在人们面前的难题，一系列伦理和法律课题有待进一步探讨。

但是，怀特使帕金艾默脱胎换骨、一跃成为明星企业，在于他的老谋深算和敢于孤注一掷。1995 年，该公司总币值仅 15 亿美元，后经他置换的“两匹战马”的总币值已超 300 亿美元，远远超过了怀特原供职的巴斯特公司的总币值！对此怀特说：“我并非出身名门，也没有进过商校，我的父亲对生意一窍不通，我只是按自己的想法行事。”

文特尔进入塞雷拉公司后，怀特就宣布，PEBio 推出的 BE13700 型基因编码分析仪仅需 3 年就能把人体基因的编码全部排序，并且只耗用政府拨款的十分之一。2000 年 1 月，塞雷拉公司宣布，他们将再提前 1 年完成跟踪 30 亿个基因中的 90%。2000 年 6 月前，许多批评家还在一个劲地批评塞雷拉公司夸大其词，声称完成基因组编码至少需要 10 年。法国生物结构与基因信息实验室主任简·米歇尔·克雷威尔也声称：“只有世界著名的生物制药公司对基因编码的研究才最有发言权。”但在 6 月后，塞雷拉就完成了人体基因组的编码工作。行业分析人士认为无论它是不是奇迹，它都将是一个新开端。他们的下一课题是怎样破译 30 亿个基因密码，把有致病征兆的基因挑选出来，找到使其坏死的原因，它们受何种蛋白质影响等。美国媒体这才意识到，塞雷拉正在翻开一本人类生命之书。正在执行人类生物工程的“登月计划”。

塞雷拉公司的商业动机是不言而喻的，他们将向制药商索取巨额资金以向其提供重要的基因数据。如今，诸如辉端公司、诺威蒂斯公司等世界知名制药商每年要向塞雷拉支付至少 500 万美元才能获取生物制药急需的基因编码数据。而原来对塞雷拉持否定态度的批评家们发现，怀特看中的是基因编码市场切入口的潜在价值，他投下的赌注是不无道理的。不仅如此，怀特还发现了基因编码对个人的价值。为此，他们开设了自己的网站，任何人，只要每月支付 10 美元，在网上填写个人身体基本情况便能获取自身的基因生长状况的详细信息。塞雷拉还将根据个人身体基本材料档案如生物钟一样显示你在生命周期中所处的位置（所谓材料就是经医院体检得到的结果）。塞雷拉甚至向个人提供与基因有关的健身之道。

塞雷拉公司将向世界上所有的生物制药公司和个人出售相关的基因信息和资料已成定局。截至 2000 年 7 月，他们接到的订单已超过 30 亿美元，但行业人士初步估算，塞雷拉现今创造的市场价值在 140 亿美元左右。但今后随着“人类生命之书”的进一步翻开，基因对人类从性欲到疾病所产生的作用将被进一步揭示。届时，其商用价值是无法用钱来估量的，这就是为什么 2000 年年初，塞雷拉公司的股票从 30 美元飙升到 270 美元的缘故。

思考题：

1. 从哪些方面可以看出托尼·怀特是一个独具慧眼的企业家？
2. 托尼·怀特应用了哪些领导方法？
3. 托尼·怀特的做法体现了哪些领导理论？

管理游戏

搭积木

游戏目的： 比较不同的管理风格。

游戏道具： 三盒积木。

游戏时间： 30 分钟。

游戏程序：

1. 选出六位同学，分成三组，每组 2 人。
2. 告诉每个小组，一个人是主管，一个人是下属。每个主管按照发放的材料（见“附：主管的卡片”）内容指挥下属，下属听从主管的指示操作。
3. 小组 A 上台，主管 A 指挥下属活动。
4. 询问同学，主管 A 是如何领导下属的。
5. 小组 B 上台，主管 B 指挥下属活动。
6. 询问同学，主管 B 是如何领导下属的。
7. 小组 C 上台，主管 C 指挥下属活动。
8. 询问同学，主管 C 是如何领导下属的。
9. 教师把发给主管们的材料与黑板上学生的回答一一对比，并进行归纳、总结。
10. 由学生举手表决，选出最受欢迎的管理风格。

游戏规则：

1. 主管 A 实行直接管理的方法，每一步都要给予特别的、详尽的指示，不允许下属做任何独立的决定。

2. 主管 B 只是简单陈述要做什么，不要提供任何进一步的指导和反馈，下属可以做任何他想做的事。

3. 主管 C 描述一下需要做什么，让下属自己尝试各种技巧，必要的时候给予正确的反馈。

教师任务：

1. 事前准备三盒积木。
2. 组织活动。给每个小组编号，按照编号顺序指挥相关人员进行搭积木活动。
3. 控制整个活动，确保每个小组不违反规则。

4. 根据“程序4”，教师把学生的回答写在黑板上。

5. 根据“程序6”，教师把学生的回答写在黑板上。

6. 根据“程序8”，教师把学生的回答写在黑板上。

7. 教师总结：有效的管理能够恰当地分派任务，但并不提供足够的指导与支持，放手让下属自己处理。适度授权，相信下属能够依靠自己的经验来处理工作中的事务。如果授权过度，任由下属自己做，不提供足够的反馈，下属可能会认为自己做对了——即使是错误的，也会这样认为；这就使得最终发现问题时，员工不得不修正许多错误，改进许多不足，提高了成本，降低了效率。

考核标准：由学生举手表决，选出最受欢迎的管理风格。

附：主管的卡片

主管A

下属的任务是建造一座公寓，公寓的周边环境具有浓郁的小桥流水的乡村风格。你实行的是直接管理的方法，每一步都要给予特别的、详尽的指示，不允许下属做任何独立的决定。

例如：“首先，拿拱形的积木，并把它放在右边一点。”

主管B

下属的任务是建造一座公寓，公寓的周边环境具有浓郁的小桥流水的乡村风格。你只是简单陈述要做什么，不要提供任何进一步的指导和反馈，下属可以做任何他想做的事。

例如：“首先，拿拱形的积木，然后在两边放上两个长方形积木。”

主管C

下属的任务是建造一座公寓，公寓的周边环境具有浓郁的小桥流水的乡村风格。你只要描述一下需要做什么，让下属自己尝试各种技巧，必要的时候给予正确的反馈。

例如：“首先，拿拱形的积木。”（如果主管觉得下属放置的位置不合意，可给些建议，如：我认为，这个拱形的积木放在右边比放在中间更好些。）

学习情境七　有效激励

知识目标

1. 学习激励的含义和实质。
2. 学习激励的对象和目的。
3. 学习激励的方法。
4. 学习理解和运用激励的各种理论。

能力目标

1. 能够懂得管理中激励的重要性。
2. 理解激励的含义。
3. 理解激励模式。
4. 主要激励理论的要点。

企业组织的发展需要每一个成员长期的协作努力，如何激发、调动组织成员工作积极性，是组织管理的一个基本课题。研究证明，未受激励的员工，其积极性只发挥20%～30%；而受到激励的员工，由于思想和情绪处于高度激发状态，积极性的发挥程度可以达到80%～90%，并在工作中始终保持高昂的士气和热情。

任务一　分析激励的过程

任务情境

猎狗的故事

有一天，猎人带着一只猎狗，到森林中打猎，猎狗将一只兔子赶出了窝，追了很久也没有追到。后来兔子一拐弯，不知道跑到哪里去了。牧羊犬见了，讥笑猎狗说："你真没用，竟跑不过一只小小的兔子。"猎狗解释说："你有所不知，不是我无能，只因为我们两个跑的目标完全不同，我仅仅是为了一顿饭而跑，而它却是为了性命啊。"

这话传到了猎人的耳朵里，猎人想，猎狗说得对呀，我要想得到更多的兔子，就得想个办法，消灭“大锅饭”，让猎狗也为自己的生存而奔跑。猎人思前想后，决定对猎狗实行论功行赏。于是，猎人召开猎狗大会，宣布：在打猎中每抓到一只兔子，就可以得到一根骨头的奖励，抓不到兔子的就没有。这一招，果然有用，猎狗们抓兔子的积极性大大提高了，每天捉到兔子的数量大大增加，因为谁也不愿看见别人吃骨头，自己却干看。

可是，一段时间过后，一个新的问题出现了：猎人发现猎狗们虽然每天都能捉到很多兔子，但兔子的个头却越来越小。猎人疑惑不解，于是，他便去问猎狗：“最近你们抓的兔子怎么越来越小了?”猎狗们说：“大的兔子跑得快，小的兔子跑得慢，所以小兔子比大兔子好抓得多了。反正，按你的规定，大的小的奖励都一样，我们又何必要费那么大的力气，去抓大兔子呢?”猎人终于明白了，原来是奖励的办法不科学啊！于是，他宣布，从此以后，奖励骨头的多少不再与捉到兔子的只数挂钩，而是与捉到兔子的重量挂钩。此招一出，猎狗们的积极性再一次高涨，捉到兔子的数量和重量，都远远超过了以往，猎人很开心。

遗憾的是，好景不长。一段时间过后，新的问题又出现了：猎人发现，猎狗们捉兔子的积极性在逐渐下降，而且越是有经验的猎狗下降得越厉害。又是咋回事呢？于是猎人又去问猎狗。

猎狗们对猎人说：“主人啊，我们把最宝贵的青春都奉献给您了，等我们以后老了，抓不动兔子了，你还会给我们骨头吃吗?”猎人一听，明白了，原来猎狗们需要养老保险，于是，他进一步完善激励机制。规定：每只猎狗每月捉到的兔子达到一个规定的量以后，多余部分可以转化为骨头的储存，将来老了，捉不到兔子了，就可以享用这些储存。

这个决定宣布之后，猎狗们群情激昂，抓兔子的积极性空前高涨。猎人也无比欣慰，觉得从此可以万事无忧了。

就这样，过了一段时间之后，一件意想不到的事情发生了：一些优秀的猎狗开始离开猎人，自己捉兔去了。面对这一情况，一开始，猎人以为是思想政治工作没做好。便连续举办了一系列“狗力资源与风险高层猎狗研修班”，培训主题为：缺乏统一指挥所造成的狗力资源浪费，强调猎人的规划对猎狗捕猎的重要性，并有意夸大了其负面影响。这一招对稳定猎狗队伍起到了一定的积极作用，但优秀猎狗流失的状况并未得到有效控制。猎人有些着急了。他想，难道是奖励的力度不够？于是，他将优秀猎狗的奖励标准提高了一倍。这一招收到了比较明显的效果，优秀猎狗流失的问题得到了暂时缓解，但却无法从根本上得到遏制，一段时间之后，离开猎人，自己去捉兔子的猎狗，又开始逐渐多了起来，而且基本上都是最优秀的。

聪明的猎人这下可犯愁了，他百思不得其解。万般无奈之下，他决定直接去向离开的猎狗们咨询。他用10根骨头的代价把5只猎狗请到一起，十分动情地对它们说：“猎狗兄弟们，我实在不知道我做了什么对不起你们的事，你们为什么一定要离开我呢?”猎狗们对猎人说：“主人啊，你是天下最好的主人，我们有任何愿望，你都尽力给予满足，没有任何对不起我们的地方。我们离开你，自己去捉兔子，也不仅仅是为了多得几根骨头，更重要的是我们有一个梦想，我们希望有一天我们也能像您一样，成为老板。”猎人听后，恍然大悟，原来他们是想实现自我价值！

聪明的猎人经过较长一段时间的潜心研究，终于找到了解决方案。于是，他成立了一个猎狗股份有限公司，出台了三条新政策：第一条，实行优者有股。优秀的猎狗可以将储存的骨头转化为公司的股份，并根据贡献率每年奖励一定数量的股份期权，使优秀的猎狗有机会在公司发财；第二条，实行贤者终身。连续三年或累计5年被评为优秀猎狗者，可成为终身猎狗，享受一系列诱人的优厚待遇；第三条，实行强者孵化。优秀的猎狗可以随着业绩增长，逐步成为团队经理、业务总监、总经理、董事长，实现做老板的梦想。这一招十分灵验。从此以后，不仅该公司优秀的猎狗对猎人忠心耿耿，而且其他地方的优秀猎狗纷纷慕名加盟，猎人的公司越办越火，长盛不衰。

任务分析

这个故事，至少说明了三个重要道理。

第一，一个企业员工的问题，往往根源在机制，责任在老板，因此，我们要多研究机制，有一套岗位的工作绩效考核标准、薪酬方案、工作流程。对待员工要多表扬、少责备，这样，管理才会不断完善，劳资关系也才会更加融洽与和谐；“明确就是力量”，要让员工知道他今天20岁就选择了网络营销这个时代“宠儿”，奋发图强的他一定比别人早10年就非常吃香了。而且要给予员工企业文化与远景灌输、员工职业素质培训、岗位基本技能培训、岗位工作标准说明。

第二，有没有激励大不一样，激励科学与不科学大不一样；企业短期里要的是业绩、长期来看是要培养人才，打造团队。所以适时的激励你的员工，培养员工是非常重要的。

第三，员工的需求是不断增长的，我们要把员工放在公司的第一位，可以用氛围留人、前景吸引人、成长机会留人、股份留人、价值塑造人，满足员工不断增长的物质文化的需要，才能有效激励人才和长久地留住人才。

知识精讲

一、激励的含义与功能

1. 激励的含义与实质

所谓的激励，是指人类的一种心理状态，它具有加强和激发动机，推动并引导行为指向目标的作用。通常认为，一切内心要争取的条件，欲望、需要、动力等，都构成对人的激励。激励作为一种内在的心理活动过程和状态，不具有我们可以观察的外部状态。但是，由于激励对人的行为具有驱动和导向作用，因此，可以通过人的行为表现及效果来对激励的程度加以推断和测定。

弗鲁姆（Victor Vroom）把激励定义为：对于个人及低层组织就其自愿行为所作的选择进行控制的过程。激励是诱导人们按照预定的方案进行行动的行为。

佐德克（Zedeck）和布拉德（Blood）认为，激励是朝某一特定目标行动的倾向。

爱金森（Atchinson）认为，激励是对方向、活动和行为持久性的直接影响。

盖勒曼（Gellerman）认为，激励引导人们朝着某些目标行动，并花费一些精力去实现这些目标。

沙托（Shartle）认为，激励是被人们所感知的从而导致人们朝着某个特定方向或者为完成某个目标而采取行动的驱动力和紧张状态。

2. 激励在管理中的功能

（1）有助于激发和调动员工的工作积极性。

（2）有助于将员工的个人目标导向实现组织目标的轨道。

（3）有助于增强组织的凝聚力，促进组织内部各组成部分的协调统一。

管理故事

小和尚撞钟

有一个小和尚担任撞钟一职，半年下来，觉得无聊至极，“做一天和尚撞一天钟”而已。有一天，住持宣布调他到后院劈柴挑水，原因是他不能胜任撞钟一职。小和尚很不服气地问：“我撞的钟难道不准时、不响亮?”老住持耐心地告诉他：“你撞的钟虽然很准时、也很响亮，但钟声空泛、疲软，没有感召力。钟声是要唤醒沉迷的众生，因此，撞出的钟声不仅要洪亮，而且要圆润、浑厚、深沉、悠远。”

启示：本故事中的主持犯了一个常识性管理错误，“做一天和尚撞一天钟”是由于住持没有提前公布工作标准造成的。如果小和尚进入寺院的当天就明白撞钟的标准和重要性，我想他也不会因怠工而被撤职。工作标准是员工的行为指南和考核依据。缺乏工作标准，往往导致员工的努力方向与公司整体发展方向不统一，造成大量的人力和物力资源浪费。因为缺乏参照物，时间久了员工容易形成自满情绪，导致工作懈怠。制定工作标准尽量做到数字化，要与考核联系起来，注意可操作性。

二、激励的心理机制

心理学的研究表明，人的行为具有目的性，而目的源于一定的动机，动机又产生于需要。由需要引发动机，动机支配行为并指向预定目标，是人类行为的一般模式，也是激励得以发挥作用的心理机制。如图 7－1 所示。

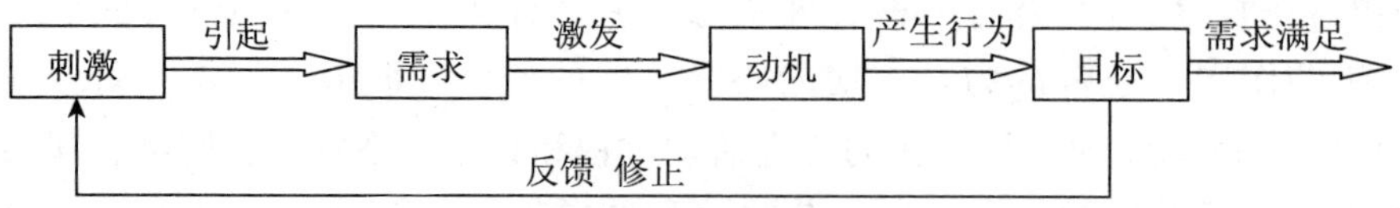

图 7－1　人类行为模式

1. 需要

需要指人类或有机体缺乏某种东西时的状态，管理中的需要特指人对某事物的渴求和欲望。它是一切行为的最初原动力。

2. 动机

推动人们从事某种活动并指引这些活动去满足一定需要的心理准备状态。动机在激励行为的过程中，具有以下功能：

（1）驱动功能。它指动机唤起和驱动人们采取某种行动。

（2）导向和选择功能。它指动机总是指向一定目标，具有选择行动方向和行为方式的作用。

（3）维持与强化功能。长久稳定的动机可以维持某种行为，并使之持续进行。

3. 行为

人类有意识的活动。

4. 目标

以满足需要为内容，也是动机的指向和行为的努力结果。

管理故事

宝元通公司是新中国成立前的一家百货公司。该公司完全由考核结果来决定提升与奖励。考核的内容包括意志、才能、工作、行动四个方面，考核每半年评比一次。经过这样的考核，职工就有可能由每月 0.5 元的工资一步步往上爬，一直爬到宝元通“九等三十六级”的顶峰。主任级以上职员就是通过这样的考核逐步提升起来的。这一做法的结果是，凡是能力较强而又积极工作的人，在宝元通必有出头之日；凡是考核成绩不好的人，绝无侥幸提升的可能，表现极差者甚至有被辞退或者开除的危险。

启示：充分利用激励制度就能极大地调动企业职工的积极性，保证企业各项工作的顺利进行。要保证激励制度的顺利执行，就应当像宝元通一样，不唯亲、不唯上、不唯己，只唯实，公平相待。

钥匙的威力

一把坚实的大锁挂在大门上，一根铁杆费了九牛二虎之力，还是无法将它撬开。钥匙来了，他瘦小的身子钻进锁孔，只轻轻一转，大锁就“啪”的一声打开了。铁杆奇怪地问：“为什么我费了那么大力气也打不开，而你却轻而易举地就把它打开了呢?”钥匙说：“因为我最了解他的心。”

三、激励的对象和目的

1. 激励的对象

组织范围内的员工或领导对象。人的行为是由动机决定的，而动机是由需要引起的。动机产生以后，人们就会寻找能够满足需要的目标，而目标一旦确定就会进行满足需求的活动。从需要到目标，人的行为是过程：是一个周而复始，不断进行、不断升级的循环。

2. 激励的目的

从既定的组织目标出发，寻求组织与个人在目标、行为上的内在一致性，从而达到两者之间在行为及其效果上的良性循环。个人通常希望组织能满足其更多需求，组织则常常需求组织成员付出更多努力，只有这两方面结合起来，才有可能有效地实现组织目标。

管理案例

甲企业吴总在一次销售会议上宣布，由于公司业务迅速下滑，盈利水平严重下降，经公司相关领导研究，决定将所有销售人员的工资下调30%。这是已经决定的事情，希望大家顾全大局，不要有什么情绪。当天会议还是照常进行，也没有发生什么意外情况，吴总以为这件事情也就这么过去了。第二天，刚进办公室，秘书小苗就送来了6个分公司（办事处）经理的集体辞职报告。吴总咆哮了起来，狠命地拍了下桌子，说道：企业的业绩好时“要人给人，要钱给钱。员工需要激励，我就给员工发奖金、买奖品。员工累了，我就让他们带薪休假、组织他们出去旅游，但怎么业绩还没上去?”这一帮狼心狗肺的东西，平时公司的口号喊得嗷嗷叫，要死心塌地跟着公司干，现在怎么能说翻脸就翻脸呢？这几年公司哪点亏待过他们啊？现在不是经营出现问题了嘛！怎么就没有一点忠诚度呢？要走都走吧！可转而一想，6个经理掌握的是公司销售的半壁江山啊，他们一走，公司的市场不等于是折损过半?事情还没有完，后面接二连三地有不同层级的销售人员提出辞职，吴总陷入了“辞职门”泥沼，苦不堪言……

这一幕可能在很多公司都出现过。老总们通常很失望也很气愤，作为支撑，他们已经尽了全力。而且他们也常常想，人力、财力几乎随叫随到，怎么还是出现这种局面。乙企业的经营也出现了和甲企业同样的被动局面，公司营销高层决定也采取降薪策略，减少人力资源成本来应对出现的危机。公司包了一个依山傍水，景色宜人度假山庄，将200多名城市经理及以上级别的销售骨干召集起来，开研讨会。重点是讨论经济危机给当前行业和企业带来的威胁，公司如何平稳渡过当前所处的危机。

会上，总经理与董事长分别做了开场发言，充分肯定了各级销售人员给公司创造的价值，将公司当前所面临的实际问题做出了深入阐述。态度诚恳，措辞感人，员工无不为之动容。接下来就分组讨论，过程轻松，氛围融洽，总经理不停地穿插于各个小组参与讨论。其间，几乎每个小组都将降薪作为首要话题讨论，有的提出降薪的比例，有的提出干部带头等建设性的意见。参会人员都纷纷表态，愿意与公司共同渡过难关。

公司根据大家讨论的结果进行汇总，在降薪幅度上，分公司经理级别以上人员薪水降低35%，城市经理降低30%，基层主管与一线员工降薪25%。在会议结束晚宴上，董事长与总经理高度评价了员工识大体、顾大局的思想觉悟。

分析：甲企业和乙企业目的都是降低人力成本，但是造成的结果却截然相反。在施行政策的过程中，两种不同的工作方法决定了两个不同的结果。工作方法也是企业管理风格的体现。甲企业的管理明显缺乏民主，是完全以企业意向为主导的强势管理，一味让员工觉得“薪金”激励机制好像是唯一，这种做法无异于“平时不烧香，临时抱佛脚”的做法，并且也未很好运用“非薪金激励”这种有效方式，结果，这种管理风格好像仅仅是“薪金激励”来实现的。乙企业则更多地体现出了充分发挥员工主人翁意识的人性化管理，公司高管在解决“薪金危机”时就无形中运用了“非薪金激励手段”结果使员工与企业达到“自愿和满意”效果。在企业扩张速度快，利润回报率高，员工收入很可观的情况下，缺乏民主，没有透明度的铁腕管理，员工会买账，高收入平衡了不满情绪。长期的员工积怨是企业在高速发展过程中，给自己埋下的一颗定时炸弹，任何形式的企业危机都会成为引爆这颗炸弹的导火线。在个人感情处理与公司政策有矛盾时，员工始终是弱势方，也会主动采取合理的避让。但在一些员工敏感的问题处理上，往往会因为工作方法的不当，使得问题人为复杂化。

管理大师赫茨伯格指出，真正的激励因素包括成就、对成就的认可、工作本身、责任和晋升。即使算作是一项激励因素，薪水也只是位于这一组因素之后，在所有因素中仅列第六。赫茨伯格发现前面五项因素才是真正驱动员工获取成功的动力所在，这些才是领导者所应该追求的。同时，一项较权威调查表明：在是否实施“非薪金激励”这个关键问题上，40%的公司都加大了对非薪金激励项目的投入；在这些重视非薪金激励的公司里，65%的企业将之写进企业的战略，而97%的企业将之与企业的战略挂钩；多数企业都会提供丰富的、多样化的非薪金奖励以满足不同员工的不同喜好。

四、激励的作用

在传统的组织和人力资源管理中，激励的作用根本没有得到足够的和系统的认识，管理者们只是自觉或不自觉地运用激励手段，进行人力资源的管理和开发工作。但随着“人”的因素在组织生存和发展中的作用日益提升，人们越来越发现作为组织生命力和创造力源泉的“人”的状态往往直接影响着组织的面貌，其作用主要表现在以下几个方面。

1. 激励是实现企业目标的需要

企业的目标，是靠人的行为实现的，而人的行为是由积极性推动的。实现企业的目标，要有人的积极性、人的士气。当然，实现企业的目标，还需要其他多种因素，但不能因此而否定、忽视人的因素。不能因其他的因素重要，而否定人的积极性这种关键因素。

2. 激励是充分发挥企业各种生产要素效用的需要

企业的生产经营活动是人有意识、有目的的活动。人、劳动对象、劳动手段是企业的生产要素，在这些要素中，人是最活跃、最根本的因素，其他因素只有同人这个生产要素相结合，才会成为现实的生产力，才会发挥各自的效用。因此没有人的积极性，或者人的积极性不高，再好的装备和技术、再好的原料都难以发挥应有的作用。

3. 激励可以提高员工的工作效率和业绩

激发人的积极性，是古今中外政治家、军事家、思想家、管理学家们都十分重视的问题。通过激励可以激发员工的创造性与革新精神，提高员工努力程度，取得更好的业绩。

4. 激励有利于员工素质的提高

提高员工素质，不仅可以通过培训的方法来实现，也可以运用激励的手段达到。企业可以采取措施，对坚持学习科技与业务知识的员工给予表扬，对不思进取的员工给予适当的批评，并在物质待遇、晋升等方面区别考虑这些措施将有助于形成良好的学习风气，促使员工提高自身的知识素养。员工在激励措施的鼓舞下，为了能取得更好的工作绩效，必定会主动熟悉业务，钻研技巧，从而提高自身的业务能力。

管理案例

美国哈佛大学的威廉·詹姆士教授在对职工的激励的研究中发现，按时计酬的职工仅能发挥其能力的20%～30%，而如果受到充分的激励，则职工的能力可以发挥到80%～90%，其中50%～60%的差距系激励工作所致。也就是说，同样一个人在通过充分激励后所发挥的能力相当于激励前的3～4倍。

管理故事

一位年轻的炮兵军官上任后，到下属部队视察操练情况，发现有几个部队操练时有一个共同的情况：在操练中，总有一个士兵自始至终站在大炮的炮筒下，纹丝不动。经过询问，得到的答案是：操练条例就是这样规定的。原来，条例因循的是用马拉大炮时代的规则，当时站在炮筒下的士兵的任务是拉住马的缰绳，防止大炮发射后因后坐力产生的距离偏差，减少再次瞄准的时间。现在大炮不再需要这一角色了。但条例没有及时调整，出现了不拉马的士兵。这位军官的发现使他受到了国防部的表彰。

启示：管理的首要工作就是科学分工。只有每个员工都明确自己的岗位职责，才不会产生推诿、扯皮等不良现象。如果公司像一个庞大的机器，那么每个员工就是一个个零件，只有他们爱岗敬业，公司的机器才能得以良性运转。公司是发展的，管理者应当根据实际动态情况对人员数量和分工及时做出相应调整。否则，队伍中就会出现“不拉马的士兵”。如果队伍中有人滥竽充数，给企业带来的不仅仅是工资的损失，而且会导致其他人员的心理不平衡，最终导致公司工作效率整体下降。

实训巩固

情景剧

1. 实训目的

（1）培养了解人的心理需求，分析解决复杂管理问题的能力。

（2）培养运用激励理论，调动人的积极性的能力。

2. 实训内容

（1）本次实现的主要内容是进行情景剧表演与分析，情景剧是指根据教学需要，设计一定的管理情景，由学生扮演角色进行演出，并进行分析的一种实践教学方式。

（2）根据本章内容和实训目标，由学生在课下收集、选择、编写和讨论预习剧本，并进行必要的排练。

（3）由“演员”按照选择的方案与剧本进行表演。表演分为两部分进行：一是表演决策事件的基本事实或过程；二是由学生按照自己设计的方案进行分析与决策（由学生分别扮演情景剧中的有关人员，提出自己的主张与决策建议，并充分论证，以说服别人；不同的扮演者可以有不同的决策方案）。

（4）由同学们对各成员的表演，特别是管理行为的合理性进行分析与评价。

（5）在表演和讨论的过程中，教师可以随剧情发展进行提问，以引导剧情与讨论的逐步深入，并进行小结。

3. 实训要求

（1）把全班分成几个小组，每组 5～10 人。

（2）选择自己不太熟悉的对象进行一对一的激励训练。

（3）制定训练提纲，设计训练内容。

（4）对激励结果进行评价，并提出意见和建议。

4. 实训考核

（1）每个学生至少收集一个案例或资料。

（2）每个模拟公司经过优选写一个剧本，并进行表演。

（3）教师及学生观众对各公司的情景剧及“演员”的决策意见与表演打分评估。

考核评价

考核评价内容如表 7－1 所示。

表 7－1　　有效激励考核评价

内容		评价	
学习目标	评价内容	小组评价 （5、4、3、2、1）	教师评价 （5、4、3、2、1）
应知应会知识	激励的含义		
	激励的心理机制		
专业能力	激励的对象		
	激励的目的		
通用能力	激励的作用		
努力方向：		建议：	

任务二 解读激励理论

任务情境

黄工程师为什么会走

助理工程师黄大佑，是名牌大学的高才生，毕业后工作8年，于4年前应聘到一家大厂工程部工作，工作负责，技术过硬，很快就成为厂里的“四大金刚”之一，名字排在一号种子——厂技术部主管陈工程师之后。但是，黄大佑的工资却同仓库管理人员不相上下，一家三口住在刚进厂时住的那间平房。对此，他心中常有不平。王厂长是有名的识才老厂长，4年前黄大佑来厂报到时，门口用红纸写的“热烈欢迎黄大佑工程师到我厂工作”几个大字，这令黄大佑很感动，工作十分努力。

两年前，厂里有指标申报工程师，黄属于申报之列，但名额却让给了一个没有文凭、工作平平的老同志。他想找厂长，厂长却先找他来了：“黄工，你年轻，机会有的是。”去年他想反映一下工资问题。来这里不就是想高一点工资吗？但几次开口，都未说出。因为厂长不仅在生产会上大夸他的成绩，而且，经常当着外地取经人的面赞扬他。路上相见时，总会拍拍他的肩膀说两句诸如“黄工，干得不错，很有前途”，这确实让黄大佑兴奋。

最近，厂里新建了一批职工宿舍，听说数量比较多，黄决心要反映一下住房问题，谁知这次王厂长又先找他，笑着说：“黄工，厂里有意培养你入党，我当你的介绍人。”他又不好开口了，结果家没搬成。深夜，黄大佑对面前一张报纸招聘广告出神。第二天，王厂长办公桌上压了一张纸条：

王厂长：

您是一个懂得使用人才的好领导，我十分敬佩您，但我决定走了。

黄大佑于深夜

思考题：

1. 根据马斯洛的理论，住房、评职称、提高工资和入党对于黄工来说分别属于什么需要？
2. 根据公平理论，黄工的工资和仓库管理人员的工资不相上下，是否合理？
3. 根据有关激励理论分析，为什么王厂长最终没有留住黄工？

任务分析

（1）根据马斯洛的理论，住房属于生理需要，评职称属于尊重需要，提高工资属于生理需要，在现代社会一定程度上也是尊重需要，入党则属于自我价值需要。

（2）根据公平理论，黄工的付出要大于仓库保管员，因此他的工资应远远高于仓库保管员。但事实上，两者的工资不相上下，违背了公平原则，属于不合理。

（3）如果我是黄厂长，可以运用马斯洛的需求层次论、公平理论、双因素理论等分析黄工离职的原因。首先，提高黄工的工资，改善黄工的住房，解决类似的其他生活困难。一方面，既坚持了“公平、公正”原则，真正体现出黄工的人力资本价值，贯彻“多劳多得”的分配思想。另一方面，根据双因素理论，高工资也是进一步实施激励措施、取得激励效果的基础。但要意识到，高工资只是保健因素，真正能起到激励作用的还是工作本身，因此，还应赋予黄工具有挑战性的工作和自主管理、自主创新的责权。

知识精讲

一、激励理论产生的原因

激励产生的原因，可分为内因和外因。内因实际是由人的认知知识构成，外因则是人所处的环境。为了引导人的行为达到激励的目的，管理者可在了解人的需要的基础上，创造条件促进这些需要的满足，也可以通过采取措施，改变个人的行动环境。对需要以及人内在动机和环境的激发。形成各种各样具体的激励理论，一般可将激励理论分为激励的需要理论、激励的过程理论。

二、内容型激励理论

所谓内容型激励理论，是指针对激励的原因与起激励作用的因素的具体内容进行研究的理论。这种理论着眼于满足人们需要的内容，即：人们需要什么就满足什么，从而激起人们的动机。

1. 需要层次理论

马斯洛 1943 年出版了《人的动机理论》一书，提出著名的需要层次理论，他认为人有五个层次的需要：生理需要，安全、保障需要，社交、归属需要，尊重需要，自我实现需要。这五个层次，是一个由低到高逐级形成并逐级得以满足的。生理需要与安全、保障需要称为较低级的需要，而社交、归宿需要、尊重需要与自我实现需要称为高级的需要。不同的人，各层次需要的强烈程度不一样。如图 7－2 所示。

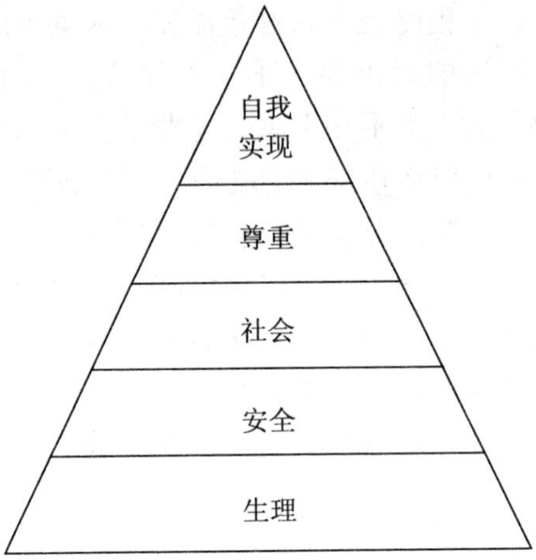

图 7－2　需要层次示意

管理案例

沃尔玛公司十分关心自己的员工，公司几乎所有的经理人员都用上了镌有“我们关心我们的员工”字样的布包纽扣。他们把员工称为合伙人，并注意倾听员工的意见。管理者必须真诚地尊敬、亲切地对待自己的员工，必须了解员工的为人、他们的家庭、他们的困难和他们的希望，必须尊重和赞赏他们，表现出对他们的关心，这样才能帮助他们成长和发展……

2. 双因素理论

双因素理论是美国的行为科学家赫茨伯格提出来的。20 世纪 50 年代末期，赫茨伯格和他的助手们在美国匹兹堡地区对 200 名工程师、会计师进行了调查访问。访问主要围绕两个问题：在工作中，哪些事项是让他们感到满意的，并估计这种积极情绪持续多长时间；又有哪些事项是让他们感到不满意的，并估计这种消极情绪持续多长时间。赫茨伯格以对这些问题的回答为材料，着手去研究哪些事情使人们在工作中快乐和满足，哪些事情造成不愉快和不满足。

结果他发现，使职工感到满意的都是属于工作本身或工作内容方面的；使职工感到不满的，都是属于工作环境或工作关系方面的。他把前者叫作激励因素，后者叫作保健因素。保健因素与工作条件和工作环境有关，其内容包括公司的政策与管理、督导、工资、同事关系、工作环境、人际因素等方面。激励因素是指适合个人心理成长的因素，内容包括成就、赞赏、工作本身、责任感、上进心等。研究表明，不是所有的需要得到满足都能激励起人们的积极性，只有那些被称为激励因素的需要得到满足时，才能调动积极性。缺乏保健因素时，将带来强烈的不满，但保健因素得到满足时，并不能带来强烈的激励作用。

即问即答

哪些因素将影响人们工作的积极性？

3. ERG 理论

ERG 理论是由耶鲁大学的阿尔德佛提出的。该理论某种程度上是对马斯洛的需要层次理论和赫茨伯格的双因素理论的一种延伸和扩展，但是他对于人类需要的研究成果与实际情况更为接近。他把人的需要归结三种：生存（ Existence ）的需要、相互关系（ Relatedness ）的需要和成长（Growth ）的需要 。所以该理论被称为 ERG 理论。如图 7－3 所示。

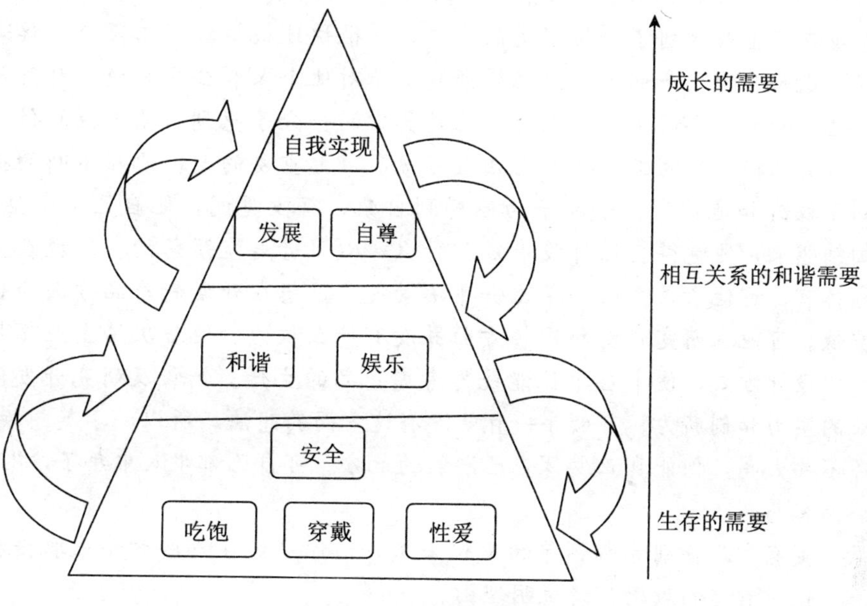

图 7－3　ERG 需求理论

基本观点：

（1）人的需要有三种：基本的生存需要、相互关系和谐的需要和成长的需要。

（2）人的需要不一定是生来就有的，有的是通过后天学习产生的。

（3）人的三种需求并不严格按先后顺序发展，遇到挫折有可能倒退。

4. 麦克莱兰德的成就需要理论

麦克莱兰德指出，在满足生理需要的前提下，人的高级需要可分为三类：权力的需要，表现为强烈的影响和控制他人的欲望，对政治感兴趣；谋求获得领导地位合群（友谊）的需要，表现为人与人间的友好情谊，希望与别人保持一种良好的人际关系，在社交中寻求满足；

成就的需要，发挥自身能力，追求在事业上的成就。

麦克莱兰德认为具有高成就需要的人有以下特征：

（1）不回避风险（对风险采取现实主义的态度），敢于负责；

（2）通过自身不懈的努力，全神贯注地完成工作；

（3）重视内在激励，在完成工作中获得满足；

（4）重视工作中的信息反馈，关心生产，也关心员工。

管理案例

李英的困惑

李英现已进入了 40 岁的年龄。回首这二十几年的奋斗历程，很为自己早年艰苦而又自强不息的日子感叹不已。想当初自己没有稳定的工作就结了婚，妻子是位孤女，有父母留下的一栋虽然面积不小但很破旧的平房。妻子待业之中，两人常为生计发愁。后来，李英在某企业找到了一份固定的工作，并很快地被提拔了工段长，接着又成为车间主任，进而升为生产部长。他记得那段日子对他个人和公司来说，都有是极重要的转折。他没命地为公司工作，很为自己是其中的一分子感到自豪。他的付出也给他带来了丰厚的回报。他的工资收入已相当可观了，更重要的是，他在不断的提拔、升级中得到了权力和地位，很令妻子为他感到自豪。有段时间，他自己也沾沾自喜过，可现在细细想来，他觉得自己并没有成就什么，心里老是空落落的。他现在是企业生产的总指挥官，可他看着企业一年比一年不景气，很想在开发新产品方面为企业做些更大的贡献。可他在研究开发和销售方面并没有什么权力。他多次给企业领导提议能否变革组织设计方式，使中层单位能统筹考虑产品的生产、销售及研究开发问题，以增强企业的实力和创新力。可领导一直就没有这方面的想法。所以，李英想换个单位，换个职务不要太高，但能真正发挥自己潜能的地方。可自己都步入中年了，“跳槽”的决定又谈何容易。

如果李英有意跳槽到你所领导的单位来工作，你应该在哪些方面采取措施以吸引他并给他提供所看重的激励？请说明理由。

分析：案例中的李英具有明显的成就动机导向，适于用成就需要论对其激励手段进行分析。成就需要论属于内容型的激励理论，主要研究激励的诱因以及起激励作用因素的具体内容，麦克利兰把人的高层次需求归纳为对成就、权力和亲和的需求。麦克利兰认为一名高成就需求者具有以下特点：一是相信自己的能力，渴望将事情做得更加完美；二是倾向于设定与自己能力相当的、中等难度的目标；三是对工作的结果非常关注，希望立即得到信息反馈，以便了解工作的成效。因为我们如果李英作为我的下属工作，我将通过以下三个方面的措施吸引他，给予他激励。第一，为他安排相对完整的和有挑战性的任务，授予相适应的权力与责任；第二，设立明确和较高的任务完成标准，提供适当的竞争机制；第三，选择关键点督察他的工作情况和成绩，给予及时明确的评价与反馈。

三、过程型激励理论

过程型激励理论重点研究从动机的产生到采取行动的心理过程。

1. 期望理论

期望理论由美国心理学家伏隆 1964 年提出。

基本观点：人们在预期的行动将会有助于实现某个目标的情况下，才会被激励起来去做某些事情以实现这人目标。

即：

$$激励力=期望值\times效价\ (M=VE)。$$

其中：激励力（M）——激励水平高低的衡量标准；

期望值（E）——自己主观上估计实现目标、得到报酬的可能性；

效价（V）——个人对某一目标的重视程度与评价高低。

即问即答

公司为了奖励员工，销售经理分别对他的两位销售人员说：如果今年完成 100 万元的销售额，公司奖励汽车一辆。

甲：目前拥有两辆汽车，自己一辆，家人一辆，销售业绩较好。

乙：一辆汽车正是他想要的，销售业绩一般，而且认为经理经常讲话不算话。

问题：经理的一番话对两人产生什么样的影响？期望值？效价？

管理故事

双休日，李总独自驾车到乡间踏青。当他来到一个村边时，一不小心，将车子陷入了乡间小路上的一个泥潭中，他想尽了办法，始终不能将车子开出来，为此，李总急得满头大汗。

这时，村口走来三个人，一个富人，两个穷人；富人身体强壮，满面红光，两个穷人都衣衫褴褛，其中，一个非常瘦弱，看起来像是很久没有吃饱的样子，而另一个却五大三粗。看到来人，李总喜出望外。三个人来到车子跟前，都停下脚步。

李总首先跟富人说："朋友，能帮个忙吗？我愿意出 100 元的酬劳！"富人脸上显露出一丝不屑的神色，走到一边。

李总想，大概是价钱开得太少了，看样子这个吃不饱饭的人会看重钱的。因此，他就对瘦穷人说："我出两百元，愿意干吗？"瘦穷人很激动。他一声不吭地绕汽车走了一圈。仔细观察车轮和泥潭的情况，可是他的脚步越来越慢，最后，冲李总摇摇头，失望地走向了路边。

李总想，大概不光是钱的问题。于是，他对强壮的穷人说："50 元，肯帮忙吗？"强壮穷人爽快地说："上车吧！"说完，就走到车子后面，用力地推起来。

2. 公平理论

公平理论由美国心理学家、管理学家亚当斯20世纪60年代提出。

主要理论观点：人们总是要将自己所作的贡献和所得的报酬，与一个和自己条件相当的人的贡献与报酬进行比较，在比较的基础上，感受自己是否享受公平的待遇。如果一个人的内心感受是公平的，其工作积极性即激励水平就高，反之，激励水平则低。

公平理论的基本内容包括三个方面。

（1）公平是激励的动力。人能否受到激励，不但受到他们得到了什么而定，还要受到他们所得与别人所得是否公平而定。

（2）公平理论的模式（即方程式）：$Q_p/I_p-Q_o/I_o$。式中，Q_p 代表一个人对他所获报酬的感觉；I_p 代表一个人对他所做投入的感觉；Q_o 代表这个人对某比较对象所获报酬的感觉；I_o 代表这个人对比较对象所做投入的感觉。

（3）不公平的心理行为。当人们感到不公平待遇时，在心里会产生苦恼，呈现紧张不安，导致行为动机下降，工作效率下降，甚至出现逆反行为。

即问即答

1. 许多效益一般的企业几年甚至多年不加薪，但员工相安无事；可一些效益逐年递增的企业年年涨工资，员工的薪酬满意度却逐年下降，为什么？

2. 公平理论对管理者有什么启示？

3. 波特—劳勒模式

波特—劳勒模式由美国管理学家波特和劳勒在1968年同时提出。

主要理论观点：

（1）个人努力的程度取决于报酬的价值、人们所理解的胜任工作的能力以及实际得到报酬的可能性。如图7-4所示。

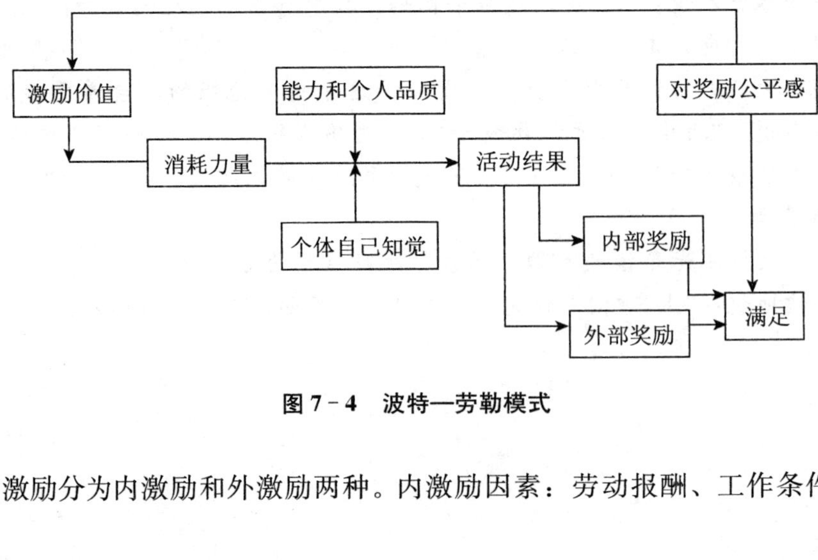

图7-4 波特—劳勒模式

（2）激励分为内激励和外激励两种。内激励因素：劳动报酬、工作条件、企业政策。外激励因素：社会、心理特征、人际关系。

四、行为改正理论

行为改正理论重点研究激励的目的（即改造、修正行为）。

1. 归因理论

归因理论是美国心理学家弗里茨·海德（Fritz Heider）在有关社会认识和人际关系理念的基础上发展起来的。归因理论的内容：归因论是说明和推论人们活动的因果关系分析的理论。归因理论认为失败的归因分析和消极行为向积极行为的转化关系十分密切。显然，把失败归咎于不稳定因素，有利于对前途充满希望，鼓舞干劲，在失败时保持旺盛的热情和信心，克服自暴自弃的心理。

2. 强化理论

强化理论是美国心理学家和行为科学家斯金纳等人提出的一种理论。强化理论是以学习的强化原则为基础的关于理解和修正人的行为的一种学说。所谓强化，从其最基本的形式来讲，指的是对一种行为的肯定或否定的后果（报酬或惩罚），它至少在一定程度上会决定这种行为在今后是否会重复发生。

常见有以下四种强化类型：

（1）积极强化：当积极的行为发生之后，立即用物质或精神的鼓励来肯定这种行为。

（2）惩罚：当消极行为发生之后，使行为的实施遭受身体上的痛苦，从而减少这种行为。

（3）消极强化：这类强化能够防止产生个人所不希望的刺激，又称逃避性学习。

（4）消失：撤销对原来可以接受的行为的强化，由于一定时期内连续不强化，这种行为将降低频率、逐步直至消失。

管理故事

有位农夫赶着一头驴上大街，驴子乖乖地走，他就喂它萝卜；驴子东张西望，不好好走，他就用大棒在他后面抽打，这样一来，很快到达了目的地，后来人们引用这个故事，把胡萝卜与比喻动机诱导决策的类强化因素。胡萝卜比喻为正强化，大棒比喻为负强化。

3. 挫折理论

挫折具有两重性，它可以是坏事，也可以是好事。挫折可以使人失望、痛苦；使人消极、颓废，从此一蹶不振；使人产生粗暴的消极对抗行为，导致矛盾激化，甚至走上绝路。挫折也可以给人以裨益，变得比较聪明和成熟；可以使人从错误中猛醒，认识错误，接受教训，真正使失败成为成功之母；可以磨炼人的意志，激励人发奋努力，从逆境中奋起。可见挫折是坏事，但如能正确对待还能变成好事，过于平静的舒适生活，反而会在挫折发生时手足无措。从这一点说，有挫折比无挫折更能锻炼人、培养人。

五、激励理论在企业管理中的应用

在企业管理工作中，把企业目标变成每个员工自己的需要，把集体利益与满足员工个人需要巧妙地结合起来，使他们积极自愿地工作，这是企业管理和管理者一项重要任务。正确地运用激励理论，可以有效地帮助管理者通过激发员工的动机，调动员工的积极性，从而完成管理工作的各项任务，研究激励理论最终目的也是服务于社会实践，在企业管理及各种管理中得到具体应用，并在实践中加以丰富和发展。要在企业管理工作中正确地运用激励理论对员工进行激励，服务于企业管理，一般应从以下几个方面开展。

（1）企业管理者需要深入地了解员工的心理需求和人格类型。鉴于人的动机是由需要引起的，对于管理者来讲，首先要准确地了解员工的需求，例如，政治上进步的需求、发挥才能需求、尊重和荣誉的需求等。管理者可以根据种种不同的需求，采取不同激励方式，满足不同员工的不同需求。

（2）企业要善于改进员工的工作内容，使之丰富化，从而有效地提高员工的工作绩效。改进员工的工作内容，进行工作任务再设计，从而使员工从工作中感到成就、责任和成长，并且经常给予员工表扬和赏识，使他们感到自己受人重视和尊重。企业管理者应为员工设计出具有内在兴趣的工作任务，实行工作丰富化；在决定工作方法、工作秩序和速度等方面给予员工更大自由，或是让他们自行决定接受或拒绝某些资料或材料，使职工对自己工作有个人责任感；采取措施以确保人们能看到自己的工作对组织或部门所做出的贡献；把工作完成情况及时反馈给他们。总之，通过各种工作丰富化手段，激起员工内在积极自主性，发挥其潜能，为企业创造更多意想不到的效益同时，使员工获得心理上的满足，感到自己在企业中的重要性，激发更大热情，对企业管理者来说是非常重要的。

（3）企业决策者和管理者要善于设立合适的目标，充分有效地利用目标激励。期望值就是人们对某一事物估计情况，或对待事物在发展中可能达到的程度的一种主观愿望，在运用目标激励时，应充分注意期望值在其中所起的作用，合理目标，期望值较高，会使人产生想达到该目标的成就需要，对人具有强烈的激励作用。

（4）在企业管理过程中，企业管理者需要善于合理有效地运用奖惩手段。对人们取得的工作成效给予奖励，会给人们的动机起到强化作用。因为这样可以使员工看到自己的成就得到了尊重，或取得了信任。

实训巩固

哪种需要对你最为重要

指导语：把你对下面问题的反应作个排列，将你认为最为重要或最为真实的反应列为5；其次列为4；由此类推，对你来说最不重要或最不真实的反应列为1。

例：我最爱从事的工作是：

A. ____4____独自一人工作；

B. ____3____有时与其他人共同工作，有时独自一人工作；

C. ____1____作演讲；

D. ____2____与他人共同讨论；

E. ____5____从事室外工作。

1. 总的来说，一项工作对我最为重要的是：

A. ________工资是否足够满足我的需要；

B. ________是否提供建立伙伴关系或良好人际关系的机会；

C. ________是否有良好的福利待遇，且工作安全；

D. ________是否给我足够的自由展示自己的机会；

E. ________是否根据我的业绩而有晋升的机会。

2. 如果我打算辞去一项工作，很可能是因为：

A. ________这项工作很危险，比如没有足够的工作设备或安全设施极差；

B. ________由于企业不景气或筹措资金困难，因而能否继续被聘用是个未知数；

C. ________这是个被人瞧不起的职业；

D. ________这工作只能独自一人来做，无法与他人进行讨论和沟通；

E. ________对我来说这项工作缺乏个人意义。

3. 对我来说，工作中最为重要的奖赏是：

A. ________来自工作本身，即这是一项重要而具有挑战性的工作；

B. ________满足人们从事工作的基本原因，如丰厚的工资、宽敞的居室及其他经济需求；

C. ________提供了多种福利待遇，如医疗保险、旅游休养假期、退休保险等；

D. ________体现了我的能力，比如我所做的工作得到了承认，我知道自己是本公司或本专业中最优秀的工作者之一；

E. ________来自工作中的人际因素，也就是说，有结交朋友的机会和成为群体重要一员的机会。

4. 我得工作士气受到下面因素的极大干扰：

A. ________前途不可预知；

B. ________工作成绩相同，但其他人得到了承认，我却没有；

C. ________我的同事对我不友好或怀有敌意；

D. ________我感到压抑，无法发展自己；

E. ________工作环境很差，没有空调、停车不方便、空间和照明不充足、卫生设施太差。

5. 决定是否接受一项提升时，我最为关心的是：

A. ________这是否是一想让人感到自豪的工作，并受人羡慕尊敬；

B. ________接受这项工作对我来说是否是场赌博，我是失去的可能比我得到的要多；

C. ________经济上的待遇是否令人满意；

D. ________我是否喜欢那些我将与之共事的新同事，并且能够与他们和睦相处；

E. ________我是否可以开拓新领域并做出更有创造性的工作。

6. 能发挥我最大潜力的工作是这样的：

A. ________员工之间有种亲情关系，大家相处得很愉快；
B. ________工作条件（包括设备、原材料以及基础设施）安全可靠；
C. ________管理层善解人意，我的工作也很有保障，不太可能被解聘；
D. ________我可以个人价值被承认中感受到工作的回报；
E. ________对我所做的成绩能得到承认。
7. 如果我目前职位出现下面情况，我将考虑另换工作：
A. ________不能提供安全保障和福利待遇；
B. ________不能提供学习和发展的机会；
C. ________我所做出的成绩得不到承认；
D. ________无法提供亲密的人际交往；
E. ________不能提供充分的经济报酬。
8. 令我感到压力最大的工作环境是：
A. ________与同事之间有严重的分歧；
B. ________工作环境很不安全；
C. ________上司喜怒无常、捉摸不定；
D. ________不能充分展示自己；
E. ________没有人认可我的工作质量。
9. 我将接受一项新工作，如果：
A. ________这项工作是对我潜力的考验；
B. ________这项工作能提供更丰厚的工资和良好的环境；
C. ________工作有安全保障，且能长期提供多种福利待遇；
D. ________新工作被其他人尊重；
E. ________可能与同事建立良好的人际关系。
10. 我将加班工作，如果：
A. ________工作具有挑战性；
B. ________我需要额外收入；
C. ________我的同事们也加班加点；
D. ________只有这样做才能保住我的工作；
E. ________公司能承认我的贡献。

答案：把你对每个问题的 A、B、C、D 和 E 的选择的相应分数填入表 7－2 的对应项中。注意，评分表中的字母并不总是按字母顺序排列的。然后合计每一列的分数得到每种动机水平的总分。

表 7-2　　评分表

问题 1	A	C	B	D	E
问题 2	A	B	D	C	E
问题 3	B	C	E	D	A
问题 4					
	E	A	C	B	D
问题 5					
	C	B	D	A	E
问题 6					
	B	C	D	A	E
问题 7					
	E	A	D	C	B
问题 8					
	B	C	A	D	E
问题 9					
	B	C	E	D	A
问题 10					
	B	D	C	E	A
总分					
	Ⅰ	Ⅱ	Ⅲ	Ⅳ	Ⅴ
	动机水平				

其中水平Ⅰ反映生理需求；水平Ⅱ反映安全需求；水平Ⅲ反映社会需求；水平Ⅳ反映尊重需要；水平Ⅴ反映自我实现需要。

那些得分最高的需要是你在工作中识别出的最重要的需要，得分最低的需要表明已经得到较好的满足或此时你不再强调它的重要性。

考核评价

考核评价内容如表 7-3 所示。

表 7-3　　激励理论考核评价

内容		评价	
学习目标	评价内容	小组评价 (5、4、3、2、1)	教师评价 (5、4、3、2、1)
应知应会知识	激励理论产生的原因		
专业能力	内容型激励理论		
	过程型激励理论		
通用能力	激励理论在管理中的应用		
努力方向：		建议：	

任务三　选择激励方法

任务情境

鸭子的另一条腿

某王爷手下有个著名的厨师，他的拿手好菜是烤鸭，深受王府里的人喜爱，尤其是王爷，更是倍加赏识。不过这个王爷从来没有给予过厨师任何表扬，使得厨师整天闷闷不乐。有一天，王爷家里来了一位远方的贵客，王爷点了数道名菜招待贵宾，其中一道就是王爷最喜爱吃的烤鸭。厨师奉命行事，然而，当王爷挟了一只鸭腿给客人时，却找不到另一条鸭腿，便问身后的厨师说："另一条腿到哪里去了？"厨师说："禀王爷，我们府里养的鸭子都只有一条腿！"王爷感到诧异，但碍于客人在场，不便问个究竟。

饭后，王爷便跟着厨师到鸭笼去查个究竟。时值夜晚，鸭子正在睡觉。每只鸭子都只露出一条腿。厨师指着鸭子说："王爷你看，我们府里的鸭子不全都是只有一条腿吗？"王爷听后，便大声拍掌，吵醒鸭子，鸭子当场被惊醒，都站了起来。王爷说："鸭子不全是两条腿吗？"

厨师说："对！对！对！不过，只有鼓掌拍手，才会有两条腿呀！"

任务分析

要使人们始终处于施展才华的最佳状态，唯一有效的方法，就是表扬和奖励，没有比受到上司批评更能扼杀人们积极性的了。在下属情绪低落时，激励常在公众场所表扬佳绩者或赠送一些礼物给表现特佳者，以资鼓励，激励他们继续奋斗，一点小投资，可以换来数倍的业绩，何乐而不为呢！

知识精讲

一、激励的原则

为了取得良好的激励效果，激励必须遵循以下几个原则：

1. 物质利益原则

马克思主义认为，人具有自然属性，是自然界的产物，又主宰自然界，人的需求是以物质需求为基础的。激励应给予激励对象合理的物质报酬。

2. 公平原则

公平原则要求组织在实施激励时，首先应做到组织内部公平，即个人的所得与付出相匹配，与组织内其他成员比较相协调；同时，组织还尽可能从更广泛的领域和范围，追求激励中的社会公平。

3. 差异化原则

激励中的公平性并非要求对所有的激励对象一视同仁，而是针对具体的人和事，按贡献大小，重要性强弱和其他因素的综合标准，共同决定实施何种激励方案，体现出因人、因事而异的多样性和灵活性。

4. 经济性原则

是指实施有效的激励，要将激励的成本和有可能取得激励收效结合起来，要有利于成本节约、组织效能和活动效率的提高。

管理故事

最后一片叶子

美国作家欧亨利在他的小说《最后一片叶子》里讲了个：病房里，一个生命垂危的病人从房间里看见窗外的一棵树，在秋风中一片片地掉落下来。病人望着眼前的萧萧落叶，身体也随之每况愈下，一天不如一天，她说：“当树叶全部掉光时，我也就要死了。”一位老画家得知后，用彩笔画了一片叶脉青翠的树叶挂在树枝上。最后一片叶子始终没掉下来，只因为生命中的这片绿，病人竟奇迹般的活了下来。

启示：这个故事告诉我们一个道理：人生可以没有很多东西，却唯独不能没有希望，希望是人类生活的一项重要的价值，有希望之处，生命生生不息！为生命画一片树叶只要心存相信，总有奇迹发生，希望虽然渺茫，但它永存人世。

领导者就是要做一个为员工画树叶的人。

二、激励的基本形式

管理实践中常用的激励形式有以下几种。

1. 理想、目标激励

理想激励是通过教育和影响等方式，使员工树立远大理想，并为实现理想而自觉努力和不断奋斗。大多数人都有成就的需要，希望不断获得成功，成功的标志之一便是实现预定的目标。为激励对象确定一个合适的目标，并为其实现目标提供全面的支持，往往能达到很好的激励效果。目标激励除了个人目标具有很大的激励作用外，组织目标也会激励员工的斗志和工作热情。

2. 组织制度和榜样激励

组织激励是指运用组织责任和权利对员工进行激励。行为科学研究表明，大多数人都愿意承担责任，希望有自我控制的权利。因此，在实际工作中，可以创造条件开展民主管理，尽可能吸收员工参与决策。组织的多项规章制度，一般都与一定的物质利益相联系，对员工的消极行为具有约束作用。另外，规章制度为员工提供了行为规范和社会评价标准，与员工的自我肯定、社会舆论的认可相联系，具有综合的激励作用。

俗话说，“榜样的力量是无穷的”，大多数人不甘落后，但又不知从何做起，或者在困难面前举步不前。通过树立先进典型和领导者的率先垂范，可以使广大员工找到一个参照并自我鞭策，增添克服困难取得成功的决心和信心。

3. 物质利益和荣誉激励

在管理中遵循物质利益的原则，并不是只注重对员工物质需要的满足。有效的激励，应该是物质激励和精神激励相结合的“同步激励”（这是我国心理学家俞文钊先生提出的激励理论）。物质利益是最基本的激励。荣誉激励是给优秀员工以表扬、光荣称号、象征荣誉的奖品、奖章等，这是对员工贡献的公开承认，可以满足人的自尊需要，从而达到激励目的。

4. 培训、信息和改善环境

培训的激励作用是多方面，它可以满足员工求知的需求，进而可能胜任更具有挑战性的工作、承担更多的职责，又可以在一定程度上满足其社会需求和自尊的需要。

这里的信息指的是绩效信息，它也是激励的一种方式。在组织活动过程中，及时告知员工已取得的个人组织绩效，可以使员工明确自己已获得的成就和尚存在的差距，这既是对员工的信赖，又可以激发其拼搏精神，为实现个人和组织目标而付出更大的努力。

三、激励的方法

（一）物质激励

所谓物质激励，是指通过合理的分配方式，将人们的工作业绩与报酬挂钩，即以按劳分配的原则，通过分配量上的差异作为酬劳或奖励，以此来满足人们对物质条件的需求，进而激发人们更大的工作积极性。

1. 基本收入激励

基本收入是员工生活费用的基本来源，其中工资是最主要的部分。利用工资作为激励的方式有两种：第一，用工资来反映员工的贡献大小、业务水平的高低，鼓励员工以多贡献和钻研业务来取得相应的报酬；第二，改革工资制度，用工资晋级择优原则、浮动工资等作为激励的手段。

2. 奖金激励

从理论上讲，奖金是超额劳动的报酬。但在现实中，许多企业将奖金变成了工资附加部分，没有起到“对在工作上具有倡导和鼓励价值的表现予以额外奖励”的作用。奖金应该是组织对符合企业倡导精神的员工的一种奖励方式。利用奖金激励时要注意：奖金的多少，并不在于物质上、经济上的制约，重要的是心理上的提示作用，即从人的自尊需求层次上起激励作用。

管理案例

工厂有五名工人加工一种产品，为了每次工作后分配的公平，老板开始实施以产品数量为标准对工人进行考核评估，并以此来作为员工工资的多少。起初，这种做法起到了很大的作用，但是随着时间的推移，问题出现了。工人们发现，一件产品精心细作的话花的时间要长，工作慢，随便完工的话生产的产品多，同样是一件产品，但是同样的时间里却可以多做几件。于是工人们就对产品质量没有要求了，以前一天做五十件产品的现在可以做一百件了，工资拿的还多。之后老板发现产品质量跟不上，销出去的产品投诉越来越多，才意识到这个考核标准不行。

分析：绩效考核标准是对员工工作业绩的一种评估方式，是对员工进行奖罚的主要依据，是激励机制的重要组成部分。但是要注意，考核的具体标准。作为一个管理者，制订一套完善的绩效考核制度是对员工进行有效考核的基础，建立一套适合自己企业的绩效考核制度才能最大限度地提高员工的积极性，激发他们的潜能。

3. 福利激励

企业负担职工工作之外的基本生活设施的建设，如住房、煤气等。在职工福利设施、社会保险、公费医疗等未实现社会化的当前和将来相当长时期内，一些大型的福利项目如住房、煤气、奖励旅游、出境观光等，仍然作为激励的手段被企业界广泛采用。

管理故事

我们很优秀的一位技术型员工公司决定奖励他一万元年终奖，老板把他叫到办公室，对他进行表扬和工作肯定，说公司准备给你发两个月的工资年终奖 7000 元作为奖励。优秀员工谢过老板之后准备走，老板叫住他问道“今年陪老婆有几天时间的?”员工说顶多 10 天。老板听后从抽屉抽出 1000 元给员工，说“这是谢谢你老婆对我们工作的理解，回家给她买几件衣服并表示感谢。”员工谢过之后又准备走出去，老板又问，今年陪孩子几天了？员工说：“还真没有认真好好陪他玩一天。”老板激动地又抽出 1000 元，对他说“给你小孩子买点玩具，这次回家好好陪陪家人，告诉他有个优秀的爸爸。”员工激动地接过钱后，老板又说：“回家看爸妈几次了？多久没有见了。”员工嗯嗯嗯的，老板说“别嗯了，这 1000 元拿去给你爸妈买点礼品或者衣服”这时候员工受不了了，激动地说，老板多谢多谢，明年我一定好好干。

启示：同样的发一万元，效果却不一样。奖金对员工来说很有诱惑力，其激励作用不必描述。如果老板们加入一些感情的调味剂，效果就会特别而持久。

（二）精神奖励

人的精神活动非常独特，除了生存必不可少的物资需求外，还有尊重需要和自我的需要。尊重需要是人对名声、威望、赞赏的欲求。自我实现需要表现为：希望个人能力得的社会的承认；希望自己能胜任复杂工作；希望个人能得到别人的尊重、信赖和高度评价。自我实现需要是最大限度发挥自己潜力、实现个人的理想和抱负、发挥特长并在事业上取得成功的欲望。因此，抓好员工的精神奖励是使员工热爱团队、焕发工作积极性的重要措施。当员工的物质需求得到满足后，一方面他们会对物资需求从更高层次上去继续追求；另一方面他们会进一步追求精神满足。

管理故事

士为“赞赏”者死

韩国某大型公司的一个清洁工人，本来是一个最被人忽视、最被人看不起的角色，但就是这样一个人，却在一天晚上公司保险箱被窃时，与小偷进行了殊死搏斗。事后，有人为他请功并问他为什如此英勇时，他的回答出人意料：当公司的总经理从他身边走过时，总会不时赞美他“你扫得真干净”。

启示：一句简单的赞美就能使员工为企业鞠躬尽瘁，死而后已，由此可以看出激励的力量是无穷的！

1. 成长激励

管理者要多为员工创造发挥才能的机会，使人尽其才，要帮助员工在平凡的工作中去寻找发挥聪明才智的机会。再有，就是顺应员工自我实现的愿望，帮助解决其能力不足问题。积极主动地为他们提供各种长见识、增才智的机会，培养和强化员工对工作的自信心。

成长（成才）激励形式通常有：利用各种机会把员工有选择地送到各级院校、培训中心学习；送国内外考察，进修学习；员工通过深造具备一定能力后及时给予相应专业技术职称。

2. 关怀激励

管理者对员工各方面的情况应尽可能多了解，如身体状况、家庭困难、亲属身体状况、个人工作愿望、能力上的长处与不足之处、上下班路途、交通方便程度等，经常给予关心和必要的帮助，员工会感到上级不是把自己当作一部工作机器，而是把自己真正当作人来尊重，来关怀的。这种激励方法在员工感情上产生的效应是积极、强烈而持久的，对培养员工工作和良好工作动机可产生积极有效的影响。

管理故事

保护下属的热情

有位表演大师上场前，他的徒弟告诉他鞋带松了。大师点头致谢，蹲下来仔细系好。等到徒弟转身后，又蹲下来解松。有个旁观者看到了这一切，不解地问："大师，您为什么又要将鞋带解松呢?"大师回答道："因为我饰演的是一位劳累的旅者，长途跋涉让他的鞋带松开，可以通过这个细节表现他劳累憔悴。""那你为什么不直接告诉你的徒弟呢?"旁观者问。大师回答道："他能细心地发现我的鞋带松了，并且热心地告诉我，我一定要保护他这种热情的积极性，及时给他鼓励，至于为什么要将鞋带解开，将来会有更多的机会教他表演，可以下一次再说。"

启示：提高员工素质和能力是提高管理水平的有效方式。学习有利于提高团队执行力，便于增强团队的凝聚力。手把手地现场指导可以及时纠正员工的错误，是提高员工素质的重要形式之一。但是指导必须注重技巧，就像大师那样保护员工的热情。管理者必须避免教训式指导，应当语重心长地激励员工提高自身业务素质。除了现场指导外，还可以综合运用培训、交流会、内部刊物、业务竞赛等多种形式，激发员工不断提高自身业务素质和业务水平，形成一个积极向上的团队。

3. 形象激励

员工对管理者的期望较高。管理者形象可尊重、可信赖，员工的工作热情就能有起码的保证。如果管理者在人们心目中是一个自私自利、吃拿卡要、任人唯亲、处事不公的形象，员工的工作热情就会受到极大削弱。要想调动员工的积极性，靠强权管制是无法奏效的，只有管理者的所作所为得到员工心理上的认同，人们才会心甘情愿跟随创业。员工只有跟随一心为公、清正廉洁、处事公正的管理者，自己的利益才有保障，勤奋才有回报，自己才会受到承认与尊重，才会有真正的前途。任何一个企业管理者绝不要忽视自身的形象激励作用。

4. 不求上进不是个人原因，主要原因在于环境

从人的基本心理特征来看，人人都希望得到别人的尊重，都有着光荣感和自豪感。荣誉激励就是给有贡献的员工一种荣誉称号，并以此激发其工作积极性和对企业和工作的责任感与义务感。激励未获荣誉称号奋发进取，争取以优异成绩获得组织承认与众人的尊敬。企业中所设的荣誉称号有：优秀员工、微笑大使、服务明星、先进工作者、精神文明标兵、十佳服务员、劳动模范等。

5. 晋升是指给予一定的职位或升迁

晋升说明个人的价值在升值，个人要挑起更重要的担子和担负更重要的责任。随之也会带来更高的社会地位和声誉。晋升对全体员工都是平等的，机会也是均等的，从而使晋升成为人人可追求的目标而起到激励作用。

6. 目标激励

目标是具体的目的要求，企业的目标体系包括总目标、部门目标和个人目标，这三级目标应上下相一致。另外，目标激励注意：①各级目标明确具体，与员工关系密切

并具有激励性；②目标科学合理，人们通过努力能达到最佳；③目标要具有阶段性，以使激励及时；④达到目标后，与个人利益的相关部分要及时兑现，使激励真正的起到作用。

7. 命运共同体激励

企业与员工双方互为依托、相依成体即是命运共同体。

命运共同体的基础是企业和员工目标一致，相互依赖、相互承认、相互融合，企业的声望、地位、效益、前途与个人利益息息相关。为了企业的兴旺发达，也为了自身的前途，员工会以命运共同体为动力而积极奋斗。

激励作为人力资源开发与管理中的一个核心课题，其内容十分广泛，方式也是多种多样，管理者可根据本单位具体情况灵活掌握，以便找到对本企业本部门最有效的激励方法。

即问即答

请为你的班主任列出几种能激励你们努力学习的方法。

总之，要有效激励员工没有简单的方法，也没有一个措施能够确保激励有效，真正有效的激励措施是一个完整的、良性的系统工程，这个工程的实现依赖于基础性管理的制度化、体系化，也需要管理者的智慧和创新。激励是一个系统工程的观点告诉我们，管理者在制定激励制度时，应从整体上来把握组织的现状和想达到的目的，从而使众多激励措施、方案、制度之间相互衔接、补充、支持，赢得整体的激励效果。

实训巩固

一、设计创业公司的激励机制

根据各小组所建立的创业公司，按照公司的具体情况，请运用本章所学的知识和理论，为本公司设计一套激励机制。

二、游戏：我很好，真的

目的：树立成员的自尊，激励他们专心地倾听；建立相互间的支持与信任。

材料：发给每个小组可粘贴的便笺本。

步骤：让所有的成员回想一下自己生活中的三个时期，即他们的童年时期，求学时期和当前时期，让他们大致回想一下每个时期的情况。回忆一些他们曾做过的或在他们身上发生的，令他们感到非常自豪的事情在每个人都写完了三件事情后，让他们每三个人组成一个小组。由其中一个人向大家诉说自己的三件事情，在他右边的人要仔细地聆听讲话的内容，然后向整个小组进行简短的解释，不仅要解释第一个人说了些什么，还要解释他话里可能有的意思。第三个人（听的人）不能发表任何口头评论，而是要在一张便笺上写下自己对第一个发言者诚挚真切的赞扬，赞扬他所取得的成就，然后将这张便笺贴在那个人的衣服上。在第一轮游戏完毕后，将整个过程再重复一遍：第二个人开始报告他的情况，另外一个人解释他所说的，然后第三个人在便笺上写下赞扬的话。这样一直重复，直到最后一个人也讲了他的事情。

思考题：

1. 有多少人在赞许自己的时候感到很高兴？
2. 有多少人会不时地回顾自己过去的成就？
3. 你认识一些会表扬你而且愿意表扬你的人吗？
4. 有一个专心投入的听众，你的感受如何？

考核评价

考核评价内容如表 7－4 所示。

表 7－4　　有效激励考核评价

内容		评价	
学习目标	评价内容	小组评价 （5、4、3、2、1）	教师评价 （5、4、3、2、1）
应知应会知识	激励的原则		
	激励的基本形式		
专业能力	激励的方法		
通用能力	激励方法的运用		
努力方向：		建议：	

知识巩固

一、选择题

1. 关于马斯洛的需要层次理论，下列说法不正确的是：（　　）。

A. 人类的需要分为五个层次；

B. 这五种需要并不是并列的，而是由低到高依次排成一个阶梯；

C. 不论何时，人们的任何一种需要都会对其行为产生影响；

D. 人的行为是由主导需要决定的；

2. 日本企业界普遍采用的终身雇佣制有助于满足雇员的（　　）。

A. 生理需要　　B. 安全需要　　C. 尊重需要　　D. 社交需要

3. 麦克利兰的研究表明，对最优秀的管理者而言，比较强烈的需要是（　　）。

A. 成就需要　　B. 权力需要　　C. 社交需要　　D. 安全需要

4. 在小企业的经理人员和在大企业中独立负责一个部门的管理者中，（　　）往往会取得成功。

A. 高成就需要者　　B. 高权力需要者

C. 高社交需要者　　D. 高自我监控

5. 在弗洛姆的期望理论里，（　　）主要是指某种结果实现的可能性。

A. 工具性　　B. 效价　　C. 期望值　　D. 公平指数

6. （　　）是通过不提供个人所愿望的结果来减弱某种行为。特别是撤销原先的奖励，来减少某种行为的发生。

A. 正强化　　B. 负强化　　C. 惩罚　　D. 消退

7. 预先告知某种不合要求的行为或不良绩效可能引起的后果，使职工避免不符合要求的行为以避免发生令人不愉快的事件，从而使职工按要求的方式行事。此为（　　）。

A. 正强化　　B. 消退　　C. 惩罚　　D. 负强化

8. （　　）指当个体行为受挫时，或因个人某方面的缺陷而使目标无法实现时，往往以新的目标代替原有目标，以获得丧失的自尊与自信。可谓“失之东隅，收之桑榆”。

A. 升华　　B. 重新解释　　C. 补偿　　D. 转移

9. （　　）指当个体受到挫折时，往往表现出与自己的年龄、身份很不相称的幼稚行为。如某一女生刚入校，参加学生会干部竞选失败了，感到很“委屈”，无法进行理智分析和对待，不吃饭，也不上课，成天蒙头大睡。

A. 压抑　　B. 逃避　　C. 退化　　D. 忧虑

二、简答题

1. 试述激励及作用。

2. 马斯洛需要层次理论的主要观点是什么？如何评价？

3. 结合实际谈谈如何应用期望理论来调动人们的积极性？

三、案例分析

明春计算机公司的激励制度

明春计算机公司是一家中外合资公司，地处南方某一个开放城市。该公司成立于1988年。董事长由中方的方丽小姐担任，她曾在原联邦德国学习计算机多年，并获得博士学位。1985年回国后，曾任光明计算机厂总工程师，1988年该厂与外方合作时调任明春计算机公司董事长。该公司的总经理由大卫·陈担任，他原是美国斯坦福大学的博士生，曾在美国“硅谷”的坦丁姆计算机公司担任过生产部经理。

明春公司地处开放城市，受到各方面有力的竞争。由于剧烈的竞争环境，也由于方丽和大卫·陈这两位中国长大的洋博士的管理天才，他们两人紧密合作，创造了一套有效而独特的管理自己职工的方法。

他们为职工创造了良好的工作环境。在公司专门设有健身房、游泳池、还有供职工娱乐活动的图书馆和文化活动房，还专门辟有供职工休息的小花园和宁静的散步小道等。他们规定在工作日免费给职工提供午餐，还定期地在每周五晚上举办各种酒会和男女职工舞会等社会活动。他们也很注意用经济因素来激励职工，他们每年都根据职工在本公司的工龄和工作表现情况赠送公司的股票作为奖励，每个职工都持有本公司的股票，这样就大大激励了大家为公司努力工作的热情。

大卫·陈要求每个职工都要制定出具体了解公司，学会和能操作公司内各种工作技能的五年自我发展计划。这样，每个人都可以逐渐了解公司，并能根据个人的发展和公司的需要调动工作。方丽和大卫·陈都是极随和的人，他们喜欢以非正式的身份进行管理，他们除了每月举行一次各部门经理的例会外，经常深入各个部门共同与各部门经理商讨问题，但关于各部门之事，他们总是让部门经理自己拿主意、决策。这样，各部门乃至各室和班组长都能积极为本部门的工作负责，都能发挥自己的积极性。

当然他们知道，要维持住这样一批为公司倾心工作的职工确实不是一件容易的事。人才竞争极为剧烈，已有一些公司以更高的薪金试图挖他们的人才。公司在飞速地发展。随着公司的扩大，它的生产速度自然会放慢，也会出现一个更为正式而庞大的管理机构。在这种情况下，又应如何才能招聘到新的人才，如何才能更有效地激励职工呢?

思考题：

1. 明春计算机公司采取了哪些有效的激励方法?
2. 请剖析这公司的报酬制度，说明其能起作用的原因。

学习情境八　沟通技巧

知识目标

1. 学习沟通的含义和作用。
2. 学习沟通的作用。
3. 学习沟通中的障碍产生的原因。
4. 学习沟通的方法。

能力目标

1. 能够描述沟通的全过程。
2. 能够克服沟通中的障碍。
3. 能够进行有效沟通。

沟通？不就是说话吗，谁还不会说话呀。且慢，话可不是好说的。沟通，不仅是组织管理的重要手段和方法，也是人们日常生活中不可或缺的重要内容。有研究表明：70％以上的管理工作是在沟通中完成，70％以上的管理问题是沟通不畅的问题，70％以上的组织沟通问题，是组织的管理问题引发的。从根本上说，沟通是关于如何使领导方式和激励行为保持一致的问题。

任务一　识别沟通条件

任务情境

美国西南部一家大型公用事业公司，为了扭转业绩不佳的局面，公司总裁采用了一种非常特殊的手段：他让公司的中层主管上报哪些是公司最具影响力的人。“不要管职称和岗位”，“哪些人代表了本公司的决心”？他想知道，公司若想把决策贯彻下去，需要得到哪些人的支持？经过一个星期的深思熟虑，中层主管们报上了一份耐人寻味的名单，上面列明的言论领袖，都是很典型的员工，包括了一些工程师、应收账款员、货运卡车司机、秘书、一些中层主管本身，甚至还有一名清洁工。

这名总裁随后召集了一线主管及所有言论领袖开了一次会。他交给大家一份议程和计划，说道：“这是我们在财务上应有的表现，这是我们要用到核能发电的地区，这是我们的生产效率应达到的水平……”展示了所有大目标和挑战后，他总结道：“我本来打算问中层主管该怎样来干，可是他们告我诸位才是使公司运转的灵魂人物，所以我邀请各位一起参与。我需要在场的各位协助。我要有什么样的激励计划和奖励方案，才能使大家齐心协力来做这件事呢?”

这些言论领袖回到各自的工作岗位后都在猜测：“为什么他会问我”，“工作不知还保不保得住”，“提了意见后不知会不会被秋后算账”。可是总裁意志坚定，计划终于成功。一些员工经过认真思考后，交回来的答案不仅令人惊奇，而且效果也非常好。中层主管领导们不禁对这种反应感到震惊——他们早该在数年前就这样做了。

经过这次转型后，该公司开始步入正轨，业绩持续增长。该公司为什么能迅速扭转局面?

任务分析

关键就在于这位总裁通过直接与员工沟通的手段去重组机构，找到自己和言论领袖之间最短的距离，既使最高层的意图以最小的损耗传递到员工身上，又充分调动了员工的积极性，充分体现了在“以人为中心”的管理模式中，沟通与管理成效之间的关系。

知识精讲

一、沟通的含义

简单地说，沟通就是信息的交流。如从管理学的角度特别是从领导工作职能特性的要求出发给沟通下定义，沟通是人们通过语言和非语言的方式传递并理解信息、知识的过程，是人们了解他人思想、情感、见解和价值观的一种双向互动的过程。

德鲁克说：“沟通不是你在说什么，而是别人怎么理解你说的什么。”

基本要素：沟通主体、沟通客体、沟通渠道。

影响沟通的因素：沟通主体的技能、态度、知识和价值观；沟通客体的技能、态度、知识和价值观；沟通渠道的选择；外部噪声。

二、沟通过程

沟通过程：沟通主体向客体传递信息并获得对方反馈的过程。整个沟通过程由七个要素组成，包括信息源、编码、通道、信息接收者、解码、反馈、障碍或噪声。

(1) 信息源（来自沟通主体）：管理沟通的第一环，是沟通主体掌握或拥有的要传递的信息。

(2) 编码（沟通主体组织信息）：沟通主体选择适当的措辞和形象，或利用“信息——符号系统”进行信息组织和表达。

（3）通道：语言、非语言（眼神与面部表情、手势等）、信息传递技术（计算机信息系统、电子邮件、短信、微博、电话）。

（4）信息接收（信息接收者）：接收对象和目标。

（5）解码：沟通客体收到信息后，用同样的“信息-符号系统”对信息的意义进行解释。

（6）反馈：沟通客体将自己的反应通过信息渠道传回信息源（沟通主体），信息源通过信息的反馈了解到沟通客体对信息的看法与反应。

（7）阻碍或噪声：代表能使信息扭曲的沟通障碍，如知觉选择、信息超载、语义问题或文化差异。

这个过程可用图 8－1 表示。

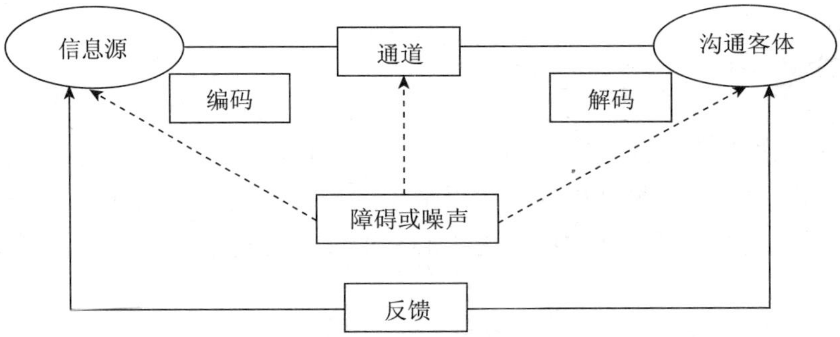

图 8－1　沟通过程

（1）沟通主体需要向沟通客体传送信息或需要沟通客体提供信息；

（2）沟通主体将这些信息译成沟通客体能够了解一系列符号；

（3）将上述符号通过沟通渠道传递给沟通客体；

（4）沟通客体接受这些信息；

（5）沟通客体将这些符号译为具有特定含义的信息；

（6）沟通客体理解信息的内容；

（7）沟通主体通过反馈来了解他传递的信息是否被对方准确无误地接收。

即问即答

你与人沟通中能否做到双向交流?

管理案例

跨文化沟通

在澳大利亚布里斯班市有一家大公司，该公司的员工来自 23 个不同国家和地区。由于语言、风俗习惯、价值观等千差万别，员工平时的沟通很不顺畅，误解、抱怨和纠纷不断。于是人力资源部的培训经理就对这些员工进行集中培训。考虑到这些员工大都是新雇员，培训经理首先向他们介绍了公司发展的历程及现状，并向他们解释员工守则及公司惯例，然后做问卷调查。该调查要求这些员工列出公司文化与母语国文化的不同，并列举出自进公司以来与同事在交往中自己感受到的不同态度、价值观、处事方式等，还要写出个人对同事、上司在工作中的心理期待。

问卷结果五花八门，其中最有趣的是，来自保加利亚的一位姑娘抱怨说，她发现所有同事点头表示赞同，摇头表示反对，而在保加利亚则刚好相反，所以她很不习惯。公司一位斐济小伙子则写道，公司总裁来了，大家为表示敬意纷纷起立，而他则条件反射地坐到地上——在斐济表示敬意要坐下。培训经理将问卷中的不同之处一一分类之后，再让这些员工用英语讨论，直到彼此能较好地相互理解在各方面的不同之处。经过培训，这些员工之间的沟通比以前顺畅多了，即使碰到障碍，也能自己按照培训经理的做法解决了。

讨论：培训经理为什么会取得成功?

分析：所谓“跨文化沟通”，是指拥有不同文化背景的人们之间的沟通，而文化，是一种生活方式，它是由人们发展、共享并世代相传的，它包括很多复杂要素：政治、经济、宗教、习俗、语言等。案例中员工沟通出现的问题，主要源自跨文化沟通的障碍。

培训经理很好地认识到了跨文化沟通障碍的问题，他首先向员工们介绍了公司发展的历程及现状，并向他们解释员工守则及公司惯例，为在全体员工之间形成一个通用的价值理念奠定基础。然后通过问卷调查和员工之间的深入交流，发现并解决因为语言、风俗习惯等文化差异造成的公司与员工以及员工之间的沟通障碍。这些举措首先充分尊重了员工的母语国文化和员工个人的人格尊严，并且采用互动反馈的方式激发员工参与解决问题的积极性。其次，这些措施在解决现有问题的同时，还教会员工在相互尊重和积极交流的前提下，发现并解决沟通问题的途径，可以说是“既授之以鱼，又授之以渔”，进而形成一个解决沟通障碍的良性循环。因此，培训经理成功地促成了企业、员工之间的跨文化沟通。

三、沟通的种类

(1) 按所借助的中介或手段划分：口头沟通、书面沟通、非语言沟通和电子媒介沟通等，这些沟通方式的比较如表 8 - 1 所示。

表 8 - 1　　沟通方式的比较

沟通方式	举例	优点	缺点
口头	交谈、讲座、讨论会、电话	快速传递、快速反馈、信息量很大	传递中经过层次越多信息失真越严重、核实越困难
书面	报告、备忘录、信件、文件、内部期刊	持久、有形，可以核实	效率低、缺乏反馈

续 表

沟通方式	举例	优点	缺点
非语言	声、光信号、体态、语调	信息意义十分明确，内涵丰富，含义隐含灵活	传递距离有限。界限模糊。只能意会，不能言传
电子媒介	传真、闭路电视、计算机网络、电子邮件	快速传递、信息容量大、远程传递一份信息同时传递多人、廉价	单向传递，电子邮件可以交流，但看不见表情

（2）按组织系统划分：正式沟通和非正式沟通。正式沟通：报告、请示、预算、会议等。非正式沟通：座谈、总裁接待日、员工活动等。有一些企业文化建设非常好的公司，经常运用非正式沟通，它可以起到比正式沟通更好的效果。如员工的康体活动，员工的生日会，头脑风暴会等。当然不同的企业会有不同的做法。

（3）按是否进行反馈划分：单向沟通和双向沟通。单向的沟通，不允许对方提问，也就是说一方发送信息，另一方接收信息，这种沟通的模式在我们日常工作中相当普遍。如公司的领导布置任务，或者你向其他的同事交代一项工作，让他代办等，在进行这样的单向沟通时，我们应该特别注意所选择的沟通渠道，同时也必须要特别注意接受者的接受能力，以及你是否完整地表达出了你要传达的意思。沟通在正常的情况下应该是双向的、反复的过程，由一方首先传达给另一方，另一方有什么不理解，有什么意见等，反馈回来，然后再传达，再反馈，形成一个循环往复的过程。只有做到了这些，才能保证你所传达的信息准确无误。

四、沟通的形式

1. 链式沟通（如图 8－2 所示）

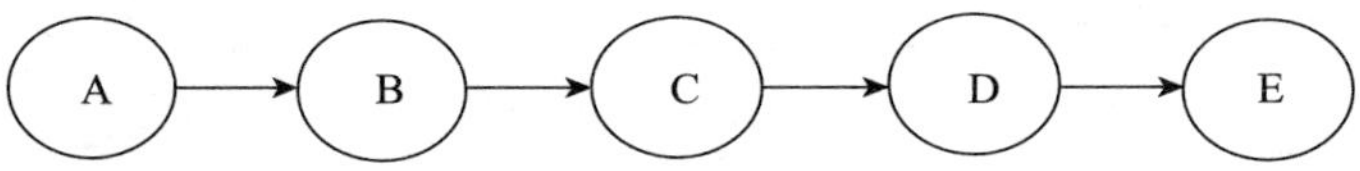

图 8－2　链式沟通

（1）传递特点：信息沟通从上到下或从下到上。

（2）组织原则：层层传递、不允许越级。

（3）后果：信息有可能失真。

2. 环式沟通（如图 8－3 所示）

（1）传递特点：信息沟通从高层到基层形成回路或反馈。

（2）组织原则：组织的集中化程度较高，畅通的渠道不多。

（3）后果：预测程度较低。

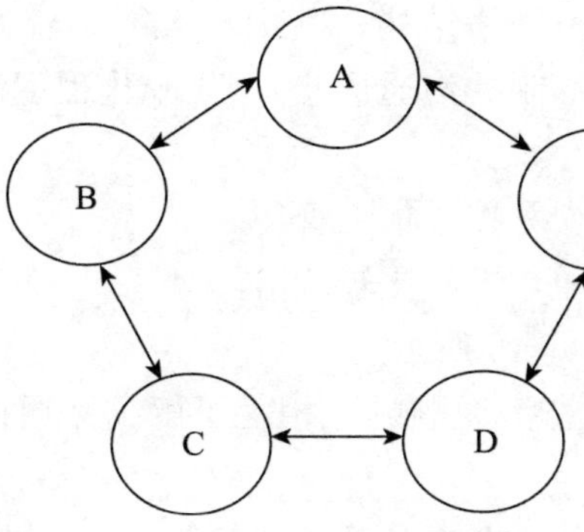

图 8－3　环式沟通

3. Y 式沟通（如图 8－4 所示）

（1）传递特点：信息通过枢纽部门传递到下级，集中化程度较高，解决问题的速度较快。

（2）组织原则：处于信息沟通的枢纽位置的部门或人员起到非常重要的作用。

（3）后果：信息有可能曲解或失真。

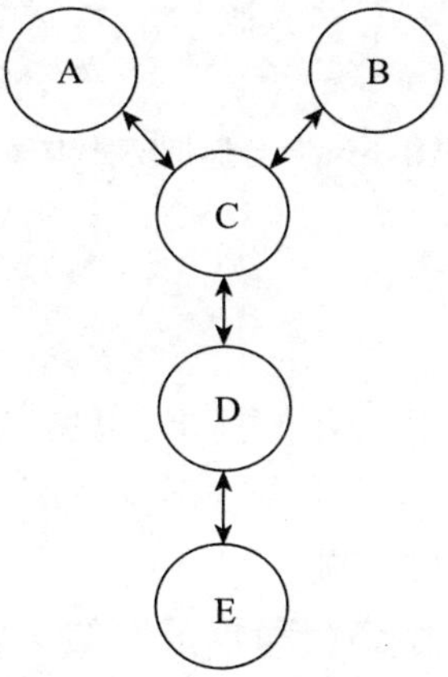

图 8－4　Y 式沟通

4. 轮式沟通（如图 8－5 所示）

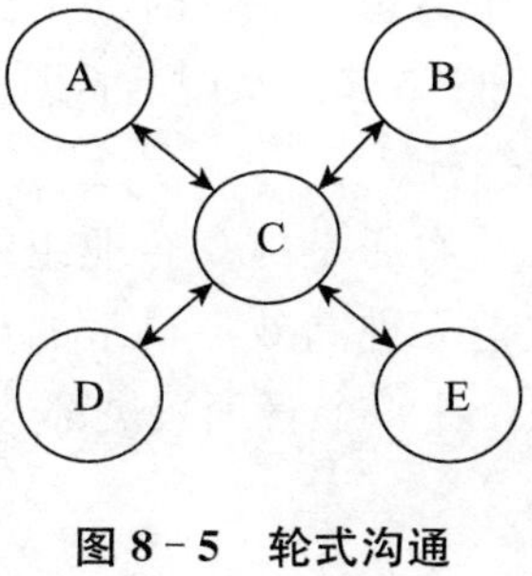

图 8－5　轮式沟通

（1）传递特点：信息沟通呈网络结构，其中1人控制着其他4个人，他是各种信息的汇集点和发布点（是事业部制的沟通形式）。集中化程度高，预测程度高，解决问题的速度快。

（2）组织原则：信息由1人掌控，集中管理。

（3）后果：成员之间不沟通，士气比较低落。

5. 全通道环式沟通（如图8－6所示）

（1）传递特点：成员间信息沟通顺畅，相互了解，互通信息，但集中化程度和领导的预测程度较低。

（2）组织原则：组织内的每1个成员都能同其他任何人进行直接交通，没有限制。

（3）后果：成员之间满意度较高，适合活动小组形式。

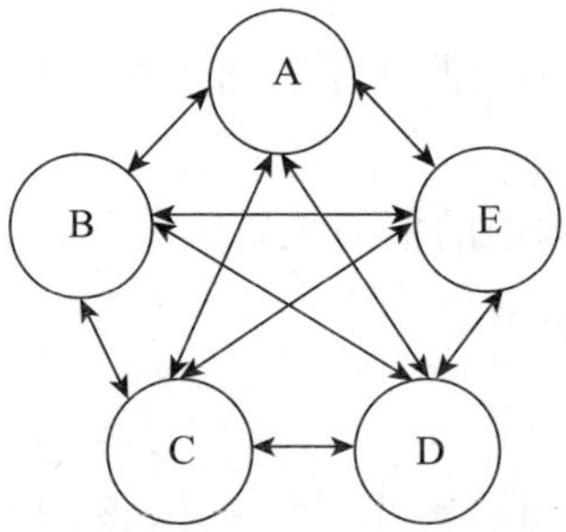

图8－6　全通道环式沟通

五、沟通的作用

（1）沟通是保证下属员工做好工作的前提。只有通过沟通让下属员工明白了他的工作目标与要求、所要承担的责任、完成工作后的个人利益之后，才能确知做什么、做到什么程度，自己选择什么态度去做。

（2）沟通是启发下属员工工作热情和积极性的一个重要方式。主管与下属经常就下属所承担的工作，以及他的工作与整个企业发展的联系进行沟通，下属员工就会受到鼓舞，就会使他感觉到自己受到的尊重和他工作本身的价值。这也就直接给下属带来了自我价值的满足，他们的工作热情和积极性就会自然而然地得到提升。

（3）沟通是下属员工做好工作的一个保障。只有通过沟通，主管才能准确、及时地把握下属员工的工作进展、工作难题，并及时为下属工作中的难题的解决提供支持和帮助。这可有助于他的工作按照要求，及时、高质量地完成，进而保证整个单位、部门，乃至整个企业的工作协调进行。

正是从这个意义上讲，有效的沟通是提高企业组织运行效益的一个重要环节。实现管理沟通规范化，也就是通过把一种高效、科学的沟通技巧和方法作为一种管理人员的具体管理行为规范确立下来，让每个管理人员都遵照执行。

管理故事

商人与渔夫一个到海边度假的商人站在一座小渔村的码头上，看到载着一个渔夫的小船靠岸。船里放着一些看起来很新鲜的大鱼，商人夸赞渔夫说他的鱼很大很新鲜，并问他捕这些鱼要花多长时间。

渔夫回答说："先生，用不了多长时间，我才驾船出海几小时而已。"商人有点困惑地说："显然你捕鱼的工夫非常好，你为何不多捕一点呢?"渔夫笑了起来："我干吗要那样做呢？我需要多余的时间做点别的事。"商人又问："那多余的时间你用来做什么?"

渔夫说："我想做什么就做什么。我跟孩子玩耍，陪老婆睡午觉，每晚到村里跟朋友喝喝小酒、唱唱歌。我的生活过得美满又充实。"

商人嘲笑地说："哦，你实在是目光短浅。"他抛出名片："我能帮助你。依我的看法，你应该每天多花一点时间打鱼，用赚的钱换一条大一点的船。不出多久，你又可以卖掉大船，再买了几艘船，最后你可以自己做生意。你必须雇更多的渔夫，当然，这你不用担心，我刚好认识人能帮你招聘渔夫。"

这时，商人忙拿出笔纸画着图表。"几年后，"他继续说，"与其把鱼卖给中间人，不如直接卖给加工厂，最后你可以自己开罐头厂。这样，你就能控制产品的生产和销售。当然，你还必须撤离这个小渔村，在市中心找个合适的地点，你知道，你必须扩大你的市场占有率。也许你会搬到更大的城市，在那里你可以完全掌握市场且不断扩大你的生意。"商人说得有点上气不接下气，他稍微停顿一下，等着渔夫对他的意见表示采纳和感激。

渔夫思考了一会儿说："先生，这要花多久时间呢?"商人忙着按计算机和在纸上做笔记，然后回答说："哦，十五到二十年吧。""先生，这然后呢?"商人笑着说："问得好，当时机对了，我会很高兴给你建议，你可以把公司上市，然后出清你手上的股票，你就会变得很有钱。你可以赚上几百万，甚至上千万。""先生，几百万几千万吗?"

渔夫揉着脸颊问道："那么，接下来呢?"商人说："嗯，最后你可以很有钱地退休，选择一个你和家人想要的生活环境，比如说，你可以搬到你喜欢的小渔村住下。你爱做什么就做什么，你可以陪孩子玩，中午陪老婆睡觉，每晚到村里和朋友喝个小酒、唱唱歌，你可以有个美满又充实的生活。"

渔夫歇了一会儿说："先生，谢谢你给我的建议，不过如果你不介意的话，我想我还是省下这十五年，过我现在的生活好了。"

启示：善于沟通的人，有着丰富的情感，一定是个耳朵灵敏的人，他总是善于心平气和地聆听周遭的各种声音，甚至去主动征求听取别人的各种意见，给自己增添智慧和力量。你善于沟通，在公司开讨论会的时候，你就会平静的竖起耳朵先认真听别人说什么，等大家都一一发言完毕，你再说话也不迟。聆听是沟通的起始，是触发沟通展开的源点，而对话一旦进行，未必就可以顺利完成。沟通终于回答，因为沟通的过程往往会提出不少问题。这些问题以间接或直接的形式被提了出来，就是为了得到满意的回答。

实训巩固

撕　纸

游戏介绍：

形式：20人左右最为合适。

时间：15分钟。

材料：准备总人数两倍的A4纸。

适用对象：所有学员。

活动目的：为了说明我们平时的沟通过程中，经常使用单向的沟通方式，结果听者总是见仁见智，个人按照自己的理解来执行，通常都会出现很大的差异。但使用了双向沟通之后，又会怎样呢，差异依然存在，虽然有改善，但增加了沟通过程的复杂性。所以什么方法是最好的？这要依据实际情况而定。沟通的最佳方式要根据不同的场合及环境而定。

操作程序：

（1）给每位学员发一张纸。

（2）培训师发出单项指令：大家闭上眼睛，全过程不许问问题，把纸对折，再对折，再对折，把右上角撕下来，转180°，把左上角也撕下来。睁开眼睛，把纸打开，培训师会发现各种答案。

（3）这时培训师可以请一位学员上来，重复上述的指令，唯一不同的是这次学员们可以问问题。

有关讨论：

（1）完成第一步之后可以问大家，为什么会有这么多不同的结果？

（2）完成第二步之后又问大家，为什么还会有误差？

考核评价

考核评价内容如表8－2所示。

表8－2　　识别沟通条件考核评价

内容		评价	
学习目标	评价内容	小组评价（5、4、3、2、1）	教师评价（5、4、3、2、1）
应知应会知识	沟通的含义		
	沟通的过程		
专业能力	沟通的种类		
	沟通的形式		
通用能力	沟通的作用		
努力方向：		建议：	

任务二 克服沟通障碍

任务情境

同样的事物，不同的理解

前些日子出差，客户的公司门口有一家宠物店，看到宠物店中有一条小狗，经过一番讨价还价，把小狗买了下来带回家去。晚上给二姐打电话，告诉她我买了一条狗，她非常高兴，马上询问狗是什么颜色，多大了，可爱吗?

晚上，大姐打电话来询问我最近的情况，小狗在我接电话的时候叫起来，大姐在电话里一听到有狗在叫，就问是否很脏，咬人吗？有没有打预防针…… 同样是对于一条狗的理解，然而不同的人反应的确差别很大。二姐从小就喜欢狗，所以一听到狗，在她的脑海中肯定会描绘出一幅一条可爱的小狗的影像。而大姐的反应却是关心狗是否会给我们带来什么麻烦，在脑海中也会浮现出一副“肮脏凶恶的狗”的影像。

任务分析

看来，同样的一件事物，不同的人对它的概念与理解的区别是非常大的。在我们日常的谈话与沟通当中也是同样的。

当你说出一句话来，你自己认为可能已经表达清楚了你的意思，但是不同的听众会有不同的反应，对其的理解可能是千差万别的，甚至可以理解为相反的意思。这将大大影响我们沟通的效率与效果。同样的事物，不同的人就有不同的理解。在我们进行沟通的时候，需要细心地去体会对方的感受，做到真正用“心”去沟通。

知识精讲

一、沟通障碍含义

所谓沟通障碍是指信息在管理活动的传递和交换过程中，由于信息意图受到干扰或误解，而导致沟通失真的现象。在人们沟通信息的过程中，常常会受到各种因素的影响和干扰，使沟通受到阻碍。

二、管理沟通障碍种类

在日常管理中，经常发生一些信息沟通上的障碍，具体表现我们可以做以下罗列。

1. 距离

上级与下级之间的物理距离减少了他们面对面的沟通。我们知道较少的面对面的沟通可能会导致误解或不能理解所传递的信息。物理距离还使得上级与下级之间的误解不易澄清。

2. 曲解

当一个人分不清实际材料和自己的观点、感受、情绪的界限时，就容易发生曲解。很多时候，我们不仅在工作层面上进行交流，也在情感层面上进行沟通，但有时上级和下级都倾向于根据自己的观点，价值观念，意见和背景来解释信息，而不是对它做客观的解释。

3. 语义

这涉及沟通语言、文字、图像、身体语言等。因为几乎所有的信息沟通都利用符号来表达一定的含义。而符号通常有多种含义，人们必须从中选择一种。有时选错了，就会出现语义障碍。比如词语这一符号，会从词的多重含义、专业术语、词语的下意识联想等方面引起沟通障碍。有一个笑话说，主人请客吃饭，眼看约定的时间已过，只来了几个人，不禁焦急地说："该来的没有来。"已到的几位客人一听，扭头就走了两位。主人意识到他们误解了他的话，又难过地说："不该走的走了。"结果剩下的客人也都气呼呼地走了。

4. 缺乏信任

这种障碍与上下级相处的经历有关。在以往经历的基础上，如果下级觉得把坏消息报告给上级于己无益，他就会隐瞒这些消息。另外，如果他觉得上级能体谅并且帮助人，他就不会把坏消息或不利信息过滤掉。

5. 不可接近性

这种障碍主要表现在上司不平易近人、高高在上，让下级仰视、不可亲近。

管理故事

某民营企业的董事长兼总裁在企业发展到一定规模之后，开始居功自傲，专横跋扈，既不能与本企业的员工进行有效的沟通，又不能与竞争对手进行协商交流，最终使企业的决策由于得不到充分有效的信息而一错再错，企业的效益连年下滑直至亏损。

三、管理沟通中"障碍"的特点

1. 针对性

管理沟通，应该是指为了达到管理的目的或目标而进行的所有沟通行为与过程。发生管理沟通障碍，是沟通双方针对特定管理目的或目标的沟通过程中所发生的障碍。如常见的答非所问。

2. 交互性

管理沟通，也是指用沟通交流的方式来完成管理的种种职能的一切活动，是沟通主体相互交流的一个过程。发生管理沟通障碍，也是沟通双方共同作用才能造成的。

3. 危害性

发生管理沟通障碍，会或多或少对组织的管理造成危害，主要有以下几个方面：①造成组织内部的不和谐；②造成组织效率低下；③造成组织决策失误；④造成组织成本上升；⑤造成组织综合竞争力下降或形象受损。

四、管理沟通中“障碍”的成因

1. 表达不清楚

具体表现在：第一管理者在沟通过程中不分对象，语言晦涩难懂，让人不知所云；第二管理者在沟通中措辞不当，中心思想表达不清楚，思想表达不严密，让人产生误解。由于表达不清楚，管理者往往需要花许多时间和精力去解释和纠正。

管理故事

某学生给学校领导写信：“新学期以来，张老师对自己十分关心，一有进步就表扬自己。”校领导感到纳闷，这究竟是一封表扬信，还是一封批评信？因为“自己”一词不知是指“老师自己”还是“学生自己”？幸好该校领导作风踏实，马上进行询问调查，才弄清这是一封表扬信，其中的“自己”乃是学生本人。

2. 缺乏尊重

管理人员在沟通中不专心、不耐心、态度不友善不真诚或总是以领导者自居等是对沟通对象缺乏尊重的表现，这些做法往往容易引起沟通对象对管理者的对抗情绪，增加沟通难度。

3. 顾虑太多

这种情况容易出现在管理者与平级或与上级沟通的时候。沟通时，管理者往往会生出许多顾虑，如沟通对象会不会生气、自己会不会挨批评、沟通对象会不会对自己有看法等。在这样的重重顾虑中，往往导致信息被粉饰后才传递，或者本应平级间沟通的信息有意推给上级，或者干脆将信息故意搁置起来不传递出去。

4. 关系不清

管理人员没有搞清自己的职权关系，职能关系和协作关系，对传递什么信息、给谁传递、什么时间传递、采用什么方式传递等含混不清，导致该受到的信息被漏掉了，该在第一时间传递出去的信息被延误了，严重影响工作效率。

五、管理沟通中“障碍”的解决方法

1. 优化沟通的渠道

在组织中，个人与个人间、群体与群体以及群体与个人间的沟通方式各不相同，而根据不同的划分标准，群体沟通又有不同的种类。按照沟通流动的方向分类，沟通分为垂直沟通、平行沟通和斜向沟通，其中垂直沟通又分为上行沟通和下行沟通。按照沟通的方式划分，可分为语言沟通和非语言沟通。按照沟通的目的不同划分为工具式沟通和情感式沟通。按照沟通的组织系统划分可分为正式沟通与非正式沟通。按照沟通是否需要中间环节可分为直接沟通和间接沟通。按照沟通的组织层次不同，又可分为个人与个人的沟通，群体与群体的沟通和个人与群体的沟通。不同的沟通方式适用于不同的组织和信息类型，如果信息沟通的渠道选择不当，必然会影响沟通的有效性。如对于涉及个人责任的重要决策，就需要“白纸黑字”的形式传达，而要避免“口说无凭”造成的麻烦。因此，要优化沟通渠道，合理选择沟通方式，择优使用。

2. 重视沟通的方法

(1) 要讲究“听”的艺术。作为一名领导者在下层工的沟通过程中，应该主动听取意见，善于聆听，只有善于听取信息才能成为有洞察力的领导者。

(2) 要讲究“说”的艺术。与人沟通，不仅要会听，还得会说，会表达自己的意见。在表达自己的意见 时，要诚恳谦虚。如果过分显露自己，以先知者自居的话，即使有好的意见，也不容易为人接受，会使人产生反感和戒备心理。

(3) 要利用反馈机制。如果要交代给别人做的事情，那么一定要让对方养成积极的回报：即回头报告。如果被别人要求做事情，事前问清楚，事后负责任。而不是事前没有问清楚。

3. 必须明确沟通目的、思路清晰、注意表达方式

在信息交流之前，发讯者应考虑好自己将要表达的意图，抓住中心思想。在沟通过程中要使用双方都理解的用语和示意动作，并恰当地运用语气和表达方式，措辞不仅要清晰、明确，还要注意情感上的细微差别，力求准确，使对方能有效接收所传递的信息。沟通要以诚相待。发讯者要心怀坦诚，言而可信，向对方传递真实、可靠的信息，并以自己的实际行动维护信息的说服力。尤其要实心实意听取不同意见，建立沟通双方的信任和感情。

4. 沟通要选择有利的时机，采取适宜的方式

沟通效果不仅取决于信息的内容，还要受环境条件的制约。如前面所分析，影响沟通的环境因素很多，如组织氛围、沟通双方的关系、社会风气和习惯作法等。在不同情况下要采取不同的沟通方式，要抓住最有利的沟通时机。时机不成熟不要仓促行事；贻误时机，会使某些信息失去意义；沟通者应对环境和事态变化非常敏感。

5. 沟通要增强下级对领导者的信任度

下级对领导者是否信任、程度如何，对于改善沟通有很重要作用。信息在社会中的传播是通过独特的“信任”和“不信任”的“过滤器”进行的。这个过滤器能起到这样的作用：如果没有信任，完全真实的信息可能变成不可接受的，而不真实的信息倒可能变成可接受的。一般来说只有受到下级高度信任的领导者发出的信息，才可能完全为下级所接受。这就要求领导者加强自我修养，具有高尚的品质和事业心，以及丰富的知识和真诚的品格。具备了这些，领导者就会赢得下级的信任，就有了有效沟通的基础。

管理故事

沿着左边走

一天他和爱人约好到市内一条商业街购物，他到达后给爱人打手机，他爱人说现在这条大街的另一端。他们又约定共同向这条商业街的中心走，他还特别交代，要沿“左边”走。可是，他一直走到街道的另一头，还是没有看到爱人的影子。他再次打手机，爱人却说她已经到了商业街的那一头了。原来，他们都是沿着自己的“左边”走过去的……

学生自检：请填写下列沟通障碍检查表（如表 8－3 所示）。

表 8－3　沟通障碍检查表

检查项目	描述你在沟通中存在的障碍	请制订改进计划
形体障碍		
心理障碍		
语言障碍		
环境障碍		
地位障碍		
人数障碍		
文化障碍		

实训巩固

迈克在一家食品加工厂的包装车间里当管理人员，玛丽是车间里贴标签的工人。玛丽刚犯了一个严重错误，包装流水线上的产品换了，却没有换上相应的标签，迈克找玛丽谈话。

迈克：“你怎么可能让这种事发生？我早就跟你说了，而且要你特别当心。”

玛丽：“当时我以为要换流水线上的产品，我会从打包工那里得到这个信息，可他什么也没对我说。”

迈克：“这不是我当时的意见，我说打包者，指的是打包机，当产品换时，它们红灯就亮了。”

玛丽：“我想我大概误解了你的意思。不管怎么说，那天你跟我说这件事时，我为母亲急得要命，她正在医院里开刀，我真没想到，贴标签会惹下那么麻烦。”

思考题：

1. 迈克传达给玛丽的信息不清楚是因为什么情况引起的？
2. 迈克当时怎样做，才能保证信息准确到位？

考核评价

考核评价内容如表 8－4 所示。

表 8－4　　克服沟通障碍考核评价

内容		评价	
学习目标	评价内容	小组评价 （5、4、3、2、1）	教师评价 （5、4、3、2、1）
应知应会知识	沟通障碍含义		
	管理沟通障碍种类		
专业能力	管理沟通障碍的特点		
	管理沟通障碍的成因		
通用能力	管理沟通障碍的解决方法		
努力方向：		建议：	

任务三　实现有效沟通

任务情境

春秋战国时期，耕柱是一代宗师墨子的得意门生，不过，他老是挨墨子的责骂。有一次，墨子又责备了耕柱，耕柱觉得自己真是非常委屈，因为在许多门生之中，大家都公认耕柱是最优秀的人，但又偏偏常遭到墨子指责，让他没面子。一天，耕柱愤愤不平地问墨子："老师，难道在这么多学生当中，我竟是如此差劲，以致要时常遭您老人家责骂吗？"墨子听后，毫不动肝火："假设我现在要上太行山，依你看，我应该要用良马来拉车，还是用老牛来拖车？"耕柱回答说："再笨的人也知道要用良马来拉车。"墨子又问："那么，为什么不用老牛呢？"耕柱回答说："理由非常简单，因为良马足以担负重任，值得驱遣。"墨子说："你答得一点也没有错，我之所以时常责骂你，也只因为你能够担负重任，值得我一再地教导与匡正你。"

任务分析

（1）员工应该主动与管理者沟通。优秀企业都有一个很显著的特征，企业从上到下都重视沟通管理，拥有良好的沟通文化。员工尤其应该注重与主管领导的沟通。一般来说，管理者要考虑的事情很多很杂，许多时间并不能为自己主动控制，因此经常会忽视与部属的沟通。更重要一点，管理者对许多工作在下达命令让员工去执行后，自己并没有亲自参与到具体工作中去，因此没有切实考虑到员工所会遇到的具体问题，总认为不会出现什么差错，导致缺少主动与员工沟通的精神。作为员工应该有主动与领导沟通的精神，这样可以弥补主管因为工作繁忙和没有具体参与执行工作而忽视的沟通。试想，故事中的墨子因为要教很多的学生，一则因为繁忙没有心思找耕柱沟通，二则没有感受到耕柱心中的愤恨，如果耕柱没有主动找墨子的行动，那么结果会怎样呢？不言而喻啦！

（2）管理者应积极与下属沟通。优秀管理者必备技能之一就是高效沟通技巧，一方面管理者要善于向更上一级沟通，另一方面管理者还必须重视与部属沟通。许多管理者喜欢高高在上，缺乏主动与部属沟通的意识，凡事喜欢下命令，忽视沟通管理。试想，故事中的墨子作为一代宗师差点就犯下大错，如果耕柱在深感不平的情况下没有主动与墨子沟通，而是采取“鸡蛋里挑骨头”，无事找事，就会适得其反，挑毛病必须实事求是，在责备的过程中要告知员工改进的方法及奋斗的目标，在“鞭打快牛”的过程中又不致挫伤人才开拓进取的锐气。

从这个故事中，管理者首先要学到的就是身为主管有权利也有义务主动和部属沟通，而不能只是高高在上简单布置任务！消极抗拒，甚至远走他方的话，一则墨子会失去一个优秀的可塑之材，二则耕柱也不可能再从墨子身上学到什么，也不能得到更多的知识了。对管理者来说，“挑毛病”尽管在人力资源管理中有着独特的作用，但是必须讲求方式方法，切不可走极端。

知识精讲

学习沟通的技巧，建立有效的沟通是我们的目标。因为沟通是一个过程，在此过程中任何参与其中的因素都可能对沟通的有效顺畅进行产生影响，所以我们在学习沟通技巧前，首先应该知道什么样的沟通才是“有效的沟通”，妨碍沟通有效进行的因素究竟有哪些。这样可以使得我们的技巧运用更有针对性，更有利于实现沟通的目标。

简单地说，所谓有效沟通就是传递和交流信息的可靠性和准确性高，它还表示组织对内外噪声的抵抗能力强。

一、有效沟通的重要性

1. 提高工作效率，化解矛盾

工作中的任何一个决策都需要有效的沟通过程才能施行，沟通的过程就是对决策的理解传达的过程。决策表达得准确、清晰、简洁是进行有效沟通的前提，而对决策的正确理解是实施有效沟通的前提。每当决策下达时，决策者要和执行者进行必要的沟通，以对决策达成共识，使执行者准确无误地按照决策执行，避免因为对决策的曲解而造成的执行失误。信息的沟通是联系群体共同目的和群体中有协作的个人之间的桥梁，良好的沟通能化解不必要的矛盾，取得事半功倍的效果。

2. 从表象问题过渡到实质问题的手段

想要解决任何问题，只有从问题的实际出发，实事求是才能解决问题。而在沟通中获得的信息是最及时、最前沿、最实际、最能够反映当前工作情况的。当我们在学习、工作中遇见各种各样的问题时，如果单纯从事物的表面现象来解决问题，不深入了解情况，接触问题本质，会给我们带来不必要的困惑和麻烦。个人与个人之间、个人与群体之间、群体与群体之间开展积极、公开的沟通，从多角度看待一个问题，那么在解决遇到的问题时就能统筹兼顾，未雨绸缪。

管理故事

有一个秀才去买柴，他对卖柴的人说："荷薪者过来！"卖柴的人听不懂"荷薪者"（担柴的人）三个字，但是听得懂"过来"两个字，于是把柴担到秀才前面。

秀才问他："其价如何?"卖柴的人听不太懂这句话，但是听得懂"价"这个字，于是就告诉秀才价钱。秀才接着说："外实而内虚，烟多而焰少，请损之。（你的木材外表是干的，里头却是湿的，燃烧起来，会浓烟多而火焰小，请减些价钱吧。）"卖柴的人因为听不懂秀才的话，于是担着柴就走了。

启示：管理者平时最好用简单的语言、易懂的言辞来传达信息，而且对于说话的对象、时机要有所掌握，有时过分的修饰反而达不到想要完成的目的。

命令的传递

1910 年美军的一次部队的命令传递是这样的。

营长对值班军官：明晚大约 8 点钟，哈雷彗星将可能在这个地区看到，这种彗星每隔 76 年才能看见一次。命令所有士兵穿着野战服在操场上集合，我将向他们解释这一罕见的现象。如果下雨的话，就在礼堂集合，我为他们放一部有关彗星的影片。

值班军官对连长：根据营长的命令，明晚 8 点哈雷彗星将在操场上空出现。如果下雨的话，就让士兵穿着野战服列队前往礼堂，这一罕见的现象将在那里出现。

连长对排长：根据营长的命令，明晚 8 点，非凡的哈雷彗星将身穿野战服在礼堂中出现。如果操场上下雨，营长将下达另一个命令，这种命令每隔 76 年才会出现一次。

排长对班长：明晚 8 点，营长将带着哈雷彗星在礼堂中出现，这是每隔 76 年才有的事。如果下雨的话，营长将命令彗星穿上野战服到操场上去。

班长对士兵：在明晚 8 点下雨的时候，著名的 76 岁哈雷将军将在营长的陪同下身着野战服，开着他那彗星牌汽车，经过操场前往礼堂。

二、有效沟通的实现

（1）明了沟通的重要性，正确对待沟通。管理人员十分重视计划、组织、领导和控制，对沟通通常有疏忽，认为信息的上传下达有了组织系统就可以了，对非正式沟通的“小道消息”常常采取压制的态度，这表明企业管理层没有从根本上对沟通给予足够的重视。

即问即答

想一想，在你生活和工作中，常用什么方式和别人一起沟通？

（2）培养“听”的艺术。对管理人员来说，“听”不是件容易的事。要较好地“听”，也就是要积极倾听。有人统计：工作中每天有四分之三的时间花在言语沟通上，其中有一半以上的时间是用来倾听的。倾听，与阅读一样，主要都是心智的活动，而不只是耳朵或眼睛的感官运动。如果在倾听的过程中没有心智的参与，那只能称为“随意地听”，而非有效地听。有效倾听是有效沟通过程中最重要的一环。

如何“听”：①听事实，关闭“内心的声音”；②听对方的情绪和感受；③保持目光接触，全神贯注地听；④不打断对方；⑤就不确认的理解与对方确定真正的意思；⑥保持开放的心态，随时准备接受不同的看法；⑦“理解”的诚意，不管对方如何差劲地传达他的信息，我决意承担100％“理解”的责任；⑧运用“同理”的技巧去倾听，设身处地想对方的感受以及他的出发点。

小知识

我们大约运用42％的沟通时间在倾听。

95％的人其实并不善于倾听。

在一天8小时内的活动中。

我们大约沟通5小时。

我们只是听大约2小时。

我们实际真正在倾听只有1小时。

我们只明白30分钟的内容。

我们只相信15分钟的内容。

我们只记得8分钟我们所相信的内容。

管理故事

张三心算很好，同事常常考他但都难不倒他。一天，张三的一位同事说，今天我要考考你，你听仔细了。“某路公共汽车上有28人，到了某站，上了18人下了3人，到了下一站，上了5人下了20人；到了下一站，上了16人，下了2人，又到了某站，上了 4 人，下了 18 人；又到了某站，上了 7 人下了 4 人，又到了某站，上了 2 人下了 5 人，又到了某站，上了 9 人下了 5 人，又到了某站，上了 6 人下了 10 人。”张三说：“你这题目简直是侮辱我的智慧，车上还是 28 人嘛。”同事说：“不，不，我想问你，这趟车共停了几个站?”

张三傻了。

启示：人们在听的时候总是在自身的立场、观点，产生了思考问题的惯性容易凭过去的知识和经验来判断。

管理故事

日本企业非常重视内部的感情沟通。公司管理人员不是终日埋头在办公室里，而是经常和下属、职工打电话或面谈。有的管理者几乎每天晚餐时都是同基层管理人员边吃饭边谈话，一些公司的高管甚至同下属工厂全体员工一起野餐、跳舞。据粗略统计，中级管理人员有 1/3～2/3 的时间花在参与下层人员的活动上，高管花的时间则高达 60%。

（3）创造一个相互信任，有利于沟通的小环境。

（4）缩短信息传递链，拓宽沟通渠道，保证信息的畅通无阻和完整性。减少组织机构重叠，在利用正式沟通的同时，开辟高层管理人员至基层管理人员的非正式的沟通渠道，以便于信息的传递。

管理故事

1941 年 12 月，日本偷袭了珍珠港，结果 1942 年，罗斯福总统在他的档案里面突然间发现一件事情，说：“哎呀，中国在去年 4 月就通知我们，日本人可能偷袭珍珠港。”第一个知道日本可能偷袭珍珠港的是中国情报部，根据情报日本人可能要发动太平洋战争，偷袭珍珠港，没有想到这么重要的一条信息却淹没在了一大堆的档案里面，等到罗斯福在第二年 4 月看到的时候，珍珠港已经偷袭完了五个月，这就叫作信息泛滥。

自从发明电脑和互联网以后，公司内的信息泛滥成灾，很多人上班的第一件事情就是打开电脑接收电子邮件，只看和回就几乎花掉两个钟头，一天到晚搞这种事情，真是太浪费时间，也太浪费精力了。因此，上班打开电子邮件的时候，不要每个都看，每个都回，先看看客户回的重要邮件即可，其他的中午再看，先把今天上班这件事做好才是最重要的。自从进入信息时代以来，每个人都在那里搞信息，好像一个个都是黄金万两的信息，其实都是一些垃圾邮件，里面 90%是没有什么意义的。这种垃圾邮件特别容易干扰我们的工作，弄得大家每天淹没在信息海洋中，最后被海水呛死了都不知道。

送报告给领导看时，这个信息要整理。一般而言，如果普通员工所看的信息是 30 页，给经理、副经理看最好就是 20 页，给总经理、副总经理看最好就是 10 页，给董事长看最好就是 5 页。这并不表示信息不愿意完整地给董事长看，而是董事长没有时间什么都看。宝洁有这么一句名言："尽量用一张纸。"所以公司送董事长、总经理、厂长等的文件上面一定要有一个摘要，不管底下有多少页，摘要一定要把重要的事情讲完。

（5）建立特别委员会，定期加强上下级的沟通。

小知识

中国文化下的向上沟通，应是尊重而不是吹捧、请示而不依赖、主动而不越权。

在向上沟通时，下属应谨记住"上下"观念，安守本分，小心自己的言行，让上司感受到尊重，不可以下犯上，当然也不必奴颜婢膝。

（6）非管理工作组。当企业发生重大问题、引起上下关注时，管理人员可以授命组成非管理工作组。

（7）加强平行沟通，促进横向交流。

管理案例

一家网站公司由于受全球经济危机的影响，公司经营受到严重打击，最后公司决定裁员。第一次裁员，地点选在公司的会议室，通知全部被裁人员到会议室开会，在会议上宣布被裁员，并且每一个人立即要拿走自己的东西离开办公室，公司所有被裁员工都感到非常沮丧，甚至包括很多留下的人也感到沮丧不已，极大地影响了公司的士气。第二次裁员的时候，公司接受上次的教训，不是把大家叫到会议室里，而是选择了另外一种方式：单独约见被裁人员到星巴克咖啡厅。在这样的环境里说出公司的决策：由于公司的原因致使他暂时失去了这份工作，请他谅解，并给他一个月的时间寻找下一份工作。这次裁员的效果和上一次相比有天壤之别，基本上所有的员工得知这个消息后，都会欣然地去接受，并且表示，如果公司需要他的时候随时可以通知，他会毫不犹豫地再回到公司。那么，这样一种方式无论是给被裁者还是仍然留在公司的员工，他们得到的不仅仅是裁员这个信息，而是感受到公司对每一位员工的情谊。两次裁员，由于选择了不同环境，所得到的效果是截然不同的。

小知识

在沟通的过程中假设谈判对手喜欢打球，不妨在会前寒暄，刻意提及；会后若有时间，邀请对方一起运动，以培养谈判气氛。请你记住，球场也是另一种谈判桌，有助谈判达成，因为在共同的交往中可以增进感情，缩小分歧；而且，你体贴入微的关怀会给对方留下深刻的印象。

实训巩固

"听与说"游戏

游戏介绍：

角色分配

(1) 孕妇：怀胎八月。

(2) 发明家：正在研究新能源（可再生、无污染）汽车。

(3) 医学家：经年研究艾滋病的治疗方案，已取得突破性进展。

(4) 宇航员：即将远征火星，寻找适合人类居住的新星球。

(5) 生态学家：负责热带雨林抢救工作组。

(6) 流浪汉。

游戏背景：私人飞机坠落在荒岛上，只有 6 人存活。这时逃生工具只有一个只能容纳一人的橡皮气球吊篮，没有水和食物。

游戏方法：针对由谁乘坐气球先行离岛的问题，各自陈诉理由。先复述前一人的理由再申述自己的理由。最后，由大家根据复述别人逃生理由的完整与陈述自身理由充分的人，自行决定可先行离岛的人。

游戏说明的道理（可以请学员一起谈看法）：

(1) 认真聆听别人的话，记住别人的想法，这样别人才会相信你，才会让你去求救。由此可见，聆听非常重要。

(2) 根据学员的表现评价：好的表达/坏的表达。

考核评价

考核评价内容如表 8－5 所示。

表 8－5　实现有效沟通考核评价

内容		评价	
学习目标	评价内容	小组评价 （5、4、3、2、1）	教师评价 （5、4、3、2、1）
应知应会知识	有效沟通含义		
专业能力	有效沟通的重要性		
	有效沟通的实现		
通用能力	学会倾听		
努力方向：		建议：	

知识巩固

一、选择题

1. 下列选项中，哪个不属于来自接收者的障碍。（　　）

A. 过度加工　　B. 表达模糊　　C. 知觉偏差　　D. 心理障碍

2. 下列选项中，哪项不属于纵向沟通的障碍。（　　）

A. 管理者展示的沟通风格与情境不一致　　B. 接收者沟通技能上的障碍

C. 猜疑、威胁和恐惧　　D. 不善倾听

3. 下面哪种沟通不属于非语言沟通。（　　）

A. 面露微笑　　B. 咳嗽　　C. 眉头紧蹙　　D. 打电话

4. 下列哪种方式不利于会议沟通形成成效。（　　）

A. 明确会议目的　　B. 限制发言时间

C. 会上分发会议文件　　D. 对参加人员有选择性

5. 沟通是管理中的黏合剂，可以理解为（　　）。

A. 沟通可以将个体与团体捆绑在一起　　B. 沟通有利于消除摩擦

C. 沟通促进个体发展　　D. 沟通不可或缺

二、简答题

1. 人们在沟通的障碍有哪些？

2. 在工作中怎样实现有效的沟通？

三、案例分析

沟通的中断

李娜是一个有着三个孩子的单身妈妈，被一个卡车运输公司雇用，做订单录入员。头两周，她被送去参加一个特殊的培训课程，每天早上 8 点到下午 4 点，在那里她学习怎样对订单进行分类、编码和输入计算机。最初有老师给她大量的指导，逐渐地她越来越熟练，越来越自信，指导就逐渐减少。李娜为拥有这个新工作而高兴，也喜欢这个时间安排培训结束以后，公司通知她下周一去订单录入部门报到。

在她最初被招聘时，也许是李娜没有阅读和理解通知书上关于她工作的时间安排，也可能是招工的人忘了告诉她，她是被招来填补从早上 4 点到中午这一特殊工作时段的。不管什么原因，李娜第一天上班时没有按早班时间报到。当她 8 点来上班时，她的主管批评她没有责任感。李娜则反驳说，她不可能上早班，因为她要照顾孩子，她威胁说如果不能上晚班就辞职。

由于公司业务紧张，劳动力市场上也很难找到合适的人选，主管很需要李娜做这份工作，但是早上 8 点到下午 4 点的班已经排满了。

思考题：

1. 分析案例中出现的沟通障碍。

2. 请说明你将如何处理这个案例中的问题。

学习情境九　合理控制

知识目标

1. 能清楚认识控制职能在管理过程的重要性及影响。
2. 能牢记控制的内容、过程及类型。
3. 清楚认识制定控制标准的程度及纠正偏差的措施。
4. 能说出控制的方法，并识别每种方法的优劣势。

能力目标

1. 根据控制的过程会处理事务并提高控制效率。
2. 能运用控制的方法解决实际问题。
3. 能根据案例资料制定合适、可用的控制标准。
4. 能根据案例选择合适的控制方法并制订解决方案。

一般地讲，控制过程是管理过程的最后一个阶段，对组织实施的活动能否与计划方案相一致起保证和监督作用。它和计划、组织、人员配备、领导等职能一起构成有效管理的五大职能。下面举一个例子：

美国有一家公司，规模虽然不大，但以极少炒员工鱿鱼而著称。有一天，资深车工杰瑞在切割台上工作了一会儿，就把切割刀前的防护挡板卸下放在一旁。没有防护挡板，虽然埋下了安全隐患，但收取加工零件会更方便、快捷一些，这样杰瑞就可以赶在中午休息之前完成三分之二的零件了。不巧的是，杰瑞的举动被无意间走进车间巡视的主管逮了个正着。主管雷霆大怒，令他立即将防护板装上之后，又站在那里大声训斥了半天，并声称要作废杰瑞一整天的工作。第二天一上班，杰瑞就被通知去见老板。老板说："身为老员工，你应该比任何人都明白安全对于公司意味着什么。你今天少完成了零件，少实现了利润，公司可以换个人换个时间把它们补起来，可你一旦发生事故、失去健康乃至生命，那是公司永远都补偿不起的……

离开公司那天，杰瑞流泪了，工作了几年时间，杰瑞有过风光，也有过不尽如人意的地方，但公司从没有人对他说不行。可这一次不同，杰瑞知道，这次违反的是公司灵魂的东西。

在管理实践中，管理者必须高度警觉那些看起来是个别、轻微却触犯了公司核心价值的"小的过错"，并坚持严格依法管理，实现有效控制。那么，要实现有效的控制，我们就该分析控制的过程，掌握控制的方法。下面，我们一起进入情境九合理控制。

任务一　分析控制过程

任务情境

魏文王问名医扁鹊说：“你们家兄弟三人，都精于医术，到底哪一位医术最好呢?”扁鹊回答说：“大哥最好，二哥次之，我最差。”

文王再问：“那么为什么你最出名呢?”

扁鹊答说：“我大哥治病，是治病于病情发作之前。由于一般人不知道他事先能铲除病因，所以他的名气无法传出去，只有我们家里的人才知道。我二哥治病，是治病于病情刚刚发作之时。一般人以为他只能治轻微的小病，所以他只在我们的村子里才小有名气。而我扁鹊治病，是治病于病情严重之时。一般人看见的都是我在经脉上穿针管来放血、在皮肤上敷药等大手术，所以他们以为我的医术最高明，因此名气响遍全国。”

文王连连点头称道：“你说得好极了。”

任务分析

事后控制不如事中控制，事中控制不如事前控制，可惜大多数的事业经营者均未能体会到这一点，等到错误的决策造成了重大的损失才寻求弥补。弥补得好，当然是声名鹊起，但更多的时候是亡羊补牢，为时已晚。对企业高级领导来说，最重要的才能莫过于能作出正确的判断，而这种特殊才能将是电脑永远无法取代的。

知识精讲

一、控制的含义

广义上的控制，是指除计划以外的所有保证计划实现的管理活动，包括组织、领导、创新等一系列活动。

狭义上的控制，是指继计划、组织、领导之后，按照计划标准衡量计划完成情况和纠正偏差，确保计划目标完成的一系列活动。

本书从管理层面对控制下定义，所谓控制是指管理者为了保证实际工作与计划的要求相一致，按照既定的标准，对组织的各项工作进行检查、监督和调节的管理活动。

把握这一概念，必须注意：

(1) 控制是一项有目的的管理活动，即防止问题的发生，确保计划的执行和组织目标的达成。

(2) 控制是通过“监督”和“纠偏”来实现的。

（3）控制是一个过程，即一个发现问题、分析问题和解决问题的过程，如图 9－1 所示。

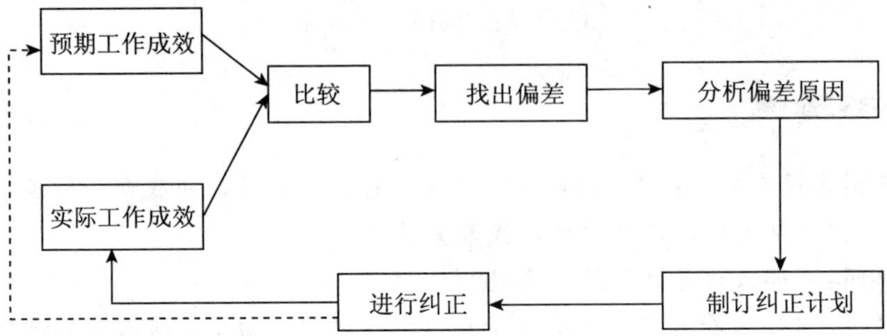

图 9－1　控制的反馈回路

管理故事

破窗效应

美国斯坦福大学心理学家菲利普·辛巴杜（Philip Zimbardo）于 1969 年进行了一项实验，他找来两辆一模一样的汽车，把其中的一辆停在加州帕洛阿尔托的中产阶级社区，而另一辆停在相对杂乱的纽约布朗克斯区。停在布朗克斯的那辆，他把车牌摘掉，把顶棚打开，结果当天就被偷走了。而放在帕洛阿尔托的那一辆，一个星期也无人理睬。后来，辛巴杜用锤子把那辆车的玻璃敲了个大洞。结果呢，仅仅过了几个小时，它就不见了。以这项实验为基础，政治学家威尔逊和犯罪学家凯琳提出了一个“破窗效应”理论，认为：如果有人打坏了一幢建筑物的窗户玻璃，而这扇窗户又得不到及时的维修，别人就可能受到某些示范性的纵容去打烂更多的窗户。久而久之，这些破窗户就给人造成一种无序的感觉，结果在这种公众麻木不仁的氛围中，犯罪就会滋生、泛滥。

启示：从“破窗效应”中，我们可以得到这样一个道理：任何一种不良现象的存在，都在传递着一种信息，这种信息会导致不良现象的无限扩展，同时必须高度警觉那些看起来是偶然的、个别的、轻微的“过错”，如果对这种行为不闻不问、熟视无睹、反应迟钝或纠正不力，就会纵容更多的人“去打烂更多的窗户玻璃”，就极有可能演变成“千里之堤，溃于蚁穴”的恶果。就如刘备那句话，勿以善小而不为，勿以恶小而为之。

即问即答

破窗效应与控制有何关联？

二、控制的内容

控制作为管理的重要职能，是由管理者来承担的。美国管理学家斯蒂芬·罗宾斯（Stephen P. Robbins）认为控制的内容主要有以下几个方面。

1. 人员控制

管理者是通过他人的工作来实现其目标的。为了实现组织的目标，管理者需要且必须依靠下属员工，并确保员工按其所期望的方式工作，而这就有赖于对人员的控制。对人员控制最常用的方法有两种：一是直接巡视，及时发现问题，随时予以纠正；二是评估员工的工作表现，有针对性地予以奖罚，同时采取相应措施，纠正出现的行为偏差。

2. 财务控制

每个企业的首要目标都是获得一定的盈利。为了达到这一目标，维持企业的生存与发展，所以需要进行财务控制，包括控制成本费用水平、审核财务报表等。

3. 作业控制

作业控制，就是对组织的生产作业过程以及资源转换过程进行的控制。一个组织的成功与否，在很大程度上取决于它在生产产品或提供服务的能力上的效率和效果，因此，作业控制也是管理控制的重要内容。常见的如生产控制、质量控制、库存控制和成本控制等。

4. 信息控制

信息是一种重要的资源，管理者需要信息来完成他们的工作，然而不精确的、不完整的、不及时的信息会严重阻碍他们的行动，降低组织的效率。因此，就需要在组织内开发和建立一个管理信息系统，以便能为管理者提供及时、充分和可靠的信息服务。

5. 组织绩效控制

组织绩效是组织上层管理者的控制对象。由于组织目标的达成与否都要从这里反映出来的，因而不论是组织内部的管理者，还是组织外部的相关人员与机构，对此都高度关注，并都在为如何科学衡量组织绩效的高低做着不懈的努力。

管理故事

春秋时期，楚国令尹孙叔敖在苟陂县一带修建了一条南北水渠。这条水渠又宽又长，足以灌溉沿渠的万顷农田，可是一到天旱的时候，沿堤的农民就在渠水退去的堤岸边种植庄稼，有的甚至还把农作物种到了堤中央。等到雨水一多，渠水上进，这些农民为了保住庄稼和渠田，便偷偷地在堤坝上挖开口子放水。这样的情况越来越严重，一条辛苦挖成的水渠，被弄得遍体鳞伤，面目全非，因决口而经常发生水灾，变水利为水害了。

面对这种情形，历代苟陂县的行政官员都无可奈何。每当渠水暴涨成灾时，便调动军队去修筑堤坝，堵塞漏洞。后来宋代李若谷出任知县时，也碰到了决堤修堤这个头疼的问题，他便贴出告示说，“今后凡是水渠决口，不再调动军队修堤，只抽调沿渠的百姓，让他们自己把决口的堤坝修好。”这布告贴出以后，再也没有人偷偷地去决堤放水了。这是为什么呢？

启示：有的企业可能因为行业的原因，员工的素质都不太高，遇到这种情况即使你说明了利害他还是会为了自己的利益偷偷地去做一些损公肥私的事情，怎么办？严格有效的监督控制机制的建立就显得非常重要了。以人管理，总是有漏洞可循的，因为人都是有弱点、有感情的。动物之间哪怕是猫和老鼠相处久了也会有感情也会相安无事。而制度呢？却能起到人所不能起到的作用。

当制度都不能发挥作用的时候，就只有利用李若谷的办法，以子之矛攻子之盾，当他发现这样做得到的好处还不如他损失的多的话，他自然也就不会再去做这样的事情了。所以说，不管具体用什么方法来执行，制定一套安全有效的内部控制制度是非常必要的。一个没有制度的企业只是一个货堆。

三、控制的过程

尽管控制的类型多种多样，控制的对象不同，但控制的基本过程是相同的。控制过程分为制定控制标准、衡量绩效和纠正偏差三个阶段。

1. 制定控制标准

这是控制过程的第一步。虽然我们说计划是控制的依据，但由于计划只是对工作目标及行动方案的总体规划和安排，不可能十分详尽具体，因此，管理者实施控制的第一个步骤便是以计划为基础，制定出控制工作所需要的标准。它们是衡量工作成果的规范，是在一个完整的计划中选出的计量工作成果的“控制点”。

（1）控制标准的类型。标准的类型很多，可以是定量的，也可以是定性的，但一般情况下，控制标准应尽量数字化和定量化。

以工商企业为例，目前，经常使用的主要有以下几种类型的标准：

①时间标准；

②生产力标准；

③消耗标准；

④质量标准；

⑤行为标准。

当然，这只是一个总体的表述，对不同的组织、不同的计划、不同的控制环节，控制标准也会而且应当有所不同。

管理故事

黑人的三个愿望——让员工知晓绩效目标

一个黑人行走在茫茫的沙漠之中，由于迷路多日，他准备的水早已一滴不剩，口干舌燥地行走，即将渴死。就在生与死的边缘，他幸运地捡到了一个神灯，他有气无力地搓揉着神灯，片刻之后，他的眼前出现了一个形状怪异的灯神。

灯神感恩戴德地对他说：“主人，我在这灯中囚禁了千年，幸亏遇到了你，我才逃了出来，为了报答你的恩德，我可以满足你的三个愿望。”

濒死的黑人突然恢复了生气，他迫不及待地许愿：“第一，我希望每天都有水喝；第二，我希望自己的皮肤变得很白，而不是现在黝黑的样子；第三，我希望每天都能看到女人的屁股。”

黑人说完他的三个愿望，只听见“轰轰”的一声巨响，黑人变成了一个“马桶”！

启示：虽然变身为马桶完全匹配黑人的三个愿望，但是这肯定不是黑人在许愿之时所构想的梦想图景。因为目标阐述的不明确，此时的黑人只能祈祷灯神再额外赠给他第四个愿望了。

（2）确定标准的方法——三种常用方法。

①统计方法，即根据企业的历史数据或对比同类企业的水平，运用统计学的方法确定有关标准——统计标准，它常用于制定与企业的经营活动和经济效益有关的标准。

②工程方法，即以准确的技术参数和实测的数据为基础来确立有关标准——工程标准，它主要用于测定生产定额标准。

③经验估计法，即由有经验的管理人员凭经验来制定标准，它是一种带有浓厚主观判断色彩的方法，一般用作上述两种方法的补充。

（3）关键控制点的选择。由于在组织系统的运营过程中，要想衡量所有的活动不仅不现实，而且也不必要。因而，对于管理者而言，他要做的并不是去观测所有的活动，而是挑选出一些关键的控制点，并通过它们对全部活动内容进行控制，以确保整个运作过程符合计划要求。

关键控制点的“关键性”在于该因素对整个运作过程及其结果的影响大小，它可能是经营活动中的一些限制因素，也可能是能够使计划更好地发挥作用的因素。

选择关键控制点的能力是管理者必须具备和掌握的一种能力或艺术，有效的控制在很大程度上就取决于这种能力。

管理故事

牵牛要牵牛鼻子

从前有两兄弟，哥哥好吃懒做、贪得无厌，弟弟聪明伶俐、勤劳朴实。他俩因家庭不和闹分家。家中的财产因哥哥狂吃滥赌已经挥霍得差不多了，剩下的东西也大都被哥哥独霸了去。有一头大水牛是弟弟从小喂养大的，哥哥还想一口独吞，弟弟当然不肯。哥哥欺负弟弟年轻力气小，出了个鬼主意，说谁能拉得动牛跟着走，牛就归谁。弟弟虽然知道哥哥的用心，但是他想，哥哥力气虽然大，可他笨得要命，平时连摸都没有摸过牛，并不见得就能拉得动牛，于是就答应了。接着，哥哥又提出要由他先拉，弟弟也同意了。不过，弟弟也向他提出一个条件，要请一位长辈来秉公评判，哥哥也只好答应了。开始拉牛了，哥哥把牛上上下下打量了一番，端详着从哪里下手。他想，牛尾巴长长的最好抓，凭着自己的一身力气，只要抓住它用力一拉，大水牛自然就归他了。可是，事与愿违，他使尽了全身力气，大水牛却纹丝不动。他哪里肯罢休，一次不行就拉第二次、第三次，不停地拉，直到累得筋疲力尽了才撒手。这下轮到了弟弟，他早已胸有成竹，不慌不忙地走到牛跟前，抓住挂在牛鼻子上的铜圈往前轻轻一拉，牛就乖乖地跟他走了。最后这头牛当然判给了弟弟。

启示：关键点的确定需要有丰富的经验和敏锐的观察力。一般关键点都是目标实施过程中的重要组成部分，它可能是计划实施过程中最容易出现偏差的点，所以关键控制点的选择事关重要。

即问即答

回顾现实生活中，同学们在做一件事情的时候是否抓住了关键点呢？

2. 衡量绩效

有了完整的控制标准体系，第二步就是如何采集有关的信息，并据此对实际工作情况做出分析与评价，即衡量绩效。

在这里，关键是信息的收集与反馈。为了确保控制的及时、有效，信息必须满足以下基本要求，即准确性、及时性、可靠性和适用性。

在实际工作中，下列几种信息常被用于衡量实际工作的成效：①个人观察；②统计报告；③口头汇报和书面报告。

在此基础上，应对实际工作成效进行分析评估，即通过与标准的比较，判定以下几方面。

（1）实际与计划之间有无偏差？

（2）如果有偏差，是什么性质的偏差——正偏差或负偏差？

（3）偏差是否超出了允许的范围？

（4）引发偏差的原因是什么？一般来说，导致产生偏差的原因不外乎三种：其一是计划或标准本身是基于错误的假设和预测，因而本身就不科学、不合理；其二是组织内部因素的变化，如营销工作不力、生产人员工作懈怠等；其三是组织外部环境的变化，如宏观经济的调整等。

3. 纠正偏差

这是控制过程的第三个或最后一个步骤。由于偏差是由标准与实际工作成效的差距产生的，因此，纠正偏差的方法也就主要有两种：改进工作绩效和修订标准。

（1）改进工作绩效。如果分析表明，偏差是源于实际工作绩效的不足，则管理者就应该采取纠正行动，努力提高工作绩效。这种针对绩效不足的纠正行动可以是组织中的任何管理行动，但按行动效果的不同，可将其归并为两大类：立即纠正行动和彻底纠正行动。

上述两种纠正行动，前者重点纠正的是偏差的结果，而后者重点纠正的是偏差的原因。因此，在实际工作中，管理者应注意灵活地加以运用，特别注意不应满足于“救火式”的立即纠正行动，而忽视从事物的原因入手，采取彻底纠正行动，杜绝偏差的再度发生。

无数的事实证实，作为管理者，老是热衷于“头痛医头，脚痛医脚”，尽管也能收到一些表面的、一时的成效，但由于忽视了分析问题的深层原因，不从根本上采取纠正行动，最终将难逃“被煮青蛙的命运”。

（2）修订标准。工作中的偏差有时也可能源于不切实际的标准。因为标准定得过高或过低，即使其他因素都发挥正常，偏差也难以避免。此时，值得注意是标准，而不是工作绩效。

采取管理行动是控制过程的最终实现环节，也是其他管理工作与控制工作的连接点，很大一部分管理工作都是控制工作的结果。纠正偏差过程如图 9－2 所示。

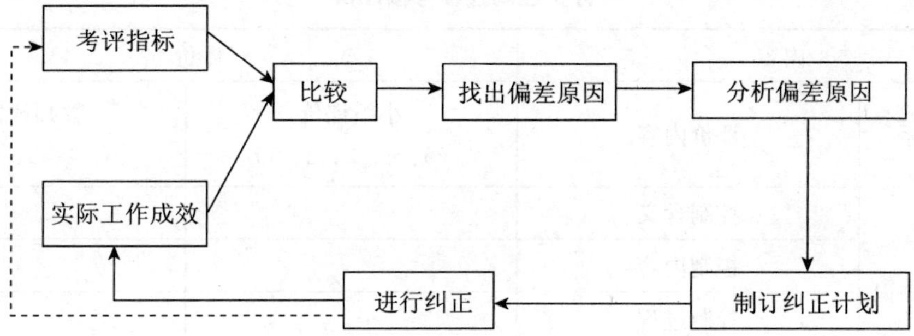

图 9－2　纠正偏差流程过程

即问即答

试用控制理论，从学校、教师和学生三个方面来进行分析，怎样才能使大学生的到课率保持在较高的水平。

实训巩固

控制职能在管理过程中的运用与分析

1. 实训目的

（1）增强对控制职能的感性认识。

（2）能熟练掌握并运用控制过程在现代企业控制中的应用，企业管理者应如何有效地利用控制职能，提高分析问题和解决问题的能力。

2. 实训内容和要求

（1）将每个班级分成若干个小组，分别到企事业单位中、互联网或报纸杂志中，寻找或收集我国国企、民企及中外合资和外商独资企业进行有效控制的成功典范或失败教训的案例或资料。

（2）各小组运用自己所掌握的控制职能的种类及其有效控制过程，分析作为企业的管理者应该如何提高控制在管理中的地位和作用。

3. 实训考核

（1）写成简要的实践小结和详细分析的书面报告。

（2）到事业单位进行一次交流和讨论，在班级里组织一次实践经验心得交流会。

（3）各小组推选一名代表发言，专业教师应根据各小组发言情况、分析报告与讨论表现进行评估，给各小组评价实践小结。

考核评价

考核评价内容如表 9－1 所示。

表 9－1　　分析控制过程考核评价

内容		评价	
学习目标	评价内容	小组评价（5、4、3、2、1）	教师评价（5、4、3、2、1）
应知应会知识	控制含义		
	控制内容		
	控制过程		
	控制方法		
专业能力	制定控制的标准		
	采取纠纷预防措施		
通用能力	培养预防控制能力意识		
	培养事后控制处理问题程序		
努力方向：控制方法应用		建议：	

任务二　选择控制的方法

任务情境

七个和尚分粥的故事

从前，山上的寺庙有七个和尚，他们每天分食一大桶粥，可是每天可以分食的粥都不够。为了兼顾公平，使每个和尚都基本能吃饱，和尚们想用非暴力的方式解决分粥的难题。

一开始，他们拟定由一个小和尚负责分粥事宜。但大家很快就发现，除了小和尚每天都能吃饱，其他人总是要饿肚子，因为小和尚总是自己先吃饱再给别人分剩下的粥。

于是，在大家的倡议下又换了一个小和尚，但这次却变成只有小和尚和主持碗里的粥是最多最好的，其他人五个人能够分得的粥就更少了。

饿得受不了的和尚们提议大家轮流负责分粥，每天轮一个。这样，一周下来，他们只有一天是饱的，就是自己分粥的那一天，其余六天都是肚皮打鼓。

大家对这种状况不满意，于是又提议推选一个公认道德高尚的长者出来分粥。开始这位德高望重的人还能基本公平地分粥，但不久他就开始为自己和挖空心思讨好他的人多分，使整个小团体乌烟瘴气。

这种状态维持了没多长时间，和尚们就觉得不能够再持续下去了，他们决定分别组成三人的分粥委员会和四人的监督委员会，这样公平的问题基本解决了，可是由于监督委员会提出多种议案，分粥委员会又屡屡据理力争，互相攻击扯皮下来，等分粥完毕时，粥早就凉了。

最后，他们总结经验教训，想出一个办法，就是每人轮流值日分粥，但分粥的那个人要等到其他人都挑完后再拿剩下的最后一碗。令人惊奇的是，在这个制度下，7只碗的粥每次都几乎是一样多，就像用科学仪器量过一样，这是因为每个主持分粥的人都认识到，如果7只碗里的粥不一样，他确定无疑将享用分量最少的那碗，这样从此和尚们都能够均等地吃上热粥。

任务分析

正如和尚分粥，最后大家普遍满意的方案，其实和最初的方法差不多，只是多了道挑选的程序，但却得到了一致满意的结果，这个方案花费了最低廉的成本，既实现了对权力的约束又为各人带来了实实在在的好处。不管选择何种分配方法，关键在于实施方案的过程中是否进行了有效控制。下面我们来看看最“人道”的船长。

澳大利亚从前只有土著人住，后来英国把澳大利亚当作流放犯人的地方，这些犯人代代繁衍，就形成了今天的澳大利亚国。而在运送犯人的途中，发生了这样的一个故事：承担运送犯人任务的是私人船主，他们接受政府委托，自然也收取相应的费用。开始，英国政府按上船人数付给费用。于是，船主们为了牟取暴利，想尽种种办法虐待犯人，克扣犯人食物，甚至把犯人活活扔下海，导致运输途中犯人的死亡率最高达94%。后来英国政府改变付款规则，按照活着到达目的地的人数付费。于是，船主们又想尽办法让更多犯人活着到达澳大利亚，甚至有船主还聘请随船医生，犯人的死亡率最低降到1%。

所以要进行有效的控制，我们首先得清楚控制的类型及方法。

知识精讲

一、控制的类型

（一）按控制的时点不同分类

按控制的时点不同，可以将控制分为前馈控制、现场控制、反馈控制三种类型。

1. 前馈控制

前馈控制又称预先控制或事前控制，它是在实际工作开始之前进行的控制，是指为增加将来的实际结果达到计划预期效果的可能性，而事先进行的管理活动。

前馈控制的着眼点是防患于未然，首先是要防止不符合标准的资源投入，避免因资源投入不当而造成工作偏差；其次通过有关工作，引导人们采取必要的预防措施，防止问题的发生。也就是说，前馈控制是要控制原因，而不是控制行动结果。

2. 现场控制

现场控制又称同期控制、过程控制、事中控制、同步控制、跟踪控制，是指对正在进行的工作过程进行的监督和指导，借以保证活动按照既定的政策、程序和方法进行。

现场控制一般都在工作现场进行，主要由基层管理者承担，其主要职能：一是技术性指导；二是监督。

现场控制的效果主要取决于控制者的个人素质、个人作风、表达方式以及下属的理解程度等，其中，控制者的“言传身教”至关重要。

3. 反馈控制

反馈控制又称事后控制，即对活动的结果——活动的最终结果和中间结果进行的控制，它是一种最主要也是最传统的控制方式。

反馈控制具有稳定系统、跟踪目标和抗干扰的特性，这使得它可以用来改善管理控制工作，提高工作效率，因而反馈控制在现实生活中的应用十分普遍。但反馈控制存有一个重大的缺陷，即实施控制时，整个活动已经结束，活动中出现的偏差已在系统内造成损害，并且已无法弥补或避免，也就是说，它只能在事后发挥作用，类似于“亡羊补牢”，如图 9 - 3 所示。

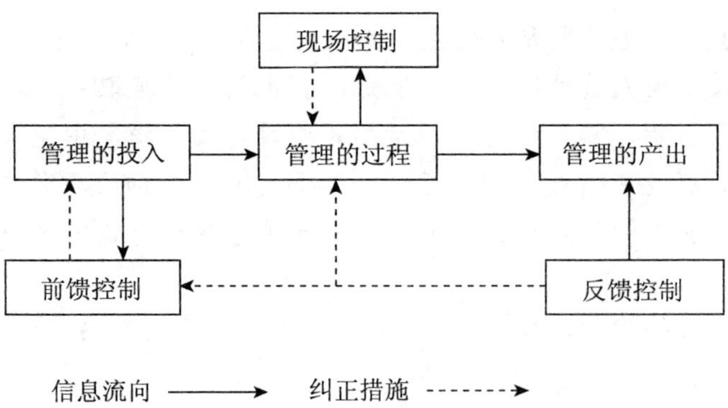

图 9 - 3　前馈控制、现场控制和反馈控制

即问即答

1. “治病不如防病，防病不如讲卫生”，说的是哪种控制?

2. 超市经理为了提高专场的服务质量，聘请有关专家对销售人员进行现场指导，请问这是哪种控制？

（二）按控制的方式不同分类

按控制的方式不同分类，可以分为直接控制和间接控制两种类型。

1. 直接控制

管理中的直接控制是指主要通过行政命令和手段对被控制对象直接进行控制的一种方式。直接控制主要是对人的控制，是一种对偏差产生源头的控制。

2. 间接控制

间接控制是指通过检查结果追查偏差发生的原因，然后找到责任者，督促其改变操作行为的一种控制方式。间接控制主要是对事的控制。

（三）按控制的结构不同分类

按控制的结构不同分类，可以分为分散控制、集中控制和分层控制三种类型。

1. 分散控制

分散控制是由若干分散的控制机构来共同完成组织目标的一种控制方式。

2. 集中控制

集中控制是由一个集中控制机构对整个组织进行控制的一种方式。

3. 分层控制

分层控制是把分散控制与集中控制结合起来的一种控制方式。

（四）按控制源不同分类

按控制源不同分类，可以分为正式组织控制、群体控制和自我控制三种类型。

1. 正式组织控制

正式组织控制是由管理者设计和建立起来的一些机构或规定来进行的一种控制方式。

2. 群体控制

群体控制是由非正式组织基于群体成员的价值观念和行为准则来加以维持的一种控制方式。

3. 自我控制

自我控制是个人有意识地去按某一行为规范进行的一种控制方式。

管理故事

有位客人到某人家里做客，看见主人家厨房的灶上烟囱是直的，旁边又有很多木材。客人告诉主人说："烟囱要改曲，木材须移去，否则将来可能会导致厨房火灾。"主人听了不以为然，没有做任何表示。

不久主人家厨房果然失火，四周的邻居赶紧跑来救火，最后火被扑灭了，于是主人烹羊宰牛，宴请四邻，以酬谢他们救火的功劳，但是并没有请当初建议他将木材移走、烟囱改曲的客人。

有人对主人说："如果当初你听了那位先生的话，今天也不用准备筵席了，而且没有火灾的损失，现在论功行赏，原先给你建议的人没有被感恩，而救火的人却是座上客，真是很奇怪的事呢!"

主人顿时省悟，赶紧去邀请当初给予建议的那位客人来吃酒。

启示：一般人认为，足以摆平或解决企业经营过程中的各种棘手问题的人，就是优秀的管理者，其实这是有待商榷的。俗话说："预防重于治疗。"能防患于未然之前，更胜于治乱于已成之后。由此观之，企业问题的预防者，其实是优于企业问题的解决者。

习以为常的生活方式，也许是最有危险的生活方式。因为习惯了的东西很难改变，而当你觉醒时，往往是回天乏术了。

即问即答

"救火"与"防火"的关键各是什么?

二、预算控制法

1. 预算和预算控制的含义

预算控制法是管理控制中使用最广的一种控制方法。预算是以货币或实物量来表示的计划，是计划的具体化，它为控制提供了明确的标准。

预算控制是根据预算规定的收支标准检查和监督各部门的活动，以保证各种活动或各部门在完成既定目标、实现利润的过程中对资源的利用，从而使费用支出受到严格有效的约束。

2. 预算的种类

预算的种类主要有以下几种。

(1) 收支预算。它是以货币单位表示的组织的收入和费用支出计划。收入预算是支出和赢利预算的基础，应尽可能涉及各方面收入的量和时间。费用支出项目往往多且杂，在编制时，各种可能产生的费用开支均应尽可能地考虑，并安排一笔适当的不可预见费，以应付一些额外的开支。

(2) 现金预算。对组织在未来一定时期内的现金收入与支出的预测和计划。可以此衡量实际现金使用情况，以求得现金收支平衡，并与长期计划结合考虑。

(3) 实物量预算。它指以时间、空间、原材料消耗量等为计量单位的预算。它可作为货币收支预算的补充和印证。实物量不仅指实物产量，也指直接工时、机台时数、占用场地面积、产品产量、原材料数量、劳动力消耗量等。

(4) 投资预算。也叫基本建设费用预算或资本支出预算，指组织固定资产投资运用情况的预算，包括投资于厂房、机器设备等各项设施，增加固定资产各项支出。投资一般数额较大，回收时间较长，预算时要慎重考虑，并与长期计划结合考虑。

(5) 资产负债预算（资金预算）。主要用于预测企业的资产、负债、所有者权益及其相互关系。利用该资料可了解企业拥有或控制的资产总额及构成、负债和所有者权益状况，评价企业的偿债能力和筹资能力，分析财务结构和负债合理程度，预测未来财务状况和财务安全程度等。

管理案例

程某是一家有一定规模的中小企业的经营者，这几年在艰难的创业过程中渡过了一个又一个难关、克服了一个又一个困难，及时抓住了市场机遇，使企业在很短的时间内得以迅速成长壮大。但是，随着企业规模的不断扩大，管理上常显得捉襟见肘：明明账上有利润，但在接一项重要订单时，突然发现资金周转不过来；在进行某一业务时，总认为会有一定的利益，但结果又往往与预想不符。

李某经营着一家化工厂，生意做得红红火火的，有了一定的资金积累。这几年看到房地产赚钱，于是投资办了一家房地产公司，但楼盖到一半，突然发现钱不够用。原因是每一项工程费用都超出计划费用，原已筹集的资金已不敷使用，而银行看到该公司停工，也不再给予发放贷款，原来的贷款又到了期，李某焦头烂额。

讨论：以上两个例子发生的原因是什么？产生这些问题的症结到底在哪儿？

分析：程某、李某之所以会发生以上问题，原因是多方面的，而这和他们没有预算意识、没用预算控制好企业有直接关系。作为一个企业的经营者，必须对预算敏感，要牢记预算中的各种数字，学会运用预算控制企业。要将预算的各种指标分解到各年度、各部门，自新年1月1日开始，就用新的预算控制企业。做到天天看预算、周周评预算、月月结预算。

三、成本控制

成本控制，是企业根据一定时期预先建立的成本管理目标，由成本控制主体在其职权范围内，在生产耗费发生以前和成本控制过程中，对各种影响成本的因素和条件采取的一系列预防和调节措施，以保证成本管理目标实现的管理行为。

管理故事

日本太阳公司为提高开会效率，实行开会分析成本制度。每次开会时，总是把一个醒目的会议成本分配表贴在黑板上。成本的算法是：会议成本＝每小时平均工资的3倍×2×开会人数会议时间（小时）。公式中平均工资所以乘3，是因为劳动产值高于平均工资；乘2是因为参加会议要中断经常性工作，损失要以2倍来计算。因此，参加会议的人越多，成本越高。有了成本分析，大家开会态度就会慎重，会议效果也十分明显。

如何节约时间，以最大限度地提高企业工作效率并节约成本是摆在各企业管理者面前的一个不容忽视的问题，很多企业，特别是国企，时常会把时间和精力浪费在无休止、无意义的会议上。我们这里倒不是说企业不开会更好。会议是一个企业统一思想、整顿形象的关键环节，可如果把更多的时间花在喊口号上，职工们还有时间去做自己的工作吗？会是要开的，一周开一次例会就差不多了。而且在开会时，要落实到具体的问题上。如果开一次会只是为了在会议室打一阵子瞌睡，喝两杯茶，这只能说明这次会议只是走了一下形式。

启示：聪明的老板是不愿看到一群不认真做事的下属的。这就要求公司培养高素质的员工，让他们设身处地地为公司着想，珍惜每一分钟，哪怕是开会的那几十分钟。即使没有发言，只要他在认真地听，已说明他是个认真干事的人了。公司有了这样的人，还愁打不下一片好江山吗？许多人做事，通常会因为中途的插曲而忘记最原始的目的。

四、作业控制

1. 库存控制

库存控制应该是为了达到公司的财务运营目标，特别是现金流运作，通过优化整个需求与供应链管理流程（Supply Chain Management Processes），合理设置企业资源计划控制策略，并辅之以相应的信息处理手段、工具，从而实现在保证及时交货的前提下，尽可能降低库存水平，减少库存积压与报废、贬值的风险。

小知识

零库存（Zero Inventory）可追溯到20世纪的六七十年代，当时的日本丰田零库存汽车实行准时制（Just In Time，JIT）生产，在管理手段上采用了看板管理，以单元化生产等技术实行拉式生产（Pull Manufacturing），以实现在生产过程中基本没有积压的原材料和半成品。这种前者按后者需求生产的制造流程不但大大地降低了生产过程中库存和资金的积压，而且在实现JIT的这个过程中，也相应提高了生产活动的管理效率。而生产零库存在操作层面上的意义，则是指物料（包括原材料、半成品和产成品）在采购、生产、销售等一个或几个经营环节中，不以仓库储存的形式存在，而均是处于周转的状态。也就是说零库存的关键不在于适当不适当，而在于产品是存储还是周转的状态。

2. 质量控制

质量控制常见的方法是PDCA。它是早由美国质量管理专家戴明提出，所以又称为“戴明环”，如图9－4所示。P代表计划（Plan）；D代表执行（Do）；C代表检查（Check）；A代表处理（Action）。

PDCA的基本工作程序，即：计划—执行—检查—处理。具体可分为八个步骤。

第一阶段（计划）可细分为四个步骤，分别如下。

①分析现状，找出存在的问题。

②找出问题原因。

③找出最关键原因。

④制订计划和措施。

第二阶段（执行），即：

⑤执行计划和措施。

第三阶段（检查），即：

⑥实施结果与目标对比，检查效果。

第四阶段（处理）可细分为两个步骤。

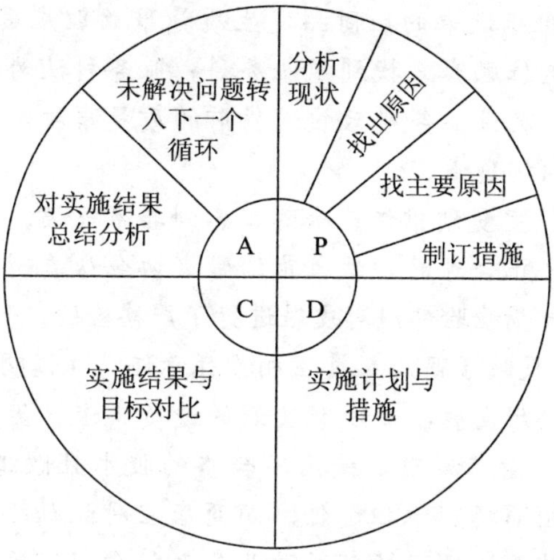

图 9-4　PDCA 循环

⑦对实施结果总结分析，巩固措施，把效果好的标准化，对失败的提出防止再发生的意见。

⑧遗留的问题转入下一循环解决。

PDCA 循环管理的特点表现在三个方面。

一是，PDCA 循环四个阶段，顺序进行，组成一个大圈。

二是，每个部门、小组都有自己的 PDCA 循环，并都成为企业大循环中的小循环。大循环套小循环，互相促进，整体提高。

三是，阶梯式上升，循环前进。每个 PDCA 循环都不是在原地的简单重复而是每次都有新的提高。

管理故事

某市百货大楼为了更多地吸引顾客，提高商店信誉和知名度，作出这样一条规定：凡在百货大楼购买的商品，如果购后顾客觉得不如意，只要未损坏商品原样，均可在10 个月内退货。这条规定公布后，在社会上引起了强烈的反响，顾客剧增，日销售额直线上升。但是在这过程中也遇到了一些具体的问题。

顾客宋某，系市建筑工程公司工人，半月前在大楼鞋帽商场买了一双广东皮鞋，价格为 290 元。在这个半月中，他发现鞋帮开胶，鞋底也有轻微断裂。于是他到商店要求退货。柜台营业员认为鞋类属于特殊商品，穿用后不能再退货，且鞋帮开胶的主要原因是剧烈运动造成的，属人为原因；鞋底断裂虽属质量上的事故，但也和运动有直接关系，因此不同意退货，但同意给予修补，其费用由商场负责。而这位顾客认为，鞋坏主要是质量不过关造成的，坚持退货。双方互不相让，发生争执，最后这位顾客找到商店负责顾客投诉商管科。商管科的同志认为，这位顾客的要求有一定道理，商店应该对这起质量事故负责任，但考虑到实际情况，此鞋经修补后还有使用价值，故建议鞋帽商场与顾客协商，按修补处理，并给顾客一定的经济补偿。但鞋帽商场领导认为，鞋是由业务部门组织进来的，商品发生质量事故理应由业务部门向厂商索赔，商场不能承担其责任。这位顾客又找到了业务科。业务科认为我们大批量进货，不可能因一两双鞋而找厂家，况且业务科只管进货前的质量事故，商品在销售过程中发生的质量事故，应由鞋帽商场负责。

这位顾客在商店各科室受到推诿、冷落，感到非常气愤。一怒之下找到了市消费者协会，要求对此作出公正合理的仲裁。市消费者协会认真听取了顾客的意见，和商场进行了沟通，并委托质量检验部门对皮鞋进行了严格检验。

启示：“退鞋风波”反映了商店人员互相推脱责任，也说明在商品进货过程中，商店没有严格把关。企业要想发展，必须有良好的进货渠道、优质服务、完善的售后服务等。鞋在生产过程中，偷工减料，使用不合格的胶水且做工粗糙，造成鞋帮开胶。对此事故，百货大楼鞋帽商场应承担责任。而商店应对此鞋给予退货，退货所发生损失应由鞋帽商场垫付，然后鞋帽商场可通过业务部门向厂家追索费用。商场要建议商店各部门对商品进货严格把关，杜绝伪劣商品流入。一旦发生事故，责任不可互相推诿，应建立权威部门，对质量事故做出决断。

作为经理如何对待顾客抱怨，全心全意为消费者服务是社会主义商业本质特征的体现，应该把服务放在首位。处处为顾客着想，把顾客利益放在首位的做法无疑会赢得顾客的好感和信赖。特别是市场竞争激烈的今天，企业间的竞争焦点即是争取顾客。当顾客认识到他会在你处放心购买到称心如意的商品，享受到更多的满意和便利时，便会义无反顾地充当你的宣传者，招徕大批顾客。赢得了顾客，销量、利润就提高了。

想吸引顾客，提高商店信誉和知名度，就应一切为顾客着想。我们的商场，靠什么来战胜竞争对手？靠什么来面对消费者？没有现代化的经营思想，我们将无法在今日的商战中立足；没有贴近大众百姓的热心服务，企业经营就必然招致失败。

五、审计控制法

审计是一种常用的控制方法，主要有以下几种。

1. 财务审计

财务审计是指审计机关按照《中华人民共和国审计法》及其实施条例和国家企业财务审计准则规定的程序和方法对国有企业（包括国有控股企业）资产、负债、损益的真实、合法、效益进行审计监督，对被审计企业会计报表反映的会计信息依法作出客观、公正的评价，形成审计报告，出具审计意见和决定，其目的是揭露和反映企业资产、负债和盈亏的真实情况，查处企业财务收支中各种违法违规问题，维护国家所有者权益，促进廉政建设，防止国有资产流失，为政府加强宏观调控服务。

2. 业务审计

业务审计也称业务经营审计，是指以审核、分析、评价被审计单位业务经营活动及利用生产力各要素的有效性、充分性，以进一步合理开发生产力，挖掘提高经济效益途径的经济监督、评价活动。

3. 管理审计

管理审计是审计人员对被审计单位经济管理行为进行监督、检查及评价并深入剖析的一种活动。它的目的是使被审计单位的资源配置更加富有效率。从管理审计的辅助手段上来说，它是相对于财务审计的一个概念，从被审计单位经济活动的外延来看，管理审计又是相对于经营审计的一种认知。对企业而言，经营讲的是市场，管理讲的是效率。从这个意义上讲，管理审计又可以称为效率审计。

4. 经营审计

经营审计是注册会计师为了评价被审计单位经营活动的效果和效率，而对其经营程序和方法进行的评价。在经营审计结束后，注册会计师一般要向被审计单位管理层提出经营管理的建议，在经营审计中，审计对象不限于会计，还包括组织机构、计算机系统、生产方法、市场营销以及注册会计师能够胜任的领域。

六、现代综合控制方法

1. 标杆控制

作为一种学习先进经验的系统、科学、高效的方法，标杆管理和控制在当代企业管理中得到了广泛的应用。

标杆控制是以在某一项指标或某一方面实践上竞争力最强的企业或行业中的领先企业或组织内部某部门作为基础，将本企业的产品、服务管理措施或相关实践的实际状况与这些基准进行定量化的评价、比较，在此基础上制定、实施改进的策略和方法，并持续不断反复进行的一种管理方法。

2. 平衡计分卡控制

平衡计分卡是由财务、顾客、内部经营过程、学习和成长四个方面构成的，衡量企业、部门和人员的卡片，之所以取名为“平衡计分卡”，是因为它的目的在于平衡，兼顾战略与战术、长期和短期目标、财务和非财务衡量方法、滞后和先行指标。

实训巩固

会议控制措施

1. 实训目的

培养学生培养控制能力。

2. 实训内容

针对一则会议控制案例进行分析。

3. 实训要求

根据案例教师在课堂内组织学生讨论并提出有效的控制措施。要求学生提交案例分析报告。

4. 实训考核

教师根据学生提交的案例分析报告给予评分。

5. 实训材料

周五下午是某研究所例行办公会议时间。每次会议从下午2点开始，讨论和处理近期需要做的工作，对一些需要作出决策的问题形成决议。每次会议的议题数量平均有6个。开始，会议要开到很晚，到7点多钟才会结束。后来所长要求会议秘书会前向每一位与会人员征集会议议题，由所长确定议题数量并排序，结果会议还是要很晚才能结束。再后来，所长规定例会必须在6点前结束，结果排在前面的议题讨论占用了很多时间，后面的议题没有时间处理，赶上议题紧迫，又不得不拖延时间。再后来，一些与会者故意把给研究生上的课程改到周五晚上，到点回家吃饭，晚上上课，会议可以按时结束，但许多事情被迫推到下周或增加会议次数。

考核评价

考核评价内容如表9－2所示。

表9－2　选择控制方法考核评价

内容		评价	
学习目标	评价内容	小组评价 （5、4、3、2、1）	教师评价 （5、4、3、2、1）
应知应会知识	预算的含义及种类		
	成本控制法		
	作业控制法		
	审计控制法		
	平衡计分卡控制		
专业能力	预算控制法的过程		
	成本控制法的方法		
通用能力	培养运用预算控制法的意识		
	培养作业控制法的意识		
努力方向：控制方法应用		建议：	

知识巩固

一、判断题

1. 控制过程一般可以分为三个步骤：a. 衡量实际绩效；b. 将绩效与标准进行比较；c. 采取行动来纠正偏差。（　　）

2. 一般来说标准必须从计划中产生，计划必须先于控制。（　　）

3. 只要控制工作做得好，完全可以防止管理失误。（ ）

4. 反馈控制最大的缺点是，在管理者实施纠偏措施之前，偏差已经产生，损失已经造成，对工作没有任何意义，所以我们没有必要进行反馈控制。（ ）

5. 严格的控制，会使实际工作过程缺乏灵活性，极大地限制人的工作的积极性。（ ）

6. 没有计划和控制系统，就无法实现组织中的沟通，组织中信息流就会中断。（ ）

7. 直接控制是指具体操作者自己在工作过程中的直接控制。（ ）

二、选择题

1. 控制工作得以开展的前提条件是（ ）。

A. 建立控制标准　　B. 分析偏差原因

C. 采取矫正措施　　D. 明确问题性质

2. 一般而言，预算控制属于（ ）。

A. 反馈控制　　B. 前馈控制　　C. 现场控制　　D. 实时控制

3. 下面的论述中哪一个是现场控制的优点？（ ）

A. 防患于未然

B. 有利于提高工作人员的工作能力和自我控制能力

C. 适用于一切领域中的所有工作

D. 不易造成管理者和预备管理者的心理冲突

4. 对于建立控制标准，哪一种说法不恰当？（ ）

A. 标准应便于衡量

B. 标准应有利于组织目标的实现

C. 建立的标准不可以更改

D. 建立的标准应当尽可能与未来的发展相结合

5. 为了对企业生产经营进行控制，必须制定绩效标准作为衡量的依据，这个标准（ ）。

A. 应该有弹性，以适应情况的变化

B. 越高越好，从严要求

C. 一旦制定便不能改动

D. 应尽量具体，最好用数量来表示

6. “根据过去工作的情况，去调整未来活动的行为。”这句话是对下述哪种控制的描述？（ ）

A. 前馈控制　　B. 反馈控制　　C. 现场控制　　D. 实时控制

7. 外科实习医生在第一次做手术时需要有经验丰富的医生在手术过程中对其进行指导，这是一种（ ）。

A. 预先控制　　B. 事后控制　　C. 随机控制　　D. 现场控制

8. 在常用的控制标准中，“合格率”属于（ ）。

A. 时间标准　　B. 数量标准　　C. 质量标准　　D. 成本标准

9. 下面关于控制工作的描述，哪一种更合适？（ ）

A. 控制工作主要是制定标准以便和实际完成情况进行比较

B. 控制工作主要是纠正偏差，保证实际组织的目标

C. 控制工作是按照标准衡量实际完成情况和纠正偏差以确保计划目标的实现，或适当修改计划，使计划更加适合于实际情况

D. 控制工作是收集信息、修改计划的过程

10. 不适合进行事后控制的产品是（　　）。

A. 相机　　B. 胶卷　　C. 水泥　　D. 洗发精

11. 如果只能选择一种控制方式，你希望采用（　　）。

A. 预先控制　　B. 现场控制　　C. 事后控制　　D. 反馈控制

12. 在现代管理活动中，管理控制的目标主要是（　　）。

A. 纠正偏差

B. 修订计划

C. 保持组织这一系统的稳定运行

D. 以上都对

13. 进行控制时，首先要建立标准。关于建立标准，下列四种说法种哪一种有问题？（　　）

A. 标准应该越高越好

B. 标准应考虑实施成本

C. 标准应考虑实际问题

D. 标准应考虑顾客需求

三、简答题

1. 控制的过程包括哪些？

2. 分析前控制、现场控制、反馈控制的工作内容和重点 。

3. 间接控制与直接控制的区别。

4. 预算控制的种类及编制方法。

5. 成本控制的步骤。

四、案例分析

【案例 1】

据某报报道：每年 2 月，是机关文印室最繁忙的时期，但 H 市 S 区政府文印室今年并不紧张——区政府新设的“文件核算制”削平了往年的“文山”高峰。该区规定，每打印一份文件，8 开纸收费 8 元，16 开纸收费 4 元，加印一张双面 8 开收费一角，单面 8 开收费 7 分，16 开纸对半收价。文印费由批准打印的部门从该部门业务费中开支，节约有奖，超支自负。此令一出，各部门反应强烈，“文山”不推自倒。

思考题：

1. S 区政府的做法是否真正有效？

2. 请结合本问题分析制定控制标准应依据的原则。

【案例 2】

电子监控

某家公司办公室安装了电子监控系统，目的是管理者可以更好地直接进行管理和监控，安装之后，有一定的成效。但是并没有激发员工更多的热情，有些员工认为，系统固有的电子报告只是不必要的例行公事。因为最好的员工花费了很多时间了解客户，这种被称为“电子警察”的系统感到很不高兴，管理者可以对他们所有的行动进行监视并通过“遥控”来威胁他们。管理得力的管理者通常是那些在员工和他们自己之间创造信任的人，但是电子监控系统破坏了信任关系。

思考题：

1. 电子监控系统有什么有缺点？

2. 管理者是否有权监管员工的工作细节？

管理游戏

踏数字

目的：感受前馈控制和现场控制的重要性。

道具：彩色粉笔若干支、秒表。

时间：30 分钟。

程序：

1. 分组，6～8 人一组。

2. 小组商讨如何快速且按规则踏数字。

3. 去活动场地，画正方形、起始线及写数字。

4. 比赛：秒表计时，每组所用时间从起始线起跑开始到踏完 33 个数字又回到起始线为止。

规则：

1. 按 1～33 的顺序踏数字。

2. 在任意时点，正方形内只能出现一只脚。

3. 每位同学至少要踏四个数字。

教师任务：

1. 活动之前，选择空地、谁负责画正方形，谁在地面写数字。

2. 在黑板上演示活动：画正方形，在正方形内任意散落数字 1、2、3、…、32、33。

3. 派三人画正方形和起始线、指定若干人写数字，尽量使每位同学都有任务。

4. 教师计时。

5. 发动其他组同学与教师一起控制整个活动过程。若有违反规则的行为，则被淘汰出局。

考核标准：不违反规则且速度最快的小组获胜。

参考文献

[1] 周三多．管理学［M］．2版．北京：高等教育出版社，2005.

[2] 柏群．管理学［M］．重庆：重庆大学出版社，2005.

[3] 斯蒂芬·P. 罗宾斯，玛丽·库尔特．管理学［M］．11版．北京：清华大学出版社，2013.

[4] 徐国华．管理学［M］．北京：清华大学出版社，2001.

[5] 彼得·S. 潘德，罗伯特·P. 纽曼．6S管理法——追求卓越的阶梯［M］．北京：机械工业出版社，2001.

[6] 吴照云．管理学［M］．4版．北京：经济管理出版社，2006.

[7] 叶国灿．管理学［M］．北京：人民教育出版社，2006.

[8] 赵国忻．管理学基础［M］．北京：科学出版社，2008.

[9] 谭力多，李燕萍．管理学［M］．4版．武汉：武汉大学出版社，2014.

[10] 方振邦．管理学基础［M］．2版．北京：中国人民大学出版社，2011.

[11] 王绪君．管理学基础［M］．2版．北京：中央广播电视大学出版社，2008.

[12] 罗宾斯．管理学原理（英文版）［M］．7版．北京：中国人民大学出版社，2013.

[13] 暴雨艳，林冬辉．管理学基础［M］．2版．北京：清华大学出版社，2010.

[14] 杨淑萍．管理学案例与实训［M］．成都：西南财经大学出版社，2013.

[15] 张岩松，陈百君，周宏波．现代管理学案例教程［M］．北京：清华大学出版社，2009.

[16] 石道金，刘德弟，陈国梁．管理学案例［M］．北京：高等教育出版社，2003.

[17] 徐波．管理学：案例、题库、课件［M］．2版．上海：上海人民出版社，2008.

[18] 穆兆曦．决策［M］．北京：清华大学出版社，2012.

[19] 岳超源．决策理论与方法［M］．北京：科学出版社，2008.

[20] 罗宾斯．组织行为学［M］．北京：中国人民大学出版社，2012.

[21] 胡八一．组织架构与部门职能设计案例精选——时代光华培训大全［M］．北京：北京大学出版社，2008.

[22] 詹姆斯·M. 库泽斯．领导力：如何在组织中成就卓越［M］．5版：北京：电子工业出版社，2013.

[23] 王建华．沟通技巧［M］．北京：电子工业出版社，2009.

[24] 拉丰．激励理论［M］．北京：北京大学出版社，2001.

[25] 刘豹，唐万生．现代控制理论［M］．3版：北京：机械工业出版社，2011.

[26] 陈鹏飞．关于管理学的100个故事［M］．南京：南京大学出版社，2009.

[27] 杨保军．读寓言故事学管理法则：寓言中的管理法则［M］．广州：广东经济出版社有限公司，2013.

[28] 王一心．读故事学管理［M］．北京：海潮出版社，2005.

[29] 张志宇，张学军．高职院校管理学原理课程教学改革探索［J］．教学研究，2007（5）．

[30] 袁红清，朱慧新．本科院校“管理学原理”教材建设及实践［J］．宁波大学学报：教育科学版，2009（6）．

[31] 董川远，史健勇．现代管理学教材的比较和讨论［J］．上海工程技术大学教育研究，2004（12）．

[32] 彭冬芝．管理学基础理论教材存在的问题与演化趋势［J］．山西财经大学学报：高等教育版，2006（3）．